本书受到云南省哲学社会科学学术著作出版资助专项经费资助出版

中国FDI双重集聚与效应

赵果庆 等著

中国社会科学出版社

图书在版编目(CIP)数据

中国 FDI 双重集聚与效应／赵果庆等著 . —北京：中国社会科学出版社，2015.4

ISBN 978 – 7 – 5161 – 5534 – 9

Ⅰ.①中⋯ Ⅱ.①赵⋯ Ⅲ.①外商直接投资 – 研究 – 中国 Ⅳ.①F832.6

中国版本图书馆 CIP 数据核字(2015)第 026826 号

出 版 人	赵剑英
责任编辑	任　明
特约编辑	芮　信
责任校对	邓雨婷
责任印制	何　艳

出　　版	中国社会科学出版社
社　　址	北京鼓楼西大街甲 158 号
邮　　编	100720
网　　址	http：//www.csspw.cn
发 行 部	010 – 84083685
门 市 部	010 – 84029450
经　　销	新华书店及其他书店

印刷装订	北京市兴怀印刷厂
版　　次	2015 年 4 月第 1 版
印　　次	2015 年 4 月第 1 次印刷
开　　本	710×1000　1/16
印　　张	16.25
插　　页	2
字　　数	275 千字
定　　价	58.00 元

凡购买中国社会科学出版社图书，如有质量问题请与本社联系调换
电话：010 – 84083683
版权所有　侵权必究

前　言

"物以类聚，人以群分。"集聚是随处可见的自然现象。纵观世界经济发展史，我们很容易发现人类的经济活动也显示出一定的集聚特征，尤其是产业的发展往往集聚于特定的区域。经济活动的集聚导致位于不同地理位置的国家之间存在较大的经济发展差距，一国以内不同地区间的经济发展也不平衡。人口和企业的空间集聚是经济地理的最显著特征（Krugman，1991）。集聚产生了城市及城市群，集聚产生了产业区与产业带。经济活动的集聚，已成为工业革命以来现代市场经济的一个重要特征。从杜能开始，集聚现象就受到经济学关注，以至于产生了集聚经济学。

产业空间集聚是经济集聚的核心。20世纪20年代，韦伯（A. Weber）和马歇尔（A. Marshall）就已高度关注产业集聚问题，从而开辟了一个新的研究领域。此后产业集聚逐渐成为新经济地理学、产业经济学和管理学等领域研究的热点问题。李嘉图的比较优势学说和赫克歇尔—俄林的要素禀赋差异学说揭示了资源禀赋和相对生产率的差异怎样影响专业化、地域分工和贸易，解释了空间异质性对产业地理集中和地域分工形成的影响。克鲁格曼认为规模经济、运输成本和市场需求三者的相互作用形成了产业地理集中。马歇尔认为规模外部经济是导致企业空间相邻的原因。韦伯解释了节约运输成本和交易成本使具有相互投入产出关联的企业通过区位调整而趋于集聚。熊彼特从创新的角度解释了企业为追求创新导致企业间的集聚。20世纪90年代，波特从企业竞争力角度提出了解释产业集聚现象的"钻石理论"，引起了产业集聚理论研究的第三次高潮，使产业集聚问题迅速受到各国学术界和政府的极大关注。英国跨国公司理论家邓宁（J. Dunning）1993年将"跨国公司商务活动"（MBA）、2003年进一步将"外国直接投资"（FDI）作为一个外生变量引入波特"钻石"模型中，对波特"钻石"模型进行了扩展，后来被学术界称为Porter-Dunning理论模型。这个模型成为分析外国直接投资影响产业集聚的基础模型。

中国在计划经济时代，产业布局遵循的是政府计划指令性的均衡生产力布局原则，各地区产业结构雷同，形成了"大而全"、"小而全"产业结构，产业难以形成规模效应，市场集中度低、产品质量低、创新度低，生产率低；同时，由于重复建厂，资源配置效率低，浪费严重。改革开放以来，在由计划经济向市场经济转轨的过程中，市场对产业资源的作用逐渐增强，这使产业要素流动性增强，寻找到最佳的区位，产业比较优势发生重构，便形成了产业集聚的现象，并在集聚的过程中使我国产业能力和竞争力得到提升，在国内和国际市场上占有日益重要的地位。

产业集聚作为一种有效的资源配置方式，是产业和区域经济获得竞争优势和经济效率的重要源泉，日益成为各国经济发展的战略。政府适当的公共政策的支持和引导，有助于弥补市场失灵，促进产业集聚的健康持续发展。产业集聚持续发展的根本动力是创新，单纯依赖低廉的劳动力成本和土地成本将不足以使产业持续集聚，地区在承接外部转入产业以集聚促进地方经济发展时，要注重培育产业配套能力，鼓励企业创新，通过市场机制调整产业组织，改善产业集中度过低的状态，实现企业专业化与产业规模化。

从世界范围内看，我国产业集聚具有特殊性。这主要体现在我国产业集聚受 FDI 的深刻影响。改革开放以来，我国凭借巨大的市场潜力及日益改善的投资环境，吸引了大规模的 FDI。从 1999 年起，我国已连续多年成为吸引 FDI 最多的发展中国家。FDI 成为改革开放以来中国经济增长的重要引擎之一。中国 FDI 区位分布为东部多、中西部少，不仅呈"东高西低"的格局，而且在东部地区内部的分布也不平衡，长三角、珠三角和环渤海三大经济圈是 FDI 的主要集聚区。另外，FDI 主要集聚在我国高端制造业。一般来说，FDI 是一种"打包的资本、管理技术和生产技术"（Johnson，1972）。引进 FDI，实质上是引进一种先进的生产函数，以改造当地产业生产函数，同时，产业化的 FDI 形成 FDI 产业。于是，FDI 作为产业集聚的领导者，它的集聚不仅增强了集聚制造能力，而且提升了我国产业结构。我们的研究证实表明：改革开放以来制造业区位分布发生了根本性变化，大部分制造业已经向沿海地区转移与集聚。这其中 FDI 起到催化剂作用。FDI 的地区与产业的两股集聚合力导致东部在集聚经济上的优势日益增强，极化效应产生了"中心—外围"结构，最终造成了东部和中西部发展差距和产业极差扩大。自然，未来一段时期，中西部地区应抓住承接东部沿海地区产业转移的有利时机，改善本地投资环境，吸引来自东部地区的产业转移和 FDI 产业的进入，大力发展本地产业集聚经济并缩小沿海和内地的产业集聚能力差异。

很明显，FDI 集聚与中国地区差距是一对矛盾。FDI 的集聚效应对我国的经济增长速度、方式、质量和效率产生越来越重大影响；同时也会对地区差距扩大产生负面影响。从某种程度上来讲，我国区域经济的发展差距演化和引进 FDI 历程具有同步性。我国要改变区域经济发展呈现出的非收敛态势，促进区域协调发展，要面临 FDI 集聚极化效应的挑战。它意味着，我国政府必将 FDI 集聚与地区差距收敛之间作出合理选择，但不是非此即彼的选择，而是在 FDI 集聚效应与地区差距收敛之间实现均衡的中间道路。

虽然目前的 FDI 集聚不利于缩小东西部经济发展差距，抵消了部分区域政策效应，使中西部地区处于不利地位，对传统的产业发展方式有较强的路径依赖，但中西部地区还是应该积极营造 FDI 集聚环境，利用 FDI 集聚效应，发展适合本地区的产业集聚，如优势资源产业和传统加工业，同时还要实现产业结构升级。从我国东部经验看，FDI 集聚与制造业集聚间存在正相关关系。FDI 促进了东部制造业集聚体的形成，提高了当地制造业集聚水平；同时，当地产业集聚也成为吸引 FDI 流入并形成集聚的重要因素。这两者相互作用，共同促进了一个地区产业集聚的形成和发展。因此，未来一段时期，东部沿海地区应该为产业自主创新积极创造条件，引导制造业集聚的优化升级，防止由于 FDI 集聚带来的产业核心技术"空洞化"；而中西部地区则应该抓住有利时机，改善本地投资软硬环境，更重要的是吸引东部 FDI 产业二次转移，大力发展本地产业集聚，以缩小与东部地区之间的发展差距。也许是基于这一考虑，从 1999 年开始，中央政府逐步实施西部开发、中部崛起、振兴东北等区域发展战略，近年来相继批准了关中天水经济区、成渝经济区、北海经济区等西部集聚发展战略，营造产业集聚区、承接产业转移集聚和配套能力集聚区，以产业集聚和政策共同诱导 FDI 向中西部集聚。

总之，FDI 在我国空间与产业的双重集聚是经济全球化和生产国际化背景下的产物。FDI 集聚我国东部导致东部在集聚经济上的优势。在 FDI 双重集聚效应下，我国要建立产业核心能力体系，实现"制造大国"向

"制造强国"转变，并在这一转变中努力促进 FDI 向中西部转移，实现中国地区差距的缩小，实现包容性发展，建立和谐社会，也可能是中国梦的主旋律和最强音。对我国来说，中国 FDI 集聚与效应是一个长期性的重要研究课题，如果本书能为同仁研究有所参考和启迪，那么我们将备感欣慰！

赵果庆

于云南财经大学康园

2013 年 9 月

目 录

第一章 导论 …………………………………………………………… (1)
  第一节 问题：提出、现状及意义 ……………………………… (1)
    一 问题提出 ……………………………………………… (1)
    二 现状述评 ……………………………………………… (3)
    三 研究意义 ……………………………………………… (5)
  第二节 内容体系 ………………………………………………… (6)
    一 对象 …………………………………………………… (6)
    二 方法 …………………………………………………… (9)
    三 结构 …………………………………………………… (10)

第二章 中国 FDI 双重集聚的统计检验与效应 …………………… (13)
  第一节 中国 FDI 的产业分布和地区分布集聚统计性检验 ……… (13)
    一 中国 FDI 的产业分布 ………………………………… (13)
    二 中国 FDI 的地区分布 ………………………………… (15)
    三 中国 FDI 的产业与地区集聚分布 …………………… (17)
  第二节 中国 FDI 工业双重集聚统计检验 …………………… (22)
    一 引言 …………………………………………………… (22)
    二 中国 FDI 工业：数据与分布特征 …………………… (23)
    三 FDI 工业的地区集中度与集聚强度检验 …………… (28)
    四 地区 FDI 工业集聚强度及显著性检验 ……………… (30)
  第三节 中国 FDI 产业空间分布形态与集聚演化 …………… (33)
    一 引言 …………………………………………………… (33)
    二 数据与分布特征 ……………………………………… (35)
    三 产业分形集聚与数学模型 …………………………… (37)
    四 FDI 产业分维值估计与检验 ………………………… (40)
  第四节 中国 FDI 工业双重集聚效应 ………………………… (43)

一　产业安全效应……………………………………………(43)
　　二　地区差距效应……………………………………………(45)
　　三　地区发展方式转变效应…………………………………(46)
　第五节　小结……………………………………………………(47)

第三章　中国 FDI 的产业集聚与工业结构升级效应………(49)
　第一节　利用 FDI 与产业结构升级的有关理论………………(49)
　　一　产业结构竞争力与产业结构升级………………………(49)
　　二　FDI 对产业结构升级的影响……………………………(50)
　　三　FDI 的工业结构效应……………………………………(52)
　　四　FDI 与区域工业集聚……………………………………(53)
　第二节　中国工业结构升级与结构竞争力
　　　　　——基于主导产业的视角……………………………(55)
　　一　引言………………………………………………………(55)
　　二　主导产业理论与工业结构升级方向……………………(56)
　　三　基于比较优势周期的工业结构划分与 FDI 工业贡献
　　　　指标………………………………………………………(60)
　第三节　中国 FDI 集聚的工业结构升级、结构竞争力效应………(65)
　　一　我国工业产业群的结构分析……………………………(65)
　　二　贡献分解…………………………………………………(67)
　　三　FDI 产业和内资工业对工业群结构的贡献……………(68)
　　四　FDI 对结构竞争力的影响………………………………(69)
　第四节　中国 FDI 集聚的区域工业结构效应…………………(70)
　　一　区域工业结构……………………………………………(70)
　　二　FDI 集聚的区域工业结构效应…………………………(72)
　　三　FDI 集聚的工业结构竞争力效应………………………(74)
　第五节　中国 FDI 集聚的区域增长极效应……………………(76)
　　一　FDI 集聚的区域工业结构升级效应……………………(76)
　　二　FDI 集聚的区域工业比较优势效应……………………(77)
　　三　FDI 集聚的产业开放效应………………………………(81)
　　四　FDI 集聚的地区经济实力差距效应……………………(82)
　第六节　小结……………………………………………………(83)

第四章 中国FDI的空间集聚与地区差距效应 (85)

第一节 中国FDI的空间集聚与趋势面 (85)
一 引言 (85)
二 FDI空间分布、相关性与集聚 (87)
三 模型与方法 (91)
四 计量估计与趋势面分析 (94)

第二节 中国FDI产业的空间自相关与集聚结构
——再论为什么FDI不集聚西部 (97)
一 引言 (97)
二 FDI产业分类与分布特征事实 (99)
三 FDI产业空间集聚的显著性检验 (100)
四 FDI产业空间相邻自相关性、集群与空间分布 (101)

第三节 中国FDI空间集聚、溢出与汽车制造业发展
——基于空间面板数据模型 (106)
一 引言 (106)
二 中国汽车制造业：数据与FDI产业贡献 (108)
三 中国汽车制造业：空间集中、集聚与自相关 (112)
四 中国汽车制造业的空间集群 (114)
五 计量实证模型 (117)
六 模型估计结果 (120)

第四节 小结 (126)

第五章 中国FDI产业集聚溢出与产业增长 (130)

第一节 FDI集聚溢出、技术缺口与工业发展
——基于中国汽车业的实证分析 (130)
一 引言 (130)
二 技术缺口、FDI效应：文献、模型 (132)
三 FDI溢出效应实证 (137)
四 中国汽车产业的技术缺口与FDI产业溢出效应分析 (144)

第二节 中国FDI产业的集聚溢出效应
——基于产业关联面板模型 (148)
一 引言 (148)

二　异质性溢出：文献评论与思路 ……………………………（151）
　　三　基于产业异质性的FDI溢出效应估计模型 ……………（156）
　　四　估计结果 ……………………………………………………（161）
第三节　小结 …………………………………………………………（169）

第六章　中国FDI产业与内资产业集聚模式 ……………………（172）
第一节　中国地区FDI产业与内资产业集聚的静态模式 ………（172）
　　一　引言 …………………………………………………………（172）
　　二　我国内资产业集聚：数据、分布和显著性检验 …………（174）
　　三　地区产业集聚演化与模式 …………………………………（178）
　　四　FDI产业与内资产业集聚类型 ……………………………（179）
第二节　中国FDI产业与内资产业集聚的动态模式
　　　　——基于广义Lotka-Volterra模型 ……………………（182）
　　一　引言 …………………………………………………………（182）
　　二　Lotka-Volterra模型 ………………………………………（183）
　　三　中国工业Lotka-Volterra模型、解及敏感性 ……………（188）
第三节　小结 …………………………………………………………（197）

第七章　中国FDI双重集聚与非线性转化效应 …………………（200）
第一节　引言 …………………………………………………………（200）
第二节　中国FDI集聚的平滑转换面板(PSTR)模型 …………（202）
　　一　平滑转换面板（PSTR）模型 ……………………………（202）
　　二　非线性的检验 ………………………………………………（204）
　　三　FDI产业集聚变量 …………………………………………（205）
　　四　FDI产业集聚效应的非线性平滑转换 ……………………（205）
第三节　中国FDI集聚的非线性平滑转换效应
　　　　——基于产业视角 ………………………………………（206）
　　一　FDI产业的产业集聚效应 …………………………………（206）
　　二　LPSTR模型参数估计 ……………………………………（207）
　　三　不同体制的产业构成 ………………………………………（211）
　　四　不同体制的增长模式 ………………………………………（213）
第四节　中国FDI集聚的非线性平滑转换效应

——基于空间视角 ································· （214）
　　一　FDI产业的空间集聚 ························· （214）
　　二　LPSTR模型参数估计 ························· （215）
　　三　不同体制的地区构成 ························· （218）
　　四　不同体制的增长模式 ························· （219）
　第五节　小结 ··· （220）

第八章　结论与含义 ································· （223）
　第一节　中国FDI双重集聚：检验与发现 ············· （223）
　第二节　中国FDI双重集聚：挑战与问题 ············· （226）
　第三节　中国FDI双重集聚：对策与措施 ············· （228）

参考文献 ··· （235）

后记 ··· （247）

第一章　导论

第一节　问题：提出、现状及意义

一　问题提出

20世纪80年代初以来，中国吸收了大规模的外国直接投资（Foreign Direct Investment，FDI）。目前，中国固定资产投资和GDP对FDI的依存度远高于世界平均水平，也普遍高于美国、日本等经济大国水平（UNCTAD，2011）。截至2010年，FDI的87%集聚在东部，中部和西部分别仅占9.04%和4.46%[①]；同时，58.63%的FDI是集中在制造业（商务部，2011）。FDI在中国呈现出空间与产业双重集聚的特点。FDI双重集聚的交织、叠加与聚合对我国社会经济产生深刻而长远的影响。

从产业看，FDI集聚以高附加值部门居多，FDI产业增加值对电子及通信设备制造业的参与度达70%以上，对电气机械、交通设备制造业等参与度已超过50%，同时，出口导向型FDI改变我国产业贸易结构，控制了大部分高技术产业贸易，更多的加工贸易提高了我国外贸依存度，形成货物贸易的较大顺差。进一步从制造业看，FDI也只在极少数制造业（主要是高端制造业）发生显著集聚现象，低端产业FDI分布较少。制造业FDI在产业链高端集聚扩大了产业极差，所带来的效应是高端制造业对FDI具有高度依附。东部、中部和西部FDI制造业集聚强度呈递减趋势，而且中西部地区尤其是大部分西部制造业集聚度下降，东西部制造业FDI集聚的两极分化还有扩大趋势。

---

① 东部地区：北京、天津、河北、辽宁、上海、江苏、浙江、福建、山东、广东、海南；中部地区：山西、吉林、黑龙江、安徽、江西、河南、湖北、湖南；西部地区：内蒙古、广西、四川、重庆、贵州、云南、陕西、甘肃、青海、宁夏、新疆、西藏。

从地区看，FDI集聚东部地区，提升了东部地区制造业结构，促进了东部有效地参与国际分工，建立起了国际化制造业体系，实现了经济增长方式和发展模式转变，并对FDI的高度依附，形成外向型经济，而中部地区尤其是西部地区的FDI集聚强度很弱，产业外向度较低，对自然资源更加依赖，增长路径难以改变。FDI是导致中国改革开放以来东部和西部地区之间经济增长差异和收入不平衡的重要因素（Sun，1998）。我国学者（赵晋平，2001；江小涓，2002）的研究表明，地区吸收FDI规模的差距扩大是我国地区经济发展差距不断拉大的最重要因素。1985—1999年，东部与西部的GDP增长率差异的90%左右是由FDI引起的（魏后凯，2003）。显然，FDI的空间集聚是加速地区差距扩大的一个关键因素。可以预见，如果不改变FDI集聚的空间格局，东西差距扩大也难以有效抑制。

FDI地区集聚扩大地区差距，不仅影响我国国际竞争力，而且对地缘经济安全和民族团结构成威胁。更大的安全问题在于，没有足够FDI参与，中西部地区在经济全球化中失去了产业结构升级、转变增长方式机会，导致较强的传统内向型增长路径依赖，增大了生态环境压力。西部是我国大江大河的源头，是我国可持续发展的重要生态屏障，同时也是我国生态最脆弱的地区。因FDI缺失，西部高耗能性及污染密集型产业集聚对生态环境造成威胁，直接影响中华民族的生存空间。

在理论上，空间变量的分布不外乎有平均分布、随机分布和集聚分布三个状态（王远飞、何洪林，2007；沈体雁、冯等田，2010）。随着FDI在我国本地化的加深，自然而然地产生一连串问题，即如何评价FDI及其产业集聚的显著性，其强度怎样？进一步的问题是FDI分布形态与集聚之间存在什么关系？FDI双重集聚溢出效应怎样？FDI双重集聚溢出转化机制如何？中西部如何吸引更多的FDI？我们试图回答这些问题。

值得一提的是，FDI的空间依赖性已得到越来越多文献的证实，众多学者也从不同角度实证检验了我国FDI的集聚性。但是，现有成果几乎都忽略了FDI的产业功能，仍把FDI定位为一种资本来看待，而实际上，FDI是一个生产函数，当FDI与当地产业资源融合后形成FDI产业，这种产业化形成的FDI产业集聚更能体现FDI集聚的本质特征。因此，与以往成果有明显不同的是我们以FDI产业双重集聚为主导，全面解决FDI双重集聚的核心问题。另外，目前的成果只研究FDI的空间集聚，而对 FDI 的产业集聚研究还很鲜见，把 FDI 的产业和地区集聚结合在一起尚属首创。

二 现状述评

从世界范围内看，FDI 集聚是一个普遍现象，引起了国外学者关注。Head 等（1995）、Rozenblat 和 Pumain（1993）、Guimaraer 等（2000）一些学者对 FDI 集聚进行了实证研究。随着 FDI 集聚显现，FDI 对我国产业和地区的影响也随之加深，研究 FDI 集聚及其效应的成果相继问世，主要是沿四条技术路线进行。

其一，实证研究。许罗丹和谭卫红（2003）以滞后期系数代表集聚效应，用动态计量模型检验我国 FDI 的集聚效应。冼国明和文东伟（2006）用计量模型研究发现，制造业各行业的外商资本在沿海地区的集聚是推动中国制造业向沿海地区集聚的重要力量，而且这一力量正变得越来越强大，并总是高度显著。郭立伟和饶宝红（2007）探讨了 FDI 区位集聚与产业集群的因果关系。瑜琳、王华（2008）以江苏等 11 省为例，检验了 FDI 区位集聚与各省各行业经济发展的格兰杰因果关系。这方面，国外学者 René Belderbos 和 Martin Carree（2002）、Chyan Tuan 和 Linda F. Y. Ng（2003）、Linda F. Y. Ng 和 Chyau Tuan（2003，2006）也进行了探讨。

其二，理论研究。茹玉骢（2005）对 FDI 产业集聚形成的前提、原因和产业集聚的演进模式、演进动力和内在机制作了分析。徐康宁（2006）对 FDI 与产业集聚关系以及 FDI 在产业集聚中的作用机理做了深度研究。李莹莹和陈景辉（2008）分析了 FDI 的集聚共生模式。朱华晟（2004）以浙江嘉善木业集群为例，研究了基于 FDI 的产业集聚发展模式与动力机制。从产业结构角度，赵果庆（2006）研究了 FDI 集聚我国主导产业群所产生的结构升级机理和结构竞争力。沈桂龙（2007）通过理论说明 FDI 集聚的内在机理，进一步说明了这种 FDI 集聚对中国经济发展的影响。

其三，集聚效应。韩剑、潘沁和徐康宁（2005）以江苏省为例分析了 FDI 地区集聚的特征、效应和形成机理，并对 FDI 地区集聚效应进行深入研究。李新安（2006）实证检验了 FDI 的集聚效应因素与中国经济增长之间的关系。张玉倩（2007）对全国 31 个省份的 FDI 集聚度的相关指标进行计算，进而研究了 FDI 区域集聚与区域经济发展状况之间的关系。赵丰（2007）以上海等省市为例，研究了 FDI 集聚效应。赵家亮、张京祥和耿磊（2008）采用传统和空间马尔可夫链法分析了江苏省实际利用 FDI 空间集聚与扩散规律。

其四，统计测度。梁琦（2003）首次应用斯皮尔曼（Spearman）相关系数研究了 FDI 对我国部分制造业的影响，说明 FDI 集聚促进了中国制造业集聚。徐康宁和冯春虎（2003）运用标准差系数计算了中国制造业 28 个行业 1997 年的地区集中度。徐康宁（2006）用基尼（Gini）系数和区位商，以江苏为例对不同来源的 FDI 基尼系数和 13 个城市吸引 FDI 的区位商进行了测算。

随着 FDI 对我国工业集聚的影响加深，国内学者对 FDI 对我国工业集聚影响给予关注。梁琦（2003）首次研究了 FDI 集聚对我国制造业的影响。张俊妮和陈玉宇（2006）运用条件 Logit 概率模型检验了产业集聚对区位吸引 FDI 的影响。冼国明和文东伟（2006）研究发现，自 1985 年以来，FDI 对中国产业布局的影响和产业集聚的推动作用强大和显著。徐康宁（2006）对 FDI 与产业集聚关系以及 FDI 在产业集聚中的作用机理做了专门研究。赵果庆（2006）研究了 FDI 集聚我国主导产业群所产生的结构竞争力安全问题。然而，我国从产业和地区二维角度对 FDI 集聚进行系统研究的成果尚未出现。

很明显，学术界对 FDI 集聚进行了充分的理论和实证研究，实证涉及 FDI 集聚对产业和区域经济增长的影响，理论研究方面涉及 FDI 集聚的成因与动力机制。然而，目前文献对 FDI 的产业和地区集聚及效应的研究仍不足，对于 FDI 集聚如何促进产业结构升级，又如何扩大产业级差等问题还没有一致意见。相比之下，对 FDI 集聚统计研究比较薄弱，主要用代表 FDI 集聚变量如人均 FDI 等在计量模型的显著性来判别 FDI 的显著性与效应。虽然学者们用集中度和基尼系数对 FDI 进行统计研究，但 FDI 集聚是否具有显著性仍未统计检验。我们正是要弥补这两方面的研究不足，在理论上研究 FDI 产业集聚与空间集聚的互动机制和耦合集聚效应，并对 FDI 集聚分布规律进行理论探讨；同时，FDI 产业集聚和空间集聚进行显著性检验和强度分级，最后对 FDI 产业双重集聚对内资产业的极化效应进行实证分析。

三 研究意义

在经济全球化过程中，跨国公司是主导力量。中国发挥吸引FDI集聚的比较优势，吸引了大规模的FDI集聚。FDI双重集聚对我国产业集聚、东部差距扩大等方面产生了重要影响。在中观方面，FDI集聚在东部，中部尤其是西部分布较少，FDI不仅使东部转变成外向经济发展方式，中部与西部FDI不足，经济转型缓慢，产业结构难以优化，增长质量难以有效提升，而且区域发展差距还在扩大，西部发展滞后，给民族团结、地缘经济和国家安全带来严峻挑战。

从产业层面看，FDI集聚第二产业，尤其是高端制造业，使中国成为世界制造工厂，但由于跨国公司控制着核心技术，对我国产业技术创新产生了挤出效应，产业对FDI产业核心技术有较大的依赖；同时，我国对跨国公司贸易有较大依赖，贸易依存度处在较高的水平，给我国产业安全带来严峻挑战。FDI的双重集聚导致我国产业结构难以调整，第三产业上升较慢，东部产业转移困难，西部大开发成效不佳，地区差距，尤其是东部与西部发展差距收敛不明显。

从地区看，制造业FDI集聚东部地区，提升了东部地区制造业结构，有效地参与国际分工，建立起现代制造业体系，实现了经济增长方式和发展模式转变，形成对FDI的高度依附，而中部地区尤其是西部地区的FDI制造业集聚强度很弱，外向度较低，对自然资源更加依赖，增长路径难以改变。显然，制造业FDI集聚是加速地区差距扩大的一个关键变量。可以预见，如果不改变制造业的FDI集聚的空间格局，东西部差距扩大也难以抑制。因此，从空间角度，研究FDI集聚机理，深入探讨FDI难以向中西部转移的原因，具有理论价值。我国已相继实施西部大开发战略和中部崛起战略，并修改了《中西部地区外商投资优势产业目录》，但均未能促进FDI呈规模化地向中西部转移。这说明传统FDI区位研究以及所提供的政策建议效果不明显。鉴于此，我们研究FDI空间集聚结构对调节我国FDI的分布改变，激励FDI向中西部流动，参与中西部地区发展具有实际价值。

从产业层面，FDI集聚我国高端制造业，带动了我国制造业结构的升级，促进了结构竞争力的提升。但是，跨国公司控制着大部分核心技术，使我国制造业对跨国公司核心技术形成过度依赖，导致我国核心技术能力的边缘化倾向，这在中国汽车行业、电子产业比较突出。FDI集聚在我国高端制造业，带动了我国制造业结构的升级，促进了竞争力的提升。因此，研究FDI产业集聚对认识FDI集聚的产业结构升级机理和FDI在华战略具有理论意义，同时对我国产业安全防范、产业与结构竞争力提升具有应用价值。

从目前的研究看，既有参数估计，又有非参数估计；既有针对地区产业集聚的次区域研究，也有针对产业的地区分布集聚的县域大空间研究。但是，FDI产业集聚是否显著，FDI产业集聚与当地产业集聚如何相互影响，哪些地区是FDI促进型产业集聚，哪些地区是原发型产业集聚，不同类型的产业集聚对我国国际竞争力产生何种影响，这些都是有待深入研究的问题。因此，对我国FDI双重集聚的理论探索、检验、实证，尤其是进一步对FDI集聚转化效应进行深入研究，对地区差距收敛及产业结构提升均不失实际意义。同时，从FDI集聚角度研究中国地区差距扩大、地缘经济安全以及我国产业国际竞争安全具有现实意义。

此外，FDI集聚与产业集聚均有学者从不同角度给予关注，产生一系列成果。然而，对于集聚强度的统计评价还不能进行显著性检验，也不能对集聚强度进行分级。一般来说，产业集聚指数不适用FDI集聚评价，因此需要寻找一种FDI集聚的测量方法。而在国际上，还没有一种产业集聚指数可以进行显著性检验，中国FDI产业及地区集聚在统计是否显著尚未得到全面检验。因此，对中国FDI集聚进一步测定和进行显著性检验有实际意义，对中国工业与地区工业的集聚类型进行划分也具有理论意义。

第二节 内容体系

一 对象

产业是区域的产业，产业集聚的交叉性和梯度性比较明显。FDI是一种产业资本。FDI进入东道国后，与当地资源如人力资源、资本等形成生产函数，FDI的产业化就形成了FDI产业。在我国统计中，工业产业系统可以分成FDI产业（三资产业）系统和内资产业系统。而FDI产业系统既具有产业分布特点，又有空间分布特点。因此，作为中观层次FDI产业的空间分布与集聚是FDI双重集聚效应的交点。

FDI集聚既对产业结构效率有影响，又对空间差距扩大有影响，FDI集聚具有的双重效应（图1-1）。FDI集聚效应大小与产业区位、产业链上位置有较大关系。对于低端产业，其资源比较密集，能耗大，附加值低，关联效应较差。而位于价值链高端产业的前向和后向关联效应强，FDI产业容易找到合作的对象与配套能力，而且高端产业的附加值较高，因而对FDI集聚有较强的吸引力。对于区域来说，如果区域发展水平越高，那么其产业结构越先进，高端产业集聚强度越高，教育水平及基础设施比较发达，外部化资源也越丰富，对高端FDI产业产生较大的吸引力；反之，区域发展水平低，产业配套能力低，对FDI吸收能力也低。FDI产业入驻后其示范效应和溢出效应对当地文化价值体系进行了改造，对技术进步也具有重要推动作用，两者形成相互促进的正反馈机制。因此，不同区域的FDI集聚效应存在较大差距，对区域增长质量、增长方式及发展有不同的影响。

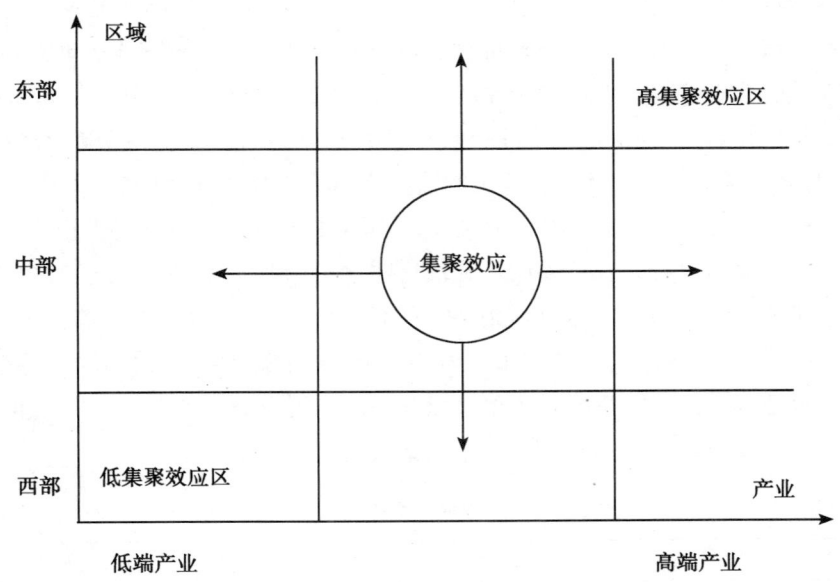

图1-1 产业竞争力的区域与产业作用力

显然，FDI集聚的双重效应是以区位和产业为基础的。也就是说，FDI集聚效应是由空间区位集聚和产业链环节集聚共同决定的。据图1-1，可以从区位与产业的角度对FDI进行二维组合分析。FDI集聚效应取决于区位比较优势，同时还取决于产业结构先进性，而集聚强度也取决于产业结构高度及产业强弱。FDI 产业集聚效应同时要以 FDI 进入的区位和产业链位置为基础。只有在区域与产业交叉、产业与产业交叉的两个层次中，FDI 集聚效应才得到完整的体现。同时，以 FDI 集聚作为主要研究对象，也就是在全景式的分析矩阵中，任何一个分析对象都能够找到相对应的坐标。

FDI 集聚效应是一个复杂的系统，一般可以分为宏观、中观和微观三个层次。由此，FDI 在国家层面的集聚效应、中观层次的区域与产业集聚效应、企业集群之间存在多层次的交互作用。由于 FDI 集聚的双重性导致了 FDI 集聚的复杂性，很难实现在一个模型中估计 FDI 集聚效应，只能分别从不同维度的计量模型中进行估计，因此也只有分别研究空间与产业维度 FDI 集聚效应，才能全面揭示 FDI 双重集聚的合成效应。

理论上，产业集聚可分为产业集群式集聚与非集群式集聚。产业集群式集聚属于高级集聚，一个产业能发展成为产业集群式集聚需要具有一些必要条件和充分条件。Steinle 和 Schiele（2002）认为，产业集群的必要条件包括生产过程的可分性和产品可运输性；充分条件包括产品具有很长的产业链、产品具有多个组成部件、具有网络创新和市场是易变动的。以此观点，产业集群式集聚有严格条件，而产品可分性和产业链长短是关键。按统计部门使用的《国民经济行业分类与代码》（GB/T4754—2002），B 类采掘业有 5 个，C 类制造业有 30 个，D 类电水汽有 3 个（见表 1 - 1）。其中，B 类和 D 类产业是不可分性产业，而 C 类随序列号上升，生产制造过程以及产品的可分性更明显，产业链更长，以此，我们把 C 类工业分为 CL 类低端制造业（C13—C33）和 CH 类高端制造业（C34—C43）。这样，B 类、CL 类和 D 类统称低端产业，它们只可以发生不可分性集聚，即非集群式集聚。以此对应，可把 FDI 产业和内资产业分别分成四类，以深刻揭示 FDI 双重集聚及效应。

表 1 - 1　　　　　　　　　工业产业及代码

工业产业	代码	工业产业	代码
煤炭开采和洗选业	B6	医药制造业	C27
石油和天然气开采业	B7	化学纤维制造业	C28
黑色金属矿采选业	B8	橡胶制品业	C29
有色金属矿采选业	B9	塑料制品业	C30
非金属矿采选业	B10	非金属矿物制品业	C31
农副食品加工业	C13	有色金属冶炼及压延加工业	C32

续表

工业产业	代码	工业产业	代码
食品制造业	C14	黑色金属冶炼及压延加工业	C33
饮料制造业	C15	金属制品业	C34
烟草制品业	C16	通用设备制造业	C35
纺织业	C17	专用设备制造业	C36
纺织服装鞋帽制造业	C18	交通运输设备制造业	C37
皮革毛皮羽毛及制品业	C19	电气机械及器材制造业	C39
木材加工及制品业	C20	通信及电子设备制造业	C40
家具制造业	C21	仪器仪表及办公用机械制造业	C41
造纸及纸制品业	C22	工艺品及其他制造业	C42
印刷业和记录媒介的复制	C23	废弃和废旧材料回收加工业	C43
文教体育用品制造业	C24	电力热力的生产和供应业	D44
石油加工及炼焦业	C25	燃气生产和供应业	D45
化学原料及化学制品制造业	C26	水的生产和供应业	D46

二 方法

FDI集聚效应是比较复杂的，有直接效应和间接效应，有显性效应和隐性效应，有线性效应和非线性效应。用数学模型表现FDI集聚效应是比较困难的，但对其定量研究又是必要的。因此，只有多方面、多种研究方法的综合应用才能揭示FDI双重集聚与效应。

1. 计量经济学方法

FDI集聚效应，是指FDI在特定的区域或产业集中对FDI本身带来的影响，以及通过相互作用如竞争与合作、示范效应、溢出效应等对当地产业集聚产生影响。对于FDI集聚效应估计采用三种方法：（1）利用FDI集聚的指标，在产业关联面板数据和空间面板数据计量经济学模型中对FDI产业集聚效应进行估计。（2）应用空间计量学对FDI产业空间集聚结构和集聚效应进行实证分析。（3）应用非线性平滑转换面板模型（PSTR）估计FDI集聚对产业结构与地区结构形成中的转换效应进行估计。

2. 统计学方法

目前，国内对产业集聚度的测量普遍应用国外指标如Gini系数、Hoover系数、Ellison和Glaeser指数、Devereux和Simpson集聚指数等，这些指标都不能进行显著性检验，而且大部分产业集聚指标不适宜对 FDI 集聚强度进行测量。我们在前期成果基础上，根据 FDI 及其产业的分布特点和集聚机理，用普适性集聚指数（赵果庆，2009）对 FDI 的产业集聚与空间集聚进行统计检验；同时，打破三次产业界限，根据产业在生命周期中的位置，建立识别先导产业、主导产业、支柱产业和劣势产业的统计指标体系，以主导产业更替为主线，明确产业升级方向，通过计算 FDI 产业在不同产业群的参与度，分析 FDI 集聚对产业升级机理和产业安全的影响。

3. 种群动力学

种群生态学是生态学的一个重要分支，也是动力学方法（微分方程）应用最为广泛、发展最为成熟的领域。两个种群相互作用的互利、竞争和捕食关系已得到比较充分的研究。80 年来，Lotka-Volterra 模型描述的生态动力系统吸引众多数学家、数学生态学家、生态学家、经济学家从不同角度用各自熟悉的方法研究两个种群相互作用系统，至今对两个种群相互作用数学模型的研究经久不衰，尤其是两个种群长期共存、相互排斥、相互竞争的条件和演化机制已有较广的应用。

FDI 产业与内资产业集聚体形成种群生态系统。FDI 产业作为一个外来种群，它改变了内资产业生存和发展的条件，同时，FDI 产业给内资产业带来溢出效应和分工效应。究竟 FDI 产业与内资产业集聚之间产生何种作用，集聚体如何演化。这些问题只有借用种群生态学理论的数学模型才可以有更好的解决方法。

三 结构

以双重集聚的视角分析 FDI 对中国产业与区域经济的影响是一个复杂的命题。其复杂性不仅来源于 FDI 产业双重集聚的复杂性，更来自两者相互作用关系的复杂性。从目前的研究看，还没有一个可资借鉴或可供实证的理论，也没有一种清晰的研究思路或分析框架。在这种情况下，我们以 FDI 产业双重集聚及以此产生的双重效应为核心形成本书的内容体系。

（1）导论。从 FDI 地区分布与产业分布提出 FDI 双重集聚问题，对国内外相关文献进行评论，提出问题及解决问题的意义；从对象界定、研究方法选择和逻辑联系中构建写作框架。

（2）中国 FDI 双重集聚的统计检验与效应。无论 FDI 双重集聚，还是FDI产业双重集聚是否显著还均没有得到检验。为此，我们一方面应用普适性集聚指对FDI及FDI产业进行地区与产业双重集聚显著性检验；另一方面是以分形维数作为集聚指数对FDI产业集聚强度进行测度，并探索FDI产业集聚分布机理；最后，从统计角度，初步分析FDI双重集聚效应。

（3）中国FDI的产业集聚与工业结构升级效应。在产业层面上，我国70%的FDI集聚于工业，形成FDI产业体系。这种情况下，FDI是否促进我国产业结构升级取决于FDI集聚产业在工业体系中的地位和性质。一般而言，如果FDI集聚产业代表产业结构演化的方向，那么FDI集聚就促进产业结构升级，从整体上对工业结构竞争力起提升作用。我们基于主导产业理论，建立识别主导产业、先导产业、支柱产业和劣势产业的指标体系，通过测算揭示FDI产业集聚机理及产业结构升级效应，从而进一步分析FDI对我国产业结构竞争力所构成的安全风险。

（4）中国FDI的空间集聚与地区差距效应。FDI空间集聚是我国FDI及FDI产业分布的重要特征。我国86%以上的FDI集聚于东部，中部、西部分布极少。这种集聚分布对我国东部与西部差距扩大产生了重要影响。即使我国政府制定了一系列政策，也始终没有改变FDI的分布格局。国内外学者为此进行了大量的研究，但没有一致看法。为此，本章以空间计量方法研究FDI与其产业集聚分布结构，并以汽车产业为案例，分析FDI空间集聚的空间极化效应。

（5）中国FDI产业集聚溢出与产业增长。利用FDI溢出效应是吸引FDI的重要目标之一。然而，技术缺口具有约束效应，产业异质性也具有溢出渠道的约束效应。汽车制造业是FDI集聚较多的产业，也是我国"市场换技术"代表性产业，但溢出效应却受到质疑。同时，FDI的前向、后向和产业内水平溢出还没有得到全面验证。因此，本书从异质性角度，从多渠道、多所有制和多产业对FDI集聚溢出效应进行全面检验，并对FDI汽车制造业集聚溢出效应进行估计。

（6）中国FDI产业与内资产业集聚模式。一般来说，FDI集聚会促进当地产业集聚，但FDI产业作为外来产业种群与当地产业集聚会有不同的模式发生，如竞争集聚、双赢集聚、单赢集聚等，也有可能是两者没有关系。因此，地区FDI产业与内资产业集聚关系还需检验。FDI产业与当地产业究竟存在什么关系，尚需进一步识别。本书从静态的统计和动态的种群动力学角度检验 FDI 产业与内资产业集聚关系，识别相互作用的集聚模式。

（7）中国 FDI 双重集聚与非线性转化效应。FDI 的双重集聚导致了地区差距和产业极差扩大。但 FDI 集聚对双重差距的扩大可能是渐进的，也可能是突变的，地区或产业高体制与低体制之间可能还存在中间体制。这是由 FDI 产业集聚非线性转化效应来决定。FDI 产业集聚的这种转化效应是否存在门槛约束，是否具有非线性平滑转化机制。本书就是应用非线性平滑转化面板（PSTR）模型对 FDI 产业集聚的转化效应进行实证研究。

（8）结论与含义。综合各部分研究，本书从地区经济安全角度提出 FDI 向中西转移政策、区域政策调整与建立区域合作新机制和导向政策，并从产业安全角度提出在 FDI 双重集聚下中国产业自主创新与核心竞争力培育措施。

第二章 中国 FDI 双重集聚的统计检验与效应

FDI 一方面集聚东部,另一方面又集聚高端产业。FDI 在地区与产业分布交汇点是地区 FDI 产业。究竟 FDI 及 FDI 产业集聚是否显著?目前,没有现成集聚指数,为此,一方面应用我们先前提出的普适性集聚指数对 FDI 在地区与产业双重集聚显著性进行检验;另一方面以分形维数作为集聚指数对 FDI 产业集聚强度进行再测度,并探索 FDI 产业集聚的分形机理与集聚体系的合理性。同时,从统计角度,初步分析 FDI 产业双重集聚的效应。

第一节 中国 FDI 的产业分布和地区分布集聚统计性检验

一 中国 FDI 的产业分布

按照我国实际吸收的 FDI 金额计算,第一产业 1997 年利用 FDI 为 6.3 亿美元,2010 年增加到 19.1 亿美元,所占比例保持在 1%—2% 的水平。服务业 1997 年利用 FDI 为 120 亿美元,2004 年后快速上升,所占比例从 1997 年的 26.6% 提高到 47.3%。制造业是我国利用 FDI 的主要领域,1997 年为 325 亿美元,占当年吸收 FDI 的 72%,2004 年后比重有较大幅度下降,2010 年达 538.6 亿美元,占 51%。2005 年以后,中国吸收 FDI 的总体规模不断扩大,在三次产业之间的分布发生了显著变化,服务业的 FDI 明显上升,制造业 FDI 有较大幅度下降。

总体上说,1997—2010 年,我国累计利用 FDI 项目 42.7 万个,其中第一产业有 1.3 万个,占 3.1%;服务业 13.8 万个,占 32.3%;制造业有 27.6 万个,占 64.6%。1997—2010 年,我国累计实际利用 FDI 为 8745

亿美元，其中第一产业 135 亿美元，占 1.5%；服务业 2904 亿美元，占 33.2%；制造业 5707 亿美元，占 65.3%。显然，我国利用的 FDI 主要集聚在制造业。

制造业是 FDI 集聚的主要载体，但 FDI 在各细分制造业分布具有较大的差异。(1) FDI 表现出极大的不平衡性。2001—2010 年累计额依次是，通信设备及电子设备制造业，占制造业 FDI 的 18.3%，电气机械及器材制造业，所占比重为 7.6%，化学原料及化学制品制造业比重为 7.1%，而其橡胶制品业却不足 1.5%。(2) 动态变化趋势也明显不同。2001—2010 年，通信设备及电子设备制造业比重由 22.9% 下降到 17.0%，纺织业从 6.2% 下降到 3.2%；有多个制造业的 FDI 呈现出上升态势，电气机械及器材制造业的 FDI 比重从 4.0% 上升到 11.2%，通用设备制造业的 FDI 比重由 4.3% 上升到 7.0%，专用设备制造业的 FDI 比重从 2.5% 上升到 6.3%，而交通运输设备制造业的 FDI 比重从 4.7% 上升至 6.6%。其他产业变化不大（见表 2-1）。

表 2-1　　　　　2001—2010 年制造业 FDI 比重　　　　单位：%

制造业	2001 年	2005 年	2010 年
通信设备、计算机及其他电子设备制造业	22.90	18.20	17.00
电气机械及器材制造业	4.00	6.90	11.20
通用设备制造业	4.30	4.80	7.00
化学原料及化学制品制造业	7.10	6.60	6.90
交通运输设备制造业	4.70	9.00	6.60
专用设备制造业	2.50	4.60	6.30
非金属矿物制品业	4.00	4.10	5.40
纺织服装、鞋、帽制造业	4.00	6.70	4.90
金属制品业	3.70	4.30	4.20
纺织业	6.20	5.00	3.20
农副食品加工业	3.30	3.50	2.90
造纸及纸制品业	2.10	2.60	2.80
塑料制品业	2.80	3.00	2.60
食品制造业	2.40	2.20	2.30
医药制造业	2.00	1.30	2.10
饮料制造业	2.20	1.10	1.60

续表

制造业	2001年	2005年	2010年
工艺品及其他制造业	1.20	1.60	1.60
有色金属冶炼及压延加工业	0.90	1.70	1.50
石油加工、炼焦及核燃料加工业	0.80	0.70	1.50
橡胶制品业	1.10	1.60	1.40

数据来源：中国商务部外资司（2011）。

二 中国FDI的地区分布

中国FDI的区域分布更是不均衡。图2-1直观地表现出1979—2010年东部、中部和西部三大经济地带的FDI流入量。根据FDI变化趋势，可以将FDI的流入特征总结为三个阶段。

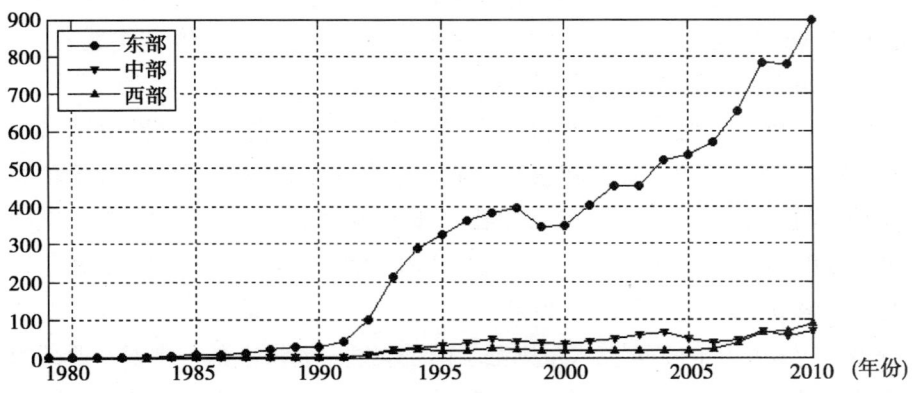

图2-1 1979—2010年中国东中西部的FDI流入流量（亿美元）

资料来源：2004年及以前取自《新中国55年统计资料汇编》，2005年和2006年数据取自《中国区域经济统计年鉴年》（2006、2007年），2008—2010年数据部分取自《中国商务年鉴》（2008—2011年）。

1. 第一阶段（1979—1991年）：FDI缓慢流入

尽管第一阶段的FDI流入存在较大的地区差异，但绝对规模差别并不是很大。这主要是由于中国尚未全面对外开放，不少行业仍限制外资企业的进入，利用FDI多局限在促进出口创汇。同时，中国经济改革的前景也不明朗，不确定性仍然较大，跨国公司踌躇不前。1991年，全年流入东部、中部和西部的FDI分别仅为40.52亿美元、6.93亿美元和1.72亿美元，规模还很有限。这一阶段东部、中部和西部累积 FDI 流入量分别为 166.45 亿美元、25.45 亿美元和 12.09 亿美元。

2. 第二阶段（1992—2000 年）：FDI 加速流入

随着邓小平南方谈话的发表和市场化改革目标的明确，中国加快了对外开放的步伐，其重要步骤之一就是调整外资政策，许多行业部门逐渐对外资开放，并给予外资各种优惠措施。在此基础上，各地根据自身情况出台更多的引资策略。在各种政策的联合作用下，FDI 迅猛增长，且主要流入具有区位与政策优势的东部地区。1997 年之后，随着管制放松释放能量的下降，再加上亚洲金融危机的负向作用，FDI 流入持续上涨的势头得到一定程度的抑制。1998 年后东部外资流入的绝对规模稳定在 400 亿美元以上，中部从 1997 年一度接近 70 亿美元跌落至 50 亿美元，西部则略超过 20 亿美元。2000 年当年流入东部的 FDI 流量为 392.34 亿美元，中部 48.72 亿美元，西部 21.13 亿美元。这一阶段东部、中部和西部累积 FDI 流入量分别达 2874.68 亿美元、429.58 亿美元和 187.69 亿美元。

3. 第三阶段（2001 年至今）：FDI 大规模流入

为了进一步融入全球经济，中国于 2001 年正式加入世界贸易组织（WTO）。虽然设置了过渡和缓冲时期，但中国全面对外开放已迈出较大步伐，再加上全球经济的回暖，经济全球化加速，中国 FDI 的流量再次冲高。2007 年流入东部、中部和西部的 FDI 分别为 882.87 亿美元、201.12 亿美元和 55.53 亿美元，与 2000 年相比，东部、西部的 FDI 流入量翻了一番以上，中部的 FDI 流入量则翻了两番。这一阶段东部、中部和西部的累积 FDI 流入量分别达 4590.95 亿美元、777.43 亿美元和 231.70 亿美元。从 2008 年开始，西部的 FDI 流入量超过中部地区。

进一步计算，第一阶段东部、中部和西部累积的 FDI 流入量比重分别为 81.6%、12.48% 和 5.93%。第二阶段分别为 82.32%、12.3% 和 5.37%。累积流入量的比重与第一阶段相近。第三阶段为 81.98%、13.88% 和 4.14%。从变化趋势上看，尽管在 20 世纪 90 年代初期，东部地区实际利用 FDI 数量有所下降，但在 20 世纪 90 年代末期以及 21 世纪初期，东部地区实际利用 FDI 的规模又开始扩大，2006 年，东部地区实际利用 FDI 金额占全国的比重甚至高达 90.32%，中部和西部地区合计实际利用 FDI 金额不到全国的 10%。中部的比重有所提高，但从 2008 年开始，西部的 FDI 流入量比重超过中部地区（图 2-2）。

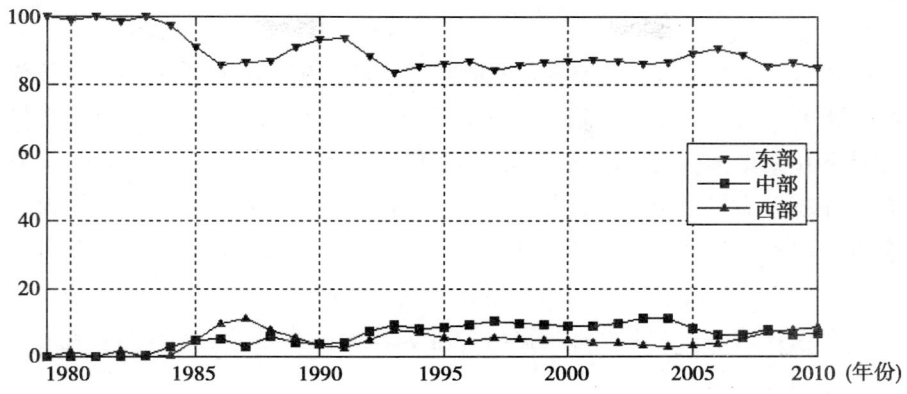

图2-2　1979—2010年中国东中西部的FDI流入量比重

从东部、中部、西部三个大区来看，中国的FDI高度集中在东部地区。截至2010年，东部地区累计项目数以及实际使用外资金额占全国的比重分别达到83.3%和86.5%，而中部和西部的FDI项目数合计不到20%，实际使用FDI比重更低，不足15%（表2-2）。

表2-2　　　　截至2010年东部、中部、西部地区利用FDI

地方名称	FDI项目数（个）	比重（%）	实际FDI（亿美元）	比重（%）
东部地区	592274	83.3	9093.3	86.5
中部地区	75909	10.7	853.5	8.1
西部地区	42458	6.0	564.8	5.4
总计	710641	100.0	10511.8	100.0

三　中国FDI的产业与地区集聚分布

（一）FDI集聚强度与显著性

1. FDI集中度

集中度是测量集聚最基本的方法之一。对于产业集聚而言，集中度是第一代的产业集聚测量方法（乔彬等，2007）。FDI集聚是FDI在一些特定地理区域或产业内高度集中的现象，也是FDI在特定空间范围或产业内不断汇聚的一个过程。也就是说，FDI越集中，发生显著性集聚的可能性就越大。集中度计算公式为：

$$CR_n = \sum_{i=1}^{n} x_i / \sum_{i=1}^{N} x_i \qquad (2.1)$$

（2.1）式中，CR_n 代表前 n 个地区（产业）的 FDI 比重之和。在各种测度集聚强度的指标中，集中度是最简单、最常用的计算指标，也是初步衡量 FDI 集聚强度的基础性标志。FDI 集中度值越大，FDI 越偏离平均分布（正态分布），中间（产业）地区 FDI 规模越小，FDI 规模分布较为不合理，越不利于地区（产业）均衡发展；反之，集中度值越小，表明地区（产业）FDI 规模越分散，中间 FDI 规模的地区（产业）越多，FDI 规模分布差异越小，对 FDI 在地区（产业）集聚强度越低，极化效应越小。

2. 强度集聚指数

FDI 集聚是空间分布不平衡的体现。从统计上看，集聚主要表现是集聚分布不服从正态分布，然而，集聚分布还不完全是显著的非正态分布。因此，我们采用一种普适性的集聚指数测度 FDI 集聚的显著性（赵果庆、罗宏翔，2009）：

$$\gamma_{ks} = \frac{n}{6} |S(K-3)| \sim \chi^2(2) \qquad (2.2)$$

（2.2）式中，$S = [\frac{1}{n-1}\sum_{i=1}^{n}(x_i - \bar{x})^3]/\delta^3$，$K = [\frac{1}{n-1}\sum_{i=1}^{n}(x_i - \bar{x})^4]/\delta^4$。

进一步，S 表示地区（产业）FDI 分布的偏度，n 为样本容量，$\bar{x}$ 为平均值，δ 为标准差。S 度量分布的不对称性，S 的绝对值越大，分布就越不对称。K 表示地区（产业）FDI 分布的峰度，其度量的是 FDI 分布的胖瘦或扁平程度。正态分布的 K 为 3，当 $K > 3$ 时，分布两侧比正态分布更陡峭，称为超峰分布。

与正态分布不同，$\chi^2(2)$ 分布是单侧分布（图 2-3）。这意味着，$S \neq 0$，$K \geq 3$ 也未必有显著集聚现象发生，需要进一步检验。对比图 2-3 和图 2-4 后不难发现，等集聚强度曲线作为一种双曲线，它与 $\chi^2(2)$ 分布具有较高的相似性。如果 FDI 发生集聚，那么 FDI 分布也不应当是服从 $\chi^2(2)$ 分布，而是一种超 $\chi^2(2)$ 分布。因此，$\chi^2(2)$ 分布的尾部面积大小可作为集聚显著性和强度标准。

最严格的 $\chi^2(2)$ 分布的显著性水平是 0.1%，即 $p\{\chi^2 > \chi_\alpha^2(2)\} = 0.1\%$。如果，$\gamma_{KS} < 13.80$ [$\chi^2(2)$ 0.1% 水平的临界值]，那么 FDI 集聚不显著；当 $9.21 < \gamma_{KS} < 13.80$ 时，FDI 为弱集聚（显著性水平在 1%—

0.1%）；当 $\gamma_{KS} > 18.42$ 时，可视为，FDI 为强集聚（图 2-4）。

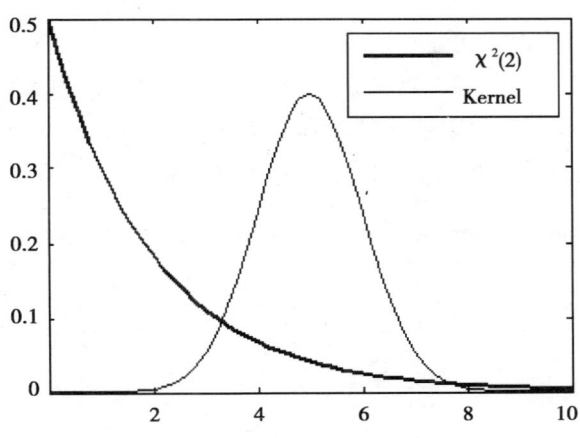

图 2-3　$\chi^2(2)$ 分布与正态概率密度

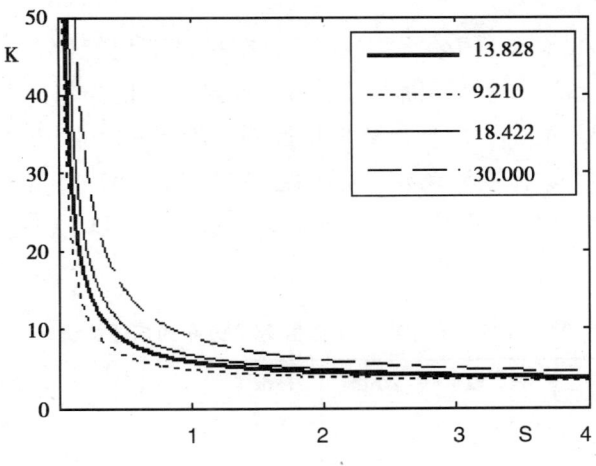

图 2-4　不同集聚强度的等集聚曲线

（二）FDI 集聚强度与显著性

1. FDI 产业集聚

进一步对表 2-1 进行统计，2001 年、2005 年和 2010 年前四个产业的 FDI 比重之和（集中度）分别为 40.90%、40.80% 和 42.10%。它表明，制造业 FDI 分布仍有更集中的趋势。从 20 个制造业看，2001—2010

年 FDI 分布的偏度、峰度减小，JB①（Jarque-Bera）值也减小（表2-3）。从 JB 值看，2010 年 JB 值大于 $\chi_\alpha^2(2)$ 在 5% 水平的临界值 5.77，20 个制造业的 FDI 分布呈非正态分布。把表 2-3 数据带入（2.2）式计算，2001 年、2005 年和 2010 年制造业集聚强度分别为 59.739、19.459 和 9.932。显然，2005 年以前 FDI 的制造业处于强集聚，而 2010 年 FDI 的制造业集聚强度已不显著，FDI 在制造业分布有扩散态势。

表 2-3　2001 年、2005 年、2010 年我国 20 个制造业 FDI 分布的描述性统计

分布指标	2001 年	2005 年	2010 年
偏度（Skewness）	3.315	2.187	1.833
峰度（Kurtosis）	13.813	8.338	6.251
JB 值	134.060	39.690	20.010
γ_{KS}	59.739	19.459	9.932

2. FDI 地区集聚

1985—2010 年，FDI 在 31 个地区分布呈极不均衡状态（表 2-4）。FDI 的平均值和最大值呈不断上升趋势，而最小值仍为零，也就是说 FDI 的地区极差仍不断扩大。再从离散指标看，1985—2010 年 FDI 地区分布的标准逐步增大，但变异系数（标准差/平值）却由 1985 年的 3.22 下降 2010 年的 1.63，2004 年最小，仅为 1.52。这说明，FDI 在地区分布呈扩散态势。

表 2-4　1985—2010 年我国 31 个地区 FDI 分布的描述性统计

年份	平均值	最大值	最小值	标准差	偏度	峰度	JB 值
1985	0.29	5.15	0	0.93	4.81	25.44	769.79
1986	0.37	6.44	0	1.15	5.01	27.03	875.40
1987	0.44	5.94	0	1.11	4.25	21.20	520.89
1988	0.87	9.19	0	1.89	3.32	13.99	213.17
1989	1.00	11.56	0	2.23	3.75	17.71	352.20

---

① Jarque-Bera（JB）是正态性检验的统计量：
$JB = n[S^2 + (K-3)^2/4]/6 - \chi^2(2)$
其中，n 为样本容量。若 JB 超过了 5% 水平的临界值 5.99，则拒绝正态分布零假设，反之，接受零假设。

续表

年份	平均值	最大值	最小值	标准差	偏度	峰度	JB 值
1990	1.04	14.60	0	2.66	4.50	23.40	641.96
1991	1.44	19.43	0	3.60	4.29	21.64	543.94
1992	3.63	37.01	0	7.22	3.52	16.08	285.12
1993	8.17	75.56	0	14.67	3.44	15.69	269.15
1994	10.87	94.63	0	18.81	3.18	13.98	208.04
1995	12.14	102.60	0	20.67	3.07	13.15	181.63
1996	13.46	116.24	0	23.22	3.13	13.65	196.96
1997	14.66	117.11	0	23.55	2.98	12.80	170.14
1998	14.90	120.20	0	24.62	2.95	12.31	157.10
1999	12.97	116.58	0	23.44	3.22	13.85	205.38
2000	13.01	112.81	0	23.17	3.06	12.77	171.74
2001	14.96	119.32	0	25.17	2.76	11.06	123.36
2002	16.93	113.34	0	27.78	2.39	8.15	63.81
2003	17.08	105.64	0	26.05	1.98	6.22	33.53
2004	19.52	100.12	0	29.61	1.62	4.27	15.68
2005	19.46	123.64	0.01	32.12	1.98	5.88	31.04
2006	20.33	148.83	0	36.88	2.42	8.12	64.12
2007	23.83	166.73	0	40.86	2.42	8.25	65.73
2008	29.63	207.89	0	49.14	2.53	8.96	79.06
2009	29.10	214.28	0	49.14	2.55	9.18	82.90
2010	34.13	251.90	0	55.62	2.53	9.42	86.19

再从分布指标看，1985—2004 年，FDI 地区分布的峰度和峰度都呈现出下降趋势，2004 年后有所回升，同样的，从 JB 值 1985—2004 年呈现出下降趋势，而 2004 年后有所回升，但 1985—2010 年的 JB 值在 1% 水平上显著，呈现出强非正态分布。

以表 2-4 数据，按（2.2）式计算，1985—2004 年集聚强度呈现出下降趋势，而 2004 年后集聚强度有所回升。2004 年集聚强度为 10.658，在 0.1% 的水平上不显著，除 2004 年外，FDI 的地区集聚分布呈强显著性（图 2-5）。

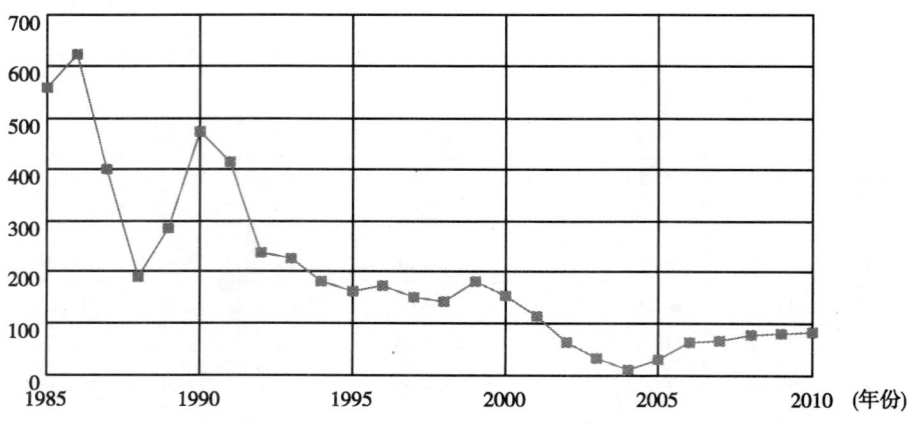

图2-5 1985—2010年我国FDI的31个地区分布集聚强度

第二节 中国FDI工业双重集聚统计检验

一 引言

FDI在中国表现出空间与产业双重集聚的特点，决定了FDI对地区工业的影响是首当其冲的，其深远影响又莫过于促进中国地区工业集聚格局的变化。观察表明，大量FDI集聚东部，加速东部沿海地区制造业向产业链高端集聚，使东部沿海地区成为世界制造业的大工厂，而中西部尤其是西部地区低端原料型工业集聚对生态与自然资源的依赖更加明显。FDI集聚加速中国地区产业链分化与优势重组，扩大了地区差距。随着FDI在我国深化与产业化实现，自然而然地产生了一个问题，FDI工业在地区及产业集聚强度显著性怎么样？

随着FDI集聚显现，FDI对我国工业集聚的影响也随之加深，国内学术界开始探究FDI对我国产业集聚的影响。梁琦（2003）首次应用斯皮尔曼（Spearman）相关系数研究了FDI对我国部分制造业的影响，开启了研究这个问题的先河。冼国明和文东伟（2006）研究发现，制造业各行业的FDI在沿海地区的集聚推动着中国制造业向沿海地区集聚。张俊妮和陈玉宇（2006）运用条件Logit概率模型检验了产业集聚对区位吸引FDI的影响，结果表明，外商投资企业的地区选择很大程度上受产业集聚效应的影响，产业集聚效应存在会进一步加强地区对FDI的吸引力。显然，

FDI 促进了地区制造业集聚，地区制造业集聚吸引 FDI，这是地区制造业与 FDI 相互作用的两个方面。

一些产业在地理空间上集聚，并形成比较竞争优势，这可以说是产业资源配置中的普遍现象。由于对产业集聚的不同诠释，关于产业集聚的测量指数的计算方式也有明显不同。在国际上，产业集聚强度的测度方法是不断发展演化的，已有三代有产业集聚测量方法，所用统计指标涉及基尼（Gini）系数、集中度、赫芬达尔指标、Hoover 系数，还有专门为产业设定的集聚强度指数，如 Ellison & Glaeser 指数、Devereux & Simpson 指数等（乔彬等，2007）。然而，国外还没有一种对产业可进行显著性检验的集聚强度指标。在这方面，国内有一些进展，徐康宁（2003）综合运用标准差系数计算了中国制造业 28 个行业 1997 年的地区集中度，但没有进行显著性检验；赵果庆和罗宏翔（2009a）采用方差统计量对我国 1995 年和 2004 年 28 个制造业集聚进行显著性检验；赵果庆和罗宏翔（2009b）根据集聚分布的自身特点，提出了可以进行显著性检验的普适性产业集聚指数，并以 1994 年和 2004 年数据对我国 28 个制造业集聚强度进行测量和进行显著性检验。

FDI 产业集聚，是 FDI 产业高度集中的表现。在集中度一定情况下，FDI 产业在地区与产业分散程度越大，说明 FDI 就越向前几位地区和产业集中。因而，分布形态也对衡量集聚强度的测量产生重要影响。与目前成果所不同的是，我们在形态分析基础上采用普适性集聚强度指数和集中度指标相结合的方法，对我国 2003 年和 2008 年 FDI 工业的地区集聚与地区 FDI 工业集聚进行显著性检验。

二 中国 FDI 工业：数据与分布特征

（一）数据

2003 年、2008 年全国 FDI 工业的数据取自《国研网数据库》。FDI 工业即为"三资工业"数为 38 个，B 类采掘业有 5 个，C 类制造业有 30 个，D 类电水汽有 3 个，地区数为 31 个。图 2-6 和图 2-7 分别表示 2003 年和 2008 年 FDI 工业分布（纵向为地区数，以东部、中部和西部顺序排，横向为产业数，以 B 类、C 类和 D 类顺序排）。由于有的地区没有 FDI，工业分布不全，2003 年和 2008 年样本有变化，2003 年总样本数为 845 个，2008 年总样本数为 922 个。

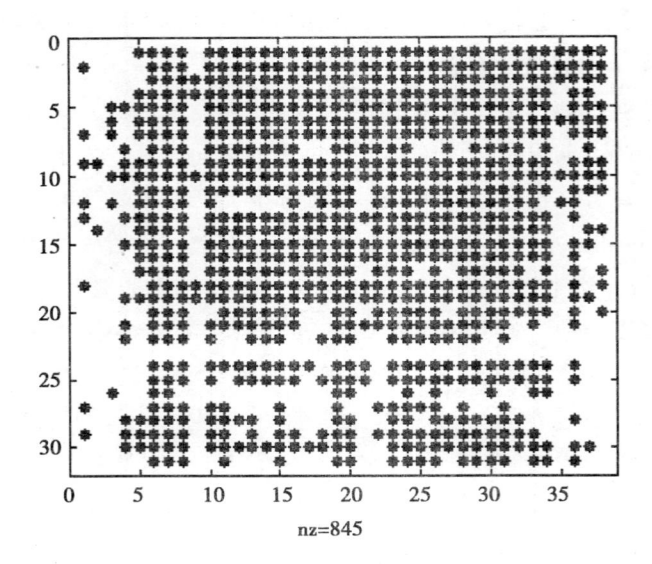

图 2-6　2003 年 FDI 工业二维数据结构

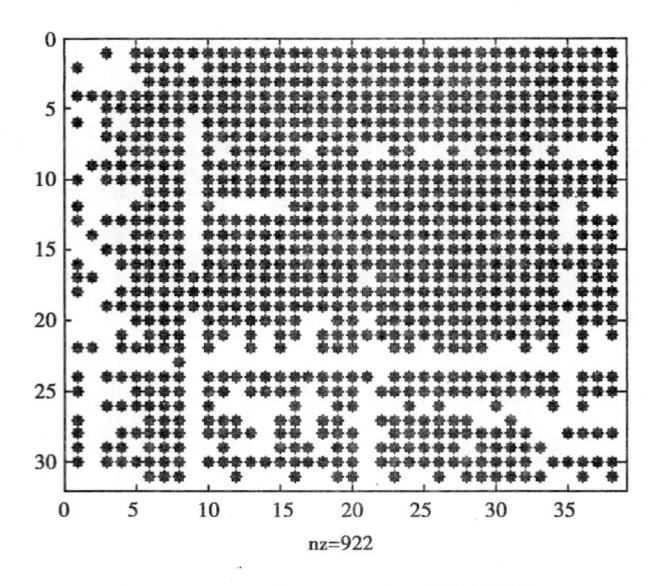

图 2-7　2008 年 FDI 工业二维数据结构

(二) FDI 工业描述性统计特征

表 2-5 看出，2003—2008 年 FDI 工业表现出不同发展态势。从产值增量看，2003 年、2008 年地区 FDI 工业平均值的增量有较大差距，前 5

位平均产值增量在分别为 C40、C37、C39、C26 和 C32，其以高端制造业为主，后 5 位平均产值增量的 FDI 工业为 B10、D46、B8、B9 和 C16，其以 B 类、D 类产业为主，C16 增量为负值。从产值极差看，2003 年地区 FDI 产业平均产值极差为 380.68 亿元，2008 年为 1159.77 亿元，FDI 工业发展两极分化加剧，FDI 仍向高端制造业集聚。

表 2-5　　　　2003 年、2008 年 FDI 工业产值描述性统计数据

产值单位：千元

产业	2003 年					2008 年				
	平均值	标准差	峰度	偏度	JB	平均值	标准差	峰度	偏度	JB
B6	0.29	0.97	4.25	20.77	501.22	7.64	20.21	2.67	8.35	73.70
B7	8.14	45.20	5.29	29.03	1020.22	27.39	143.67	5.28	28.95	1013.93
B8	0.08	0.19	2.08	5.70	31.69	2.69	4.68	1.70	4.54	18.05
B9	0.16	0.45	4.45	22.98	618.18	2.53	3.98	1.75	5.15	21.90
B10	0.75	1.65	2.76	9.60	95.58	4.77	8.68	2.65	9.99	99.60
C13	52.87	82.27	2.80	11.62	136.55	207.01	337.65	3.29	15.00	241.88
C14	28.55	43.38	2.63	10.34	105.45	89.33	122.23	2.28	7.97	58.64
C15	22.57	33.14	3.22	15.01	239.81	71.91	85.59	2.05	7.47	47.44
C16	0.34	0.85	2.31	6.75	45.69	0.23	0.53	2.22	6.54	41.57
C17	57.87	121.29	2.78	10.62	114.88	155.64	331.25	2.31	6.85	46.79
C18	50.55	105.78	2.51	9.06	79.97	124.89	248.12	2.08	6.11	34.76
C19	36.99	83.04	2.93	11.60	139.77	93.62	212.29	2.83	10.19	108.11
C20	8.47	11.63	1.76	5.61	24.72	23.64	32.73	1.67	4.92	19.17
C21	10.35	21.35	3.39	15.70	267.73	38.85	87.49	3.46	15.75	271.80
C22	25.48	55.08	2.81	10.04	104.87	84.87	170.82	2.68	9.32	88.53
C23	10.45	24.90	4.25	21.47	533.74	22.97	56.92	4.42	22.73	603.70
C24	17.59	45.12	3.68	17.25	332.33	45.36	117.49	3.89	18.82	401.46
C25	20.13	56.05	3.57	15.22	258.79	107.82	218.18	3.32	14.92	240.61
C26	68.74	143.27	3.02	12.09	153.73	293.20	595.08	2.47	8.06	64.54
C27	20.35	26.35	1.90	6.09	31.03	65.59	78.60	1.64	4.90	18.59
C28	9.39	19.85	2.31	7.46	53.38	35.91	91.13	2.93	10.54	117.62
C29	16.00	24.82	1.49	3.79	12.21	48.98	84.65	2.16	7.33	48.35
C30	39.85	100.10	4.09	20.31	473.45	115.16	264.37	3.86	18.73	396.48
C31	31.30	53.36	2.58	10.01	97.87	109.10	168.49	2.39	8.76	72.35
C32	27.37	48.05	2.15	6.61	40.64	198.54	429.83	3.07	11.90	150.99

续表

产业	2003 年					2008 年				
	平均值	标准差	峰度	偏度	JB	平均值	标准差	峰度	偏度	JB
C33	14.84	23.50	2.08	6.35	36.95	104.94	190.78	2.77	10.21	106.62
C34	42.58	97.98	3.47	15.50	263.99	144.76	317.17	3.31	14.53	228.17
C35	43.69	88.28	3.01	12.54	164.49	195.36	356.37	2.14	6.74	41.82
C36	25.29	41.09	1.95	5.55	27.93	117.15	198.36	2.02	6.05	33.10
C37	138.78	270.93	3.08	12.48	165.07	466.08	666.35	1.99	7.08	42.01
C39	88.69	197.40	3.56	16.40	297.73	340.68	722.19	3.27	13.83	206.61
C40	380.76	912.74	3.21	13.44	194.11	1160.00	2760.00	2.98	11.13	131.17
C41	36.01	110.78	4.54	23.52	650.27	98.21	258.01	3.77	17.05	328.40
C42	17.74	38.65	2.72	9.70	96.09	48.73	111.00	3.17	13.36	190.63
C43	0.41	1.75	5.02	27.04	876.94	6.55	18.11	2.99	10.80	124.97
D44	37.05	70.71	3.62	17.24	329.66	77.35	114.58	2.63	10.22	103.17
D45	4.02	14.73	4.66	24.05	684.75	33.41	86.63	4.28	21.20	522.24
D46	0.52	0.99	2.80	10.65	116.19	4.40	9.87	3.89	17.94	366.23

从分布看，2003年、2008年全部FDI工业JB值都大于5%水平的临界值5.99。这说时FDI工业呈非正态分布。进一步计算JB值增量，2003—2008年有12个FDI工业的JB值有不同幅度增加，而26个FDI工业JB值却有不同幅度下降。由表2-5数据计算，2003—2008年有13个FDI工业的变异系数（标准差/平均值）有不同幅度增加，25个FDI工业的变异系数有不同幅度减小。这说明，2003—2008年，我国FDI工业产值的离散性减弱，偏正态性加强，非均衡性在增加。

（三）地区FDI工业描述性统计特征

2003—2008年，地区FDI工业也呈现出不同的发展态势。就平均值增量看，增量前5位分别是广东、江苏、上海、山东和浙江，全部是东部地区，增量后5位分别是新疆、贵州、甘肃、青海和西藏，全部是西部地区。从极差看，31个地区FDI工业2003年、2008年极差分别为330.79亿元和1009.89亿元。尽管西藏的FDI工业产值由2003年的0上升到2008年的10406千元，但31个地区FDI工业发展仍表现极化增强的特点。同期，10个地区FDI工业的变异系数有不同幅度上升，有20个地区FDI工业的变异系数有不同幅度下降（表2-6）。总体上说，地区FDI工业的差距有缩小倾向。

表2-6　　2003年、2008年地区FDI工业产值描述性统计数据

平均值单位：亿元

地区	2003年					2008年				
	平均值	标准差	峰度	偏度	JB	平均值	标准差	峰度	偏度	JB
浙江	68.64	80.14	1.72	5.23	25.96	39.25	282.54	317.28	1.62	4.88
天津	51.10	141.46	5.31	30.88	1372.67	213.30	144.72	317.39	3.60	15.98
上海	173.69	359.98	3.61	15.80	333.00	416.89	409.69	893.82	4.28	22.82
山东	65.75	80.97	2.24	9.24	90.95	67.06	314.51	420.37	2.44	9.16
辽宁	34.65	39.92	1.70	5.65	28.58	69.11	124.56	160.76	2.28	9.22
江苏	162.49	360.03	5.17	29.96	1285.39	612.73	711.96	1490.00	4.68	26.21
河北	19.53	32.63	3.66	18.39	447.88	888.96	105.42	316.70	5.58	33.37
海南	1.52	2.79	2.66	10.59	132.36	904.53	14.58	63.31	5.67	33.97
广东	353.24	721.19	4.88	27.65	1083.68	679.63	1010.00	2010.00	4.73	26.51
福建	83.03	138.00	4.12	22.05	663.75	293.19	207.66	284.06	3.22	15.55
北京	40.09	116.63	5.18	29.66	1261.16	673.82	111.15	348.80	5.15	29.42
山西	4.01	7.67	2.55	9.21	99.67	392.59	15.97	39.66	3.98	19.98
江西	4.92	11.76	5.05	28.94	1194.76	60.39	33.28	48.54	2.64	10.56
吉林	21.12	97.78	5.61	33.21	1601.58	777.45	57.78	234.63	5.42	31.69
湖南	6.03	9.50	3.14	14.73	272.78	18.03	22.23	23.92	1.48	5.23
湖北	14.35	24.56	3.67	18.20	439.18	741.88	68.16	175.95	5.22	30.47
黑龙江	4.64	9.60	2.91	10.77	145.42	34.41	18.09	30.59	2.16	7.14
河南	9.67	13.04	1.67	4.85	22.59	46.65	47.43	64.21	2.12	7.46
安徽	11.79	20.59	2.73	10.42	131.06	104.99	44.49	72.16	2.87	11.52
重庆	7.65	19.10	3.91	18.75	476.90	436.18	28.25	68.48	4.40	23.33
云南	2.44	4.31	2.49	8.92	92.21	14.92	8.13	10.44	1.52	5.26
新疆	0.58	1.21	2.29	6.74	53.92	98.08	2.22	4.18	2.41	8.46
西藏	0.00	0.00	NA	NA	NA	1020.25	0.08	0.52	5.92	36.03
四川	7.64	9.43	0.97	2.35	6.48	10.08	29.54	38.74	1.48	3.89
陕西	4.56	8.10	2.69	10.51	131.62	25.03	16.15	25.39	1.91	5.75
青海	0.20	0.78	5.27	30.45	1332.60	112.34	0.88	1.54	2.17	7.90
宁夏	0.91	2.63	3.67	16.41	360.24	82.10	2.68	6.43	2.91	10.39
内蒙古	4.11	11.08	3.07	11.34	165.42	20.44	20.35	33.08	1.94	5.96
贵州	0.94	1.80	3.17	14.69	272.66	33.58	2.54	4.33	1.96	5.82
广西	8.13	21.28	3.92	17.75	429.98	218.70	34.22	74.60	3.77	16.89
甘肃	1.08	2.21	2.70	10.52	132.23	98.98	2.29	5.55	2.70	9.13

从JB值看，2003—2008年，地区FDI工业分布也呈现出不同的态势。2003年、2008年30个地区（不包括西藏）中只有四川的FDI工业分布是正态分布，其他的都是非正态分布。然而，JB值增量却是有增有减，有10个地区FDI工业的JB值上升，有20个地区FDI工业的JB值下

降（表2-6）。显然，FDI工业在地区之间分布在发生较大变化。

三 FDI工业的地区集中度与集聚强度检验

表2-7报告的是以（2.1）式计算的FDI产业三地区集中度，可以看出，我国FDI工业集中度及变化具有较大差异性。首先，2003年FDI工业集中度最高的是B7，高达100%，最低的是C20，为40.89%，极差为59.11%；2008年集中度最高的仍是B7，为98.99%，最低的是C15，为37.88%，极差为61.11%。从集中变化看，2003—2008年，B类FDI工业的集中度在下降；D类FDI工业中，D44、D45集中度在下降，D46上升；C类FDI制造业集中度有12个上升，18个有所下降。同时，我国FDI工业2003年的集中度平均为63.49%，2008年为60.23%，2003—2008年下降了3.278个百分点。

表2-7　　2003年、2008年中国FDI工业产值集中度（CR3）　　单位：%

产业	2003年	2008年	2008年地区构成	产业	2003年	2008年	2008年地区构成
B6	87.00	85.53	山西—天津—内蒙古	C27	42.04	38.99	江苏—山东—广东
B7	100.00	98.99	广东—吉林—黑龙江	C28	62.32	77.63	浙江—江苏—福建
B8	66.48	50.38	辽宁—广西—浙江	C29	44.73	50.05	江苏—浙江—广东
B9	69.83	47.41	云南—内蒙古—贵州	C30	64.69	60.69	广东—江苏—浙江
B10	71.00	55.99	山东—江苏—广东	C31	49.33	47.11	广东—江苏—山东
C13	47.04	48.27	山东—广东—江苏	C32	56.41	67.01	河北—江苏—广东
C14	45.97	44.18	广东—山东—上海	C33	49.07	54.24	广东—江苏—山东
C15	41.22	37.88	广东—浙江—山东	C34	67.36	61.86	广东—江苏—上海
C16	77.71	67.20	上海—河南—安徽	C35	58.41	53.94	上海—江苏—广东
C17	63.47	67.57	江苏—浙江—广东	C36	50.59	51.59	江苏—广东—山东
C18	61.00	58.32	广东—江苏—浙江	C37	60.75	41.90	广东—江苏—上海
C19	66.12	68.21	广东—福建—浙江	C39	64.00	61.51	广东—江苏—上海
C20	40.89	42.51	广东—江苏—浙江	C40	71.38	73.19	广东—江苏—上海
C21	54.65	63.07	广东—浙江—上海	C41	77.87	73.66	广东—江苏—上海
C22	67.21	62.58	广东—江苏—山东	C42	65.45	65.35	广东—福建—浙江
C23	62.30	64.08	广东—上海—江苏	C43	96.26	84.41	浙江—江苏—广东
C24	70.35	67.60	广东—江苏—山东	D44	52.86	45.83	广东—江苏—山东
C25	79.91	58.14	上海—辽宁—海南	D45	87.59	67.88	广东—江苏—山东
C26	64.09	62.14	江苏—广东—上海	D46	55.63	61.72	广东—湖北—云南

再对表 2-7 进行统计发现，我国 FDI 工业主要集中在东部地区。2008 年，FDI 工业上榜次数最多的四个地区依次是广东、江苏、上海和浙江，频数依次为 32、26、12 和 12，占总数的 82.46%；此外，福建有 2 次，辽宁、内蒙古和云南各有 2 次。进一步统计看出，FDI 工业绝大部分集中在东部的长三角和珠三角地区，仅有个别分布在中部、西部的 B 类和 D 类产业之中。另外，2003 年、2008 年 B 类的集中度分别为 78.86% 和 67.66%，C 类为 60.75% 和 59.16%，D 类为 65.36% 和 58.47%。可见，B 类的 FDI 工业集中度最高，2008 年 B 类和 C 类集中度比较接近。

表 2-8 报告的是用表 2-5 中的峰度、偏度数据，以（2.2）式进行计算，2003 年、2008 年 FDI 工业的集聚强度。2003 年，除 C29 外，其他 37 个 FDI 工业呈现出显著的集聚性，且都是强集聚。2008 年，38 个 FDI 工业呈现出显著的集聚性，也都是强集聚。2003—2008 年，中国 FDI 工业集聚强度发生较大变化。首先，从数量上看，有 12 个 FDI 工业的集聚强度上升，而 26 个集聚强度呈下降状态。从幅度看，D46 集聚强度上升幅度最大，增量为 238.01，而 C43 集聚度下降幅度最大，为 633.01。进一步统计发现，2003 年、2008 年，FDI 工业集聚强度平均值分别为 249.68 和 185.64，下降量为 64.04。2003—2008 年，FDI 工业集聚强度小于 180 的产业更加集聚，集聚强度在 600 以上的变化不大，而产业集聚强度在 180—600 范围的有所下降，FDI 工业集聚强度总体上在下降（图 2-8）。

表 2-8　　　　　　2003 年、2008 年我国 FDI 工业产值 γ_{KS} 值

产业	2003 年	2008 年	产业	2003 年	2008 年	产业	2003 年	2008 年	产业	2003 年	2008 年
B6	490.97	92.72	C18	98.84	41.95	C28	67.11	143.34	C39	310.55	229.93
B7	895.92	891.00	C19	163.65	132.18	C29	7.60	60.83	C40	217.99	157.34
B8	36.43	17.04	C20	29.77	20.86	C30	459.92	394.45	C41	605.78	344.35
B9	578.07	24.56	C21	279.88	286.55	C31	117.61	89.46	C42	118.27	213.59
B10	118.37	120.69	C22	128.72	109.87	C32	50.35	177.63	C43	784.87	151.86
C13	157.04	256.56	C23	510.07	567.12	C33	45.39	129.57	D44	335.10	123.56
C14	125.62	73.49	C24	340.77	400.34	C34	281.93	247.93	D45	638.04	505.99
C15	251.26	59.46	C25	283.59	257.50	C35	186.80	52.11	D46	139.35	377.36
C16	56.26	50.99	C26	178.29	81.18	C36	32.19	40.06			
C17	137.66	57.89	C27	38.21	20.25	C37	189.67	52.84			

当然，集中度与集聚强度指数毕竟是两个不同的统计量，在测量产业

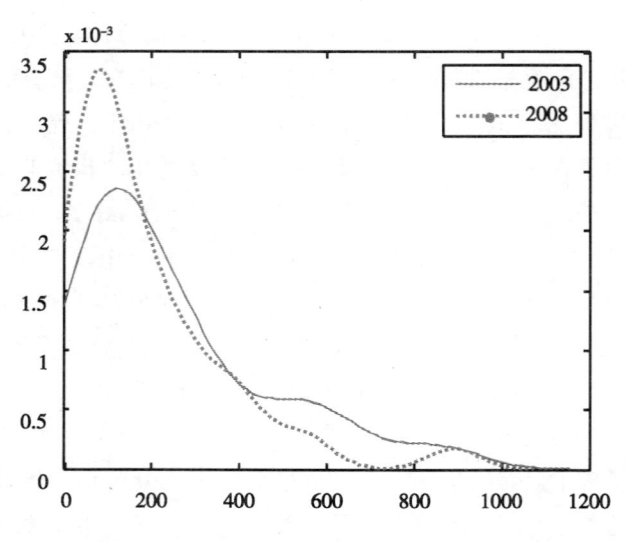

图 2-8 2003 年、2008 年 FDI 工业集聚强度分布

集聚量时，两者具有不同的优势。相对而言，γ_{KS} 指数体现产业分布的特点和可以进行显著性检验。为了验证集聚强度指数与集中度的一致性，需要计算集中度与集聚强度指的相关系数。相关系数计算公式：

$$r_{xy} = \frac{\sum_{i=1}^{N}(x_i - \bar{x})(y_i - \bar{y})}{\sqrt{\sum_{i=1}^{N}(x_i - \bar{x})^2}\sqrt{\sum_{i=1}^{N}(y_i - \bar{y})^2}} \quad (2.3)$$

(2.3) 式中，N 为样本数，y 观察变量，$\bar{y}$ 为平均值，x 为空间变量，$\bar{x}$ 为平均值，r_{xy} 为相关系数，其值在 [-1, 1] 区间之内。$r_{xy} > 0$，表示正相关，$r_{xy} < 0$，表示负相关；r_{xy} 的绝对值越接近于 1，表示两个变量的完全相关；r_{xy} 越接近于 0，表示两个变量的不相关。

一般情况下，相关系数的检验是在给定的置信水平下，通过查相关系数临界值表来完成。以表 2-7 和表 2-8 数据计算，2003 年、2008 年 FDI 工业集中度与 γ_{KS} 之间的相关系数分别为 0.7232 和 0.5657，相对来说，2008 年两者相关系数有所减弱，但仍远超过 0.1% 水平的临界值 0.501，两者为强相关。

四 地区 FDI 工业集聚强度及显著性检验

(一) 集中度

从地区角度看，FDI 工业集中度的差距很大。2003 年西藏还没有 FDI

进入，集中度最高的是吉林，为 90.15%，2008 年 FDI 进入西藏的 C15，集中度高达 100%，最低的是湖南，为 28.99%。2003—2008 年有 13 个地区的 FDI 工业集中度有不同幅度上升，以西藏和海南上升最快，有 18 个地区的 FDI 工业集中度有不同幅度下降，以内蒙古和青海降幅最大（表 2-9）。进一步计算，2003 年，30 个地区（不含西藏）FDI 工业的平均集中度为 52.51%，2008 年为 49.79%，2003—2008 年下降了 2.71 个百分点。

从区域看，2003—2008 年 FDI 工业集中度东部分别为 46.13% 和 51.12%，中部分别为 52.56% 和 49.27%，西部分别为 58.87% 和 48.86%。很明显，西部 FDI 工业集中度最高，中部次之，东部最低，同时，东部 FDI 工业集中度在上升，中部和西部在下降，以西部降幅较大。这说明，东部的 FDI 工业仍在继续集中，在中部和西部因进入的产业范围扩大而集中度有所下降。

表 2-9   2003 年、2008 年地区 FDI 工业产值集中度（CR3）   单位:%

地区	2003 年	2008 年	产业构成	地区	2003 年	2008 年	产业构成
浙江	33.63	31.32	C40 – C17 – C26	黑龙江	59.74	43.57	C37 – C27 – C14
天津	61.38	58.00	C40 – C37 – C39	河南	36.16	36.42	C13 – C33 – C37
上海	55.37	52.30	C40 – C13 – C26	安徽	47.51	43.79	C39 – C37 – C26
山东	33.19	37.60	C40 – C17 – C26	重庆	64.10	58.10	C37 – C32 – C31
辽宁	32.82	34.86	C37 – C25 – C13	云南	47.11	32.04	C26 – C13 – C23
江苏	48.85	49.31	C40 – C26 – C39	新疆	57.18	50.05	C13 – C17 – C15
河北	42.87	59.88	C32 – C13 – C25	西藏	NaN	100.00	C15 – NaN – NaN
海南	47.72	84.52	C25 – C22 – C39	四川	27.74	33.12	C40 – C37 – C13
广东	46.73	48.27	C40 – C39 – C37	陕西	49.67	42.24	C37 – C27 – C15
福建	40.82	36.79	C40 – C19 – C18	青海	82.26	43.24	B9 – C33 – D44
北京	64.02	69.49	C40 – C37 – C35	宁夏	76.75	68.39	C33 – C29 – C35
山西	49.06	61.52	C25 – C40 – B6	内蒙古	75.52	42.05	C14 – C33 – C40
江西	53.53	40.08	C39 – C37 – C13	贵州	47.33	44.51	C27 – C31 – C32
吉林	90.15	83.68	C37 – C19 – C33	广西	67.90	56.48	C37 – C13 – C31
湖南	40.50	28.99	C13 – C33 – C26	甘肃	52.06	67.29	D44 – C19 – C26
湖北	43.85	56.09	C37 – C40 – C32	全国	43.60	41.19	C40 – C37 – C39

从表 2-9 看出，前 3 个 FDI 工业的地区构成有较大的差异。2008 年 FDI 工业前 3 个除了一个 D44 和 B9 以外，其余的全部是 C 类制造业。进一步细分，CH 类东部有 17 个，占 CR3 产业数的 54%，中部 CH 类有 10 个，占 CR3 产业数的 29%，西部 CH 类有 7 个，仅占 CR3 产业数的 21%。

显然，FDI 工业在东部较多地集中在高端制造业，中部高端制造业也有 FDI 工业集中，而西部高端制造业的 FDI 工业却较少。因此，FDI 工业集聚造成东部和中西部制造业有明显的差异。

(二) 地区 FDI 工业集聚强度与显著性

中国地区 FDI 工业集聚强度的显著性存在较大的差距。2003 年，由于西藏还没有 FDI 工业进入，四川的 FDI 工业集聚也不显著，除此之外，29 个地区的 FDI 工业集聚均为强集聚；2008 年除四川外，30 个地区 FDI 工业集聚均为强集聚（表 2 - 10）。进一步统计，2003 年、2008 年 FDI 工业集聚强度平均值，全国分别为 300.74 和 286.29，东部分别为 390.16 和 418.44，中部分别为 286.22 和 263.02，西部分别为 203.24 和 322.58。显然，东部 FDI 工业集聚强度最高，高出平均水平，中部和西部较低，其中 2003 年西部低于中部，2008 年中部低于西部。从集聚强度变化看，2003—2008 年东部和西部 FDI 工业集聚强度增强，中部在降低。再从表 2 - 10 看，2003—2008 年，我国有 10 个地区 FDI 工业集聚强度在上升，有 21 个地区 FDI 工业集聚强度在下降。进一步细分，东部有 4 个地区在上升，7 个地区在下降；中部有 3 个地区在上升，5 个地区在下降；西部有 3 个地区在上升，8 个地区在下降。与 2003 年相比，2008 年我国地区 FDI 工业在集聚强度小于 200 的地区增加，集聚强度 200—900 较小的地区数下降，尤其是 400—900 地区数下降较多，超过 900 的变化不大。总体上地区 FDI 集聚强度在下降（图 2 - 9）。

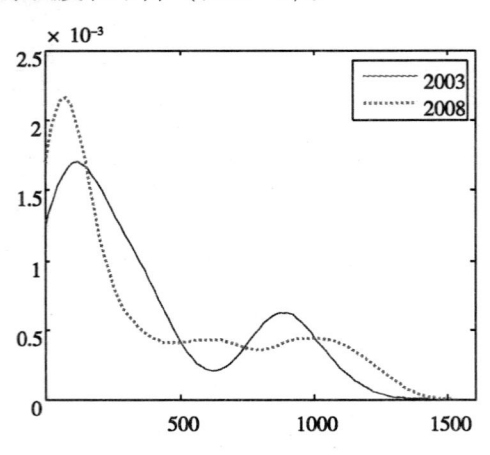

图 2 - 9 2003 年、2009 年地区 FDI 工业集聚强度分布

表 2-10　　2003 年、2008 年中国地区 FDI 工业产值 γ_{KS} 值

区域	地区	2003 年	2008 年	区域	地区	2003 年	2008 年	区域	地区	2003 年	2008 年
东部	浙江	24.34	19.26	中部	山西	100.42	428.24	西部	西藏	0.00	1237.95
	天津	938.01	295.98		江西	829.45	126.46		四川	4.01	8.33
	上海	292.90	536.82		吉林	1074.13	984.88		陕西	128.04	33.19
	山东	88.49	95.34		湖南	233.11	20.86		青海	915.63	67.27
	辽宁	28.47	89.72		湖北	353.49	908.08		宁夏	311.50	136.09
	江苏	882.87	687.48		黑龙江	143.31	56.82		内蒙古	162.27	36.47
	河北	356.76	1072.97		河南	19.67	59.87		贵州	234.84	34.99
	海南	127.82	1112.04		安徽	128.56	155.16		广西	365.83	331.37
	广东	761.39	704.62		重庆	390.12	567.04		甘肃	128.66	104.79
	福建	496.64	256.15		云南	93.30	21.78				
	北京	874.43	861.79		新疆	54.25	83.35				

以表 2-9 和表 2-10 数据计算，2003 年、2008 年地区 FDI 工业集中度与集聚强度指数之间的相关系数分别为 0.5522 和 0.7815，两者超过 0.1% 水平的临界值 0.501，两者为强相关。这也进一步验证了集聚指数的可靠性。

第三节　中国 FDI 产业空间分布形态与集聚演化

一　引言

FDI 产业的空间集聚，是 FDI 产业经济活动最突出的地理特征，也是世界范围内一个复杂的经济现象。随着 FDI 产业集聚的出现，FDI 集聚效应就取得了良好的经济和社会效益，并彰显出巨大的竞争力和良好的发展前景。FDI 集聚已成为我国产业发展的重要基础，对各地区产业发展有很大的促进作用，FDI 产业集聚成了我国工业空间布局的重要因素。然而，由于 FDI 产业集聚本身具有复杂性，对 FDI 产业集聚机制研究尚未取得突破性进展，如何测定 FDI 产业集聚强度一直是产业集聚研究中的难点问题。

我国学者主要沿用两条路线测算产业集聚强度：一是统计指标法。较多的国内学者采用和借鉴国外统计指标如基尼系数、集中度、赫芬达尔指

标、Hoover 系数，还有专门的产业集聚指数如 Ellison 和 Glaeser 指数（G. Ellison, Glaeser, 1997）、Devereux 和 Simpson 指数（Michael P. Devereux, Helen Simpson, 2004）等对我国产业集聚进行测定，取得较多成果（Mei Wen, 2004；范剑勇，2004；罗勇、曹丽莉，2005；金煜、陈钊、陆铭；2006）。二是产业分布形态法。赵果庆和罗宏翔（2009）在检验了产业非正态分布后，根据产业分布近似卡方分布 $[\chi^2(2)]$ 提出了普适性集聚指数，并对我国制造业集聚强度进行测算和显著性检验，也检验了集中度与集聚强度的关系，但是这项成果没有给出产业集聚分布的形态。

在诸多测度产业集聚的指标中，产业集中度是最基本的测量方法，较多的国内学者应用集中度探讨了我国产业尤其是制造业的空间集中度（魏后凯，2002；陈志广，2004）。贺灿飞（2009）对我国产业集中与集聚进行了深入而广泛的探讨。但是，集中度仅以产业前几个地区产值比重之和作为产业集聚度量，由于没用全面反映产业分布全貌而显得比较粗糙，同时也没有揭示出集聚与产业空间分布形态的关系。目前，我国对产业集聚分布的研究主要集中在全部产业即包括 FDI 产业与内资产业。FDI 产业与内资产业空间分布有较大的差异，而对 FDI 产业集聚及分布的研究还很少见。究竟 FDI 产业集聚分布是什么样以及如何准确测度 FDI 产业集聚强度？FDI 产业空间分布形态与其集聚机制有何关系？这仍是需要进一步研究解决的问题。

分形理论是以分维值定量刻画事物复杂程度和不规则程度，它是探索空间复杂性和演化规律的重要工具。产业集聚具有复杂性和形态自相似性。分形理论也为测度产业集聚强度和研究产业集聚分布形态提供了一种新的理论支持。目前，分形理论已应用于产业集聚的研究之中，并作出了先导性的工作（胡珑瑛、蒋樟生，2007；董涌、陈继祥，2007）。但是，把分形理论应用产业集聚研究还处在定性探索阶段，把分形理论用于定量测度产业集聚的文献还很鲜见。

我们继续从产业分布形态发生学角度探索 FDI 产业集聚分布机理和测量其集聚强度。在理论方面，通过建立 FDI 产业分布与集聚之间的内在联系，提出 FDI 产业集聚的分形生成机制假说，以 Z_{ipf} 分维表征 FDI 产业分形集聚强度，实现产业集聚强度计算的数学模型化，并对 FDI 产业集聚强度进行分级，完善集中度在度量 FDI 产业集聚强度方面的简单和不足。在应用方面,以非线性拟合方法估计了我国 2003—2008 年多层次包括 38 个 FDI 产业、31 地区 FDI 产业和全部 FDI 产业分形集聚强度,并以 FDI 产业集中度检验分形集聚度的可靠性。同时,我们还以分形集聚强度值判断我国 FDI 产业集聚分布的合理化状态,为我国 FDI 产业空间分布调节的政策含义。

二 数据与分布特征

(一) 数据

这里所使用的 2003—2008 年全国 FDI 工业产业(简称 FDI 产业)产值数据取自《国研网数据库》。选取 38 个 FDI 产业,其中,B 类(采掘业)为 5 个,分别为 B6、B7、B8、B9、B10;C 类(制造业)为 30 个,分别为 C13—C43;D 类(水电气)类 3 个,分别为 D44、D45、D46,地区数为 31 个,理论总样本数为 1178 个。由于 FDI 产业在有些地区没有分布,2003 年和 2008 年也有变化,2003 年总样本数仅为 1079 个,2008 年样本数总为 1121 个。

(二) FDI 产业分布的描述性统计特征

对于产业的地区分布,结构系数是一个基础性变量,表示衡量地区产业参与集聚的能力。结构系数计算公式:

$$r_i = x_i / \sum_{i=1}^{N} x_i \qquad (2.4)$$

(2.4)式中,r_i 为 i 地区结构系数,其最大值为一地区集中度,x_i 为 i 地区产业产值。

对于 31 个地区来说,如果 FDI 产业在地区间平均分布,那么,结构系数的最大值等于最小值,均为 3.226(平均值)。从表 2-11 看出,2003 年、2008 年我国 FDI 产业地区分布是非均衡分布。从最小值看,2003 年 38 个 FDI 产业结构系数的最小值为 0,2008 年 C15 结构系数不为 0,但数值仍很小,仅为 0.12%。从最大值看,2003 年前三位 FDI 产业依次为 B7、C43 和 D45,数值分别为 99.74%、75.87% 和 63.97%,后三位 FDI 产业依次为 C20、C27 和 C29,数值分别为 18.13%、16.98% 和 16.05%;2008 年前三位 FDI 产业依次为 B7、D45 和 C23,数值分别为 94.33%、44.74% 和 43.71%,后三位 FDI 产业依次为 C15、C20 和 C27,数值分别为 17.44%、17.01% 和 14.42%。由于最小值很小,因此,FDI 产业结构系数最大值代表的是极差。从平均水平看,

2003 年 FDI 产业的结构系数平均值为 35.33%，2008 年为 30.59%，2003—2008 年 FDI 产业结构系数的极差有较大幅度下降。这表明，FDI 产业在空间上有扩散的趋势。

表 2-11　2003 年、2008 年 FDI 产业地区结构系数的描述性统计

单位:%

产业	2003 年 Max	Min	JB	2008 年 Max	Min	JB	产业	2003 年 Max	Min	JB	2008 年 Max	Min	JB
B6	56.27	0	501.22	31.33	0	73.70	C27	16.98	0	31.03	14.42	0	18.59
B7	99.74	0	1020.22	94.33	0	1013.93	C28	27.76	0	53.38	34.60	0	117.62
B8	25.79	0	31.69	19.62	0	18.05	C29	16.05	0	12.21	23.68	0	48.35
B9	49.81	0	618.18	18.22	0	21.90	C30	43.11	0	473.45	38.92	0	396.48
B10	30.43	0	95.58	26.79	0	99.60	C31	25.55	0	97.87	22.49	0	72.35
C13	24.40	0	136.55	27.13	0	241.88	C32	21.61	0	40.64	32.01	0	150.99
C14	22.96	0	105.45	18.84	0	58.64	C33	19.77	0	36.95	25.77	0	106.62
C15	24.77	0	239.81	17.44	0.12	47.44	C34	37.13	0	263.99	34.95	0	228.17
C16	28.10	0	45.69	25.68	0	41.57	C35	31.35	0	164.49	22.88	0	41.82
C17	30.82	0	114.88	23.89	0	46.79	C36	18.96	0	27.93	19.54	0	33.10
C18	29.64	0	79.97	24.38	0	34.76	C37	30.10	0	165.07	20.16	0	42.01
C19	33.59	0	139.77	31.13	0	108.11	C39	36.59	0	297.73	33.24	0	206.61
C20	18.13	0	24.72	17.01	0	19.17	C40	37.07	0	194.11	33.87	0	131.17
C21	33.90	0	267.73	36.65	0	271.80	C41	53.93	0	650.27	42.68	0	328.40
C22	29.55	0	104.87	27.37	0	88.53	C42	30.27	0	96.09	35.46	0	190.63
C23	41.58	0	533.74	43.71	0	603.70	C43	75.87	0	876.94	37.44	0	124.97
C24	42.25	0	332.33	43.53	0	401.46	D44	32.26	0	329.66	22.33	0	103.17
C25	43.38	0	258.79	32.82	0	240.61	D45	63.97	0	684.75	44.74	0	522.24
C26	31.71	0	153.73	26.03	0	64.54	D46	27.56	0	116.19	37.43	0	366.23

（三）FDI 产业集中度

FDI 产业集聚是 FDI 产业在一些特定地理区域内高度集中的现象。也就是说，FDI 产业越集中，发生集聚的可能性就越大。表 2-11 中 FDI 产业结构系数的最大值实际上是一地区集中度。可以看出，我国 FDI 产业集中度变化具有较大差异性。2003 年 CR_1 最高的为 B7，为 99.74%，最小的是 C29，为 16.05%；2008 年，CR_1 最高的仍为 B7，为 94.33%，最小的是 C27，为 14.42%。比较 CR_1，2003—2008 年有 27 个 FDI 产业 CR_1 下降，前 5 位是 C43、B9、B6、D45 和 C41，下降幅度依次为 38.43 个、31.59 个、24.93 个和 19.23 个百分点；有 11 个 FDI 产业 CR_1 上升，前 5

位 C32、D46、C29、C28 和 C33，上升幅度依次为 10.40 个、9.87 个、7.63 个、6.84 个和 6.00 个百分点。从大类看，2003—2008 年 B 类 FDI 产业平均下降 14.35 个百分点，C 类 FDI 产业下降了 2.97 个百分点，D 类 FDI 产业下降了 6.43 个百分点。

三 产业分形集聚与数学模型

(一) 产业分形分布与自相似

产业的空间分布是具有多种状态的。一些产业在空间上集中于某一些地区，而有的产业则分散在各地。如果没有集聚力作用，那么，产业在空间呈正态分布。也就是说正态分布是对称的，没有超峰分布，也没有长尾现象。如果产业规模分布在一定时空条件下具有负幂律特征，有长尾出现，那么生产的负幂律分布具有确定的分形机制（黄登仕，2003）。

"分形"是由 Benoit B. Mandelbrot 在 1975 年首次提出。其原意是不规则的、分数的、支离破碎的物体。分形最明显的特征是自相似性。自相似性可分为两类：一类是完全相似，由数学模型生成。另一类就是自然界中的分形，其相似性并不是严格的，只是在一定的标度内才具有自相似性，它们具有统计意义下的自相似性，通常称为随机分形或无规则分形。因为这种随机分形有比较复杂的表现形式，所以将其局部放大一定倍数不一定会简单地与整体完全重合。

产业集聚分布是一种不规则的自相似。由于分布形态的自相似性具有一定的范围及层次，一旦超出一定的级别和尺度，自相似将不复存在，所以对于产业集聚分布来说，在一定的尺度范围内具有标度性不变性。在任何分形集聚的产业中，总是存在着不同规模等级的地区产业。在对产业的相关数据（产值）进行处理（结构系数法）以后，就发现地区的个数和在一定的规模大小尺度之间存在一定的负指数幂关系，即其自然对数呈线性相关。如果两个变量之间存在这种负幂律的关系，那么就可以判定产业集聚具有分形结构。

分形结构就是一种自相似结构。分形分布的部分与部分、部分与总体之间存在自相似性。实际上，一个具有分数维的产业系统，其本质特征是自相似性。具体地，产业体系具有微观（产业）、中观（地区产业体系）和宏观（全部产业）层次结构，并且不同尺度下的各个层次之间具有自相似性。这种"自相似"就显示了产业体系内不同层次之间的形态同构性和关联性，从而表示一种有规律的自组织形态。当然，产业集聚分布是基于统计意义上的一种分形结构。从这个意义上讲，产业集聚是一种统计分形，具有统计上的自相似性。集中度就是用分布长尾比例用来衡量产业集聚强度。显然，如果产业分布具有分形特征，产业集聚也就具有自相似性结构，那么分形维数的大小就更准确地反映了产业的空间集聚强度。

（二）分维模型

分形分布的关键参数是分形维数。所谓分形维数，是描述非规则集合对象时所产生的非整数维，常用的分维主要有豪斯道夫维数。豪斯道夫（Hausdorff）维数（张济忠，1995）：

$$D = \ln N(r)/\ln(1/r) \tag{2.5}$$

（2.5）式中，r 为盒子尺度，D 为几何对象维度，$N(r)$ 为覆盖所需要的盒子数。

分形最本质的几何测度关系必须用幂指数进行表征。对于产业而言，r 为不同地区产业规模标度，$N(r)$ 为超过 r 地区数目。随着 r 改变，得到不同的地区数目 $N(r)$，两者关系是，尺度 r 越小，则 $N(r)$ 越大。在一定时空条件下，根据地区位序—规模分布法则即 Z_{ipf} 定律得出（2.5）式的 $N(r)$ 与 r 之间的负幂律关系：

$$N(r) = A/r^{-D} \tag{2.6}$$

（2.6）式中，A 为常数，D 为幂指数，具有分维性质，称为 Z_{ipf} 维数或 Z_{ipf} 指数。由于，Z_{ipf} 指数表征产业序空间的地理分布，所以产业分布是基于统计意义上的一种分形结构。即，如果地区累计数与产业集聚尺度为负幂率函数关系，则产业出现分形集聚分布。

（2.6）式为非线性的本征函数，两边取自然对数，转化为对数线性方程：

$$\ln N(r) = A - D\ln r \tag{2.7}$$

（2.7）式表明，经过对数变换线性化以后，D 值转换为线性斜率。它说明，分形最本质的几何测度关系必须用幂指数进行表征。基于（2.7）式，可采用一元线性回归方法估计出产业集聚的分维值。

Z_{ipf} 维数可以指示产业集聚分布的特征。也就是，D 就是产业分形集聚强度指数，其变化代表着产业集聚分布结构的变化，也就是集聚强度变化。

（1）当 $D \to 0$ 时，称为产业无集聚。产业规模在所有的地区一样大即为平均分布，大样本时表现为正态分布。这是个完全竞争结构，地区竞争产量相当,任一地区的产能变化都不足以影响集聚结构的变化。

(2) 当 $D \to \infty$ 时,称为产业全集聚。产业只分布在一个地区,是一个完全垄断的集聚结构。

(3) 当 $D < 1$ 时,为产业弱集聚。首位地区垄断性不强,其中等规模地区的产业发育充分,两极分化相对不严重。

(4) 当 $D > 1$ 时,为产业为强集聚。首位地区垄断性较强,其中等规模地区的产业发育不足,两极分化严重。

第(1)种和第(2)种是两种极端情况,现实中并不存在。而 $D = 1$ 是产业集聚识别中的重要分界点。原因在于,当 $D = 1$,即产业分布为整数维时,产业最大地区规模与最小地区规模之比恰为整个地区体系的地区数目,这是产业集聚分布的最优状态。实际上,对于第(3)种情况,$D = 0.5$,也是一个有参照意义的分界。$D < 0.5$,为产业超弱集聚,$D \subset (0.5, 1)$,为产业弱集聚。同样的,对于第(4)种情况,$D \subset (1, 1.5)$,为产业强集聚,$D > 1.5$,为产业超强集聚。

(三) 产业集聚的分形生成机制

由于(2.5)式为产业集聚的分形生长模型,因而实现了用一种数学模型揭示产业在空间上的集聚生成机制。在理论上,产业集聚分布的分形不仅是一种结构,在某种意义上也是一种结构生长过程。一般来说,某一个产业或产业系统在生成过程中自发形成有序的自相似结构的现象,就是产业集聚现象。产业集聚在空间上形成"中心—外围"结构,集聚是中心区的产业自发的相互协作,互利溢出,而中心区产业与外围区产业具有分工互补关系。产业集聚体内部的结构形成一种"自组织过程"。

在产业集聚的初期,产业的空间分布可能是随机的,也可能是相对均衡的,但在市场机制下或政府干预下,产业资源逐步向比较优势区位集中,产业集聚强度不断提升,D 值由 0 上升到 0.5—1,进入相对合理集聚阶段;当产业在一定的区域高度集中后,D 值上升到 1 以上,进入强集聚阶段,最后可能会进入 D 值超过 1.5 的超强集聚阶段,那么产业分布可能出现规模不经济,产业集聚体也会分化瓦解或重构,中心区产业向外围转移。当 D 值稳定在 1 左右,产业达到最优分布,集聚效应最充分地发挥,规模经济整体上达到最优状态。

显然,决定产业集聚状态的本质变量是分布的维度。分形维数的变化代表着产业集聚分布结构的变化。在分形几何中,分数维 D 是描述产业分形分布对空间填充程度的统计量，反映了产业空间分布复杂形体占有空间的有效性。因此，用维度来解释产业集聚分布的形态变化，集聚中心与外围结构的形成，从而说明产业空间集聚生成的机理。

四 FDI产业分维值估计与检验

（一）FDI产业负幂分布

如果FDI产业具有规模分布形态的自相似性，那么就可以用分形理论计算FDI产业分维值。2003年、2008年38个FDI产业的$N(r)$-r关系呈现出分布形态的自相似结构（图2-10和图2-11）。可以看出，38个FDI产业分布与正态分布相比，呈"尖峰胖尾"形态。胖尾是由于出现大规模FDI产业集聚的中心区，它是由集聚过程中正反馈机制造成。FDI产业的负幂律分布表明FDI产业已呈现出"分形"性的基本特征。也就是说，对于一个分布于若干地区的FDI产业，将其规模比重r按从大到小顺序进行排列后，r与大于r的地区数目$N(r)$满足负幂关系。

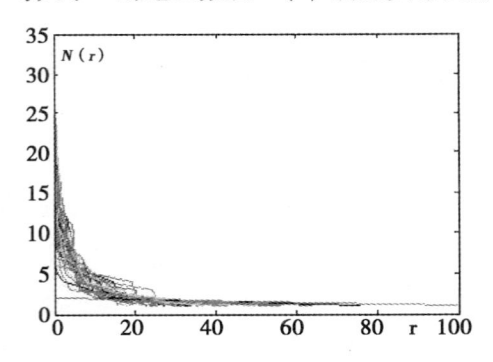

图2-10 2003年FDI产业$N(r)$与r的关系

（二）FDI产业集聚分维值估计

借助数据，通常采用两种方法估计分形模型参数：一是普通最小二乘（OLS）计算；二是非线性迭代法。由于有37类FDI产业在地区都有零分布存在，取零后对数不存在，用（2.6）式时要剔出零样本，会造成样本损失。因此，选用（2.6）式比较适当。对于（2.6）式，取用迭代法，用MATLAB的Nlintool为核心命令，编程估算A、D等参数。

用（2.6）式估计，分别取A、D初始值为25和0.01，迭代结果，2003年A的值在17.000—28.190，拟合优度R^2值在0.353—0.980，D

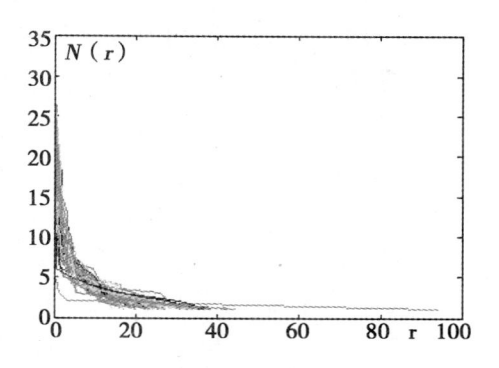

图 2-11 2008 年 FDI 产业 $N(r)$ 与 r 的关系

值在 0.353—8.105；2008 年 A 的值在 18.495—29.527，拟合优度 R^2 值在 0.525—0.990，D 值在 0.200—5.51（表 2-12）。从平均水平看，D、A 和 R^2 2003 年分别为 1.030、24.259、0.854；2008 年分别为 0.870、25.309、0.902。可以看出，D 值有所下降，而 A 和 R^2 分别有所上升。

表 2-12 2003—2008 年中国工业 FDI 产业规模分布参数估计

产业	2003 年 D	2003 年 A	2003 年 R^2	2008 年 D	2008 年 A	2008 年 R^2	产业	2003 年 D	2003 年 A	2003 年 R^2	2008 年 D	2008 年 A	2008 年 R^2
B6	0.571	19.867	0.660	2.182	23.553	0.862	C27	0.316	28.196	0.980	0.296	28.414	0.988
B7	8.105	17.000	0.353	5.515	18.495	0.525	C28	1.114	23.882	0.873	1.156	22.665	0.832
B8	0.149	18.955	0.578	0.345	22.501	0.828	C29	0.326	23.685	0.877	0.406	24.115	0.886
B9	0.422	21.579	0.783	0.278	23.592	0.889	C30	1.130	26.533	0.907	0.917	26.853	0.907
B10	0.528	23.935	0.901	0.456	26.066	0.949	C31	0.429	26.403	0.941	0.389	27.617	0.962
C13	0.334	27.150	0.967	0.330	27.430	0.980	C32	0.323	23.604	0.880	0.456	24.499	0.914
C14	0.301	26.483	0.955	0.300	27.692	0.982	C33	0.445	27.678	0.934	0.462	26.742	0.942
C15	0.286	27.420	0.974	0.307	29.527	0.990	C34	0.506	23.224	0.846	0.644	24.238	0.874
C16	0.116	18.489	0.532	0.200	19.473	0.626	C35	0.572	24.839	0.882	0.661	25.081	0.893
C17	0.978	26.836	0.933	1.143	27.219	0.948	C36	0.337	24.857	0.923	0.392	24.606	0.898
C18	1.172	24.049	0.848	1.213	25.164	0.903	C37	0.404	25.786	0.956	0.286	25.558	0.949
C19	1.302	24.591	0.865	0.930	24.143	0.873	C39	0.452	23.639	0.868	0.456	24.496	0.899
C20	0.286	25.894	0.958	0.299	25.913	0.955	C40	2.641	26.529	0.885	2.529	26.454	0.896
C21	0.754	25.151	0.886	0.946	25.255	0.906	C41	1.784	24.748	0.867	0.816	24.291	0.883
C22	0.747	26.243	0.938	0.658	27.322	0.959	C42	0.815	24.698	0.901	0.810	24.425	0.892
C23	0.473	25.621	0.942	0.547	26.936	0.956	C43	2.858	18.978	0.572	2.803	22.999	0.853
C24	4.364	24.387	0.854	1.428	25.319	0.915	D44	0.332	25.356	0.948	0.323	27.650	0.979
C25	1.368	23.240	0.831	0.455	24.596	0.900	D45	1.196	23.026	0.863	0.450	25.343	0.948
C26	0.677	26.835	0.938	0.846	28.201	0.967	D46	0.234	22.446	0.840	0.433	27.300	0.984

虽然比例常数 A 代表 FDI 产业规模，但实际测算中没有定义，在理论分析中真正需要用到的是参数 D。以表 2-12 中数据统计，2003 年 B7、C24、C43、C40 和 C41 五个 FDI 产业 D 值大于 1.5，属于超强集聚；C25、C19、D45、C18、C30 和 C28 六个 FDI 产业 D 值大于 1，而小于 1.5，属于强集聚；C17、C42、C21、C22、C26、C35、B6、B10 和 C34 九个 FDI 产业 D 值大于 0.5，而小于 1，属于弱集聚；而其他 18 个 FDI 产业 D 值小于 0.5，属于超弱集聚；2008 年 B7、C43、C40 和 B6 四个 FDI 产业属于超强集聚；C24、C18、C28 和 C17 属于强集聚；C21、C19、C30、C26、C41、C42、C35、C22 和 C34 属于弱集聚；而其他 21 个 FDI 产业属于超弱集聚。可以看出，2003—2008 年超强集聚、强集聚的 FDI 产业数减小，弱集聚 FDI 产业数不变，而超弱集聚的 FDI 产业数增加。

从增量看，2003—2008 年 D 值下降与上升的 FDI 产业各占一半，降幅前三位为 C24、B7 和 C41，分别下降量为 2.936、2.589 和 0.968；升幅前三位为 B6、D46 和 B86，上升量分别为 1.611、0.199 和 0.195。总体上，38 个 FDI 产业的 D 值由 2003 年的 1.030，下降到 2008 年的 0.870。这表明我国 FDI 产业体系向不合理方向演化。

（三）分形集聚强度的检验

以表 2-12 和表 2-7、表 2-11 的数据计算，2003 年 38 个 FDI 产业 D 值与 CR_1 和 CR_3 的相关系分别为 0.7602、0.6078，2008 年相关系数分别为 0.7775、0.7781，在 1% 水平上呈强显著的正相关。

一般来说，FDI 产业按 D 值的排序数和与按 CR_1、CR_3 排序数仍有一定的差异。因此，进一步用斯皮尔曼（Spearman）等级相关系数再进行检验。Spearman 等级相关系数计算公式：

$$R = 1 - \frac{6\sum_{i=1}^{38} d_i^2}{38^3 - 38} \tag{2.8}$$

(2.8) 式中，d_i 为按 D 平均值排序数和按 CR_1 或 CR_3 排序数之差。以表 2-1、表 2-7 和表 2-11 的排序数，按（2.8）式计算出，2003 年 38 个 FDI 产业 D 值与 CR_1 和 CR_3 的等级相关系数分别为 0.7238、0.6443，2008 年相关系数分别为 0.6651、0.7861，均在 1% 水平上呈强显著的正相关。这表明，FDI 产业分形集聚强度与集中度之间存在的强正等级相关关系。显然，按集中度排序越靠前 FDI 产业，则其在分形集聚维值排序中也越靠前。当然，较集中度而言，D 值更能表示 FDI 产业集聚分布的全景，更科学地测度了 FDI 产业集聚强度。

第四节 中国 FDI 工业双重集聚效应

一 产业安全效应

FDI 工业的不均衡分布，甚至于对一些制造业集聚产生了加速效应，使我国工业产业对 FDI 工业产生较强的依赖性。从产值依赖看，2008 年我国工业产值的 27.9% 来自 FDI 工业贡献，其中有 18 个 FDI 工业超过平均水平，电子设备制造业（C40）高达 81.28%，而烟草制品业（C16）仅有 0.11%，两者相差高达 80 个百分点以上。从资产依赖看，2008 年我国工业资本的 29.69% 来自 FDI 工业贡献，其中有 18 个 FDI 工业超过平均水平，电子设备制造业（C40）最高，达 69.55%，而烟草制品业（C16）仅有 0.22%，两者相差接近 70 个百分点。从就业依赖看，2008 年 FDI 工业对我国工业就业人员参与度为 25.18%，其中有 17 个 FDI 工业超过全国平均水平，电子设备制造业（C40）最高，达 73.79%，而 B7 产业仅有 0.35%，两者相差在 70 个百分点以上（表 2 - 13）。

表 2 - 13 2008 年 FDI 工业对我国工业产值、资本与就业人数参与度　　　单位:%

产业	产值	资本	就业	产业	产值	资本	就业	产业	产值	资本	就业
B6	2.54	2.58	0.81	C21	39.77	46.13	45.75	C34	30.93	33.94	29.83
B7	7.65	3.72	0.35	C22	33.57	45.69	26.04	C35	25.51	28.39	20.11
B8	2.78	3.06	2.13	C23	28.04	31.50	28.49	C36	27.00	27.38	24.81
B9	6.58	13.42	4.45	C24	56.81	61.36	66.95	C37	44.81	38.06	28.03
B10	7.18	9.46	4.83	C25	13.39	15.66	10.16	C39	35.31	34.76	40.22
C13	26.76	28.01	20.94	C26	26.84	27.82	14.82	C40	81.28	69.55	73.79
C14	36.80	39.79	30.64	C27	27.09	26.70	21.07	C41	57.28	42.86	49.52
C15	35.70	38.43	26.13	C28	30.77	35.09	20.84	C42	37.16	39.68	45.73
C16	0.11	0.22	1.01	C29	38.76	45.50	39.36	C43	23.41	29.46	13.17
C17	22.75	27.80	24.71	C30	36.85	43.43	43.03	D44	8.31	8.64	5.32
C18	42.20	46.34	49.93	C31	16.99	23.03	15.14	D45	41.62	39.29	29.17
C19	47.52	54.52	59.02	C32	14.44	11.49	8.93	D46	17.12	16.19	3.72
C20	15.12	23.15	15.11	C33	15.89	16.45	13.02	全部	27.96	29.69	25.18

从概念上讲，FDI 概念的核心是 FDI 对国内企业的控制，而不是外国资本某个特定的货币值。根据 1977 年国际货币基金组织（IMF）的定义：FDI 是"在投资者以外的国家（经济）所经营的企业中拥有持续利益的一种投资，其目的在于对该企业的经营管理具有有效的发言权"。美国商务部对其国内的 FDI 的定义是：外国投资者的股份超过 10%。在中国，只有当外国资产股份占到 25% 或以上时，外国资产资本流入才归类为 FDI。也就是说，FDI 企业（三资企业）是指外商投资在企业股份占 25% 以上的企业。显然，FDI 依存度是工业所有权的集中体现，对 FDI 依存度越高，跨国公司拥有的控制权也就越大。

即使按中国较高的 FDI 阈值，FDI 企业在大部分中国产业中也取得了控制权。基于资产所有权的份额，2008 年 FDI 工业已总体上控制了我国产业的决策权。我国 25 个工业产业对 FDI 工业的资本依存度超过 25%，已为 FDI 工业所控制，特别是电子设备制造业和文教用品制造业对 FDI 产业资本的依存度高达 60% 以上。进一步计算，同年 B 类、CL 类、CH 类和 D 类的 FDI 工业资本参与度分别为 3.86%、25.92%、41.39% 和 10.10%。显然，C 类产业尤其是 CH 类高端制造业是 FDI 工业主要集聚和控制的主要对象。由于高端制造业的发展速度快，技术进步迅猛，市场需求明显扩大，利润增长较快，产业配套能力强，对 FDI 有较强的吸收能力。FDI 集聚我国制造业尤其是高端制造业的明显作用是提升了我国制造业结构，同时也提高了我国制造业技术水平和制造能力，使中国成为世界制造业"大车间"。

高端制造业具有较高生产率和技术进步，其对工业改造提供技术支持，因而它是工业结构竞争力提升的重要推动力。但是，我国高端制造业的竞争力却主要是由 FDI 工业贡献的。1989 年外国子公司占中国出口比例不足 9%，而 2001 年这一比例跃升至 48%，国外公司出口的 90% 以上是制成品，其中机械设备和其他制成品非常显著，外国子公司高技术产业出口份额从 1996 年的 59% 上升到 2000 年的 81%（UNCTAD，2002）。FDI 对电子及通信设备制造业的产值参与度为 81.28%，而从电子工业看，"以市场换技术"的方法没有直接换来预期的高技术（谢晓霞，2000）。这说明，我国电子计算机及办公设备制造业是低端组装，绝大部分核心技术已由跨国公司所控制。研究表明，高端制造业是我国主导工业群，FDI 集聚我国主导工业群，并控制了大部分核心技术，从而会带来我国工业结构竞争力"空心化"的潜在风险（赵果庆，2006）。

二 地区差距效应

FDI 工业作为一个特殊企业种群集,其集聚分布对我国地区工业产生重要影响,并进一步影响到地区发展差距。表 2-14 是 2008 年 31 个地区工业对 FDI 工业产值、资产和就业依存度。首先,地区工业产值对 FDI 工业产值依存度超过平均水平的有 10 个地区,其中前 8 个全部是东部地区,上海、广东、海南和福建超过 50%;依存度低于 10% 的有 11 个地区,全部为中部和西部地区,其中西部有 7 个地区,最低的新疆仅有 2.06%。从资产参与度看,地区工业资产对 FDI 工业资产依存度超过平均水平的有 9 个地区,全部是东部地区,广东超过 50%,福建、上海、江苏和海南超过 40%;资产依存度低于 10% 的有 9 个地区,后 8 个地区全为西部地区,最低的新疆仅有 2.01%。从就业参与度看,FDI 工业就业参与度超过平均水平的有 11 个地区,除江西外,全是东部地区,广东超过 61.26%,上海、福建超过 50%;就业依存度低于 10% 的有 15 个地区,全部为中部、西部地区,最低的甘肃仅有 2.10%。

表 2-14　　　　2008 年 FDI 工业产值对地区工业产值的参与度

单位:%

地区	产值参与度	资产参与度	就业参与度	地区	产值参与度	资产参与度	就业参与度
浙江	27.12	27.79	27.40	黑龙江	9.07	10.89	8.92
天津	45.25	34.46	40.26	河南	7.03	8.84	5.48
上海	59.68	48.51	54.77	安徽	13.22	11.47	10.62
山东	18.84	18.87	19.21	重庆	19.30	18.34	8.89
辽宁	20.75	19.36	19.17	云南	6.17	5.59	6.11
江苏	41.45	43.81	39.81	西藏	8.42	3.02	3.35
河北	17.69	17.38	12.92	四川	8.50	8.77	6.60
海南	52.73	41.31	26.80	陕西	8.35	6.10	6.32
广东	57.77	54.85	61.26	内蒙古	10.11	10.26	7.60
福建	52.16	49.64	52.98	贵州	3.72	3.34	3.98
北京	41.81	19.33	31.59	广西	21.85	18.30	17.20
山西	6.25	6.07	6.12	甘肃	2.56	3.69	2.10
江西	15.05	18.26	19.41	新疆	2.06	2.01	2.82
吉林	26.05	16.62	10.28	青海	14.02	13.77	9.99
湖南	8.75	13.16	7.95	宁夏	19.30	18.34	8.89
湖北	22.65	18.62	13.52	全国	21.54	19.06	17.82

资料来源:根据《2009 中国统计年鉴》相关数据计算。

进一步从区域看,FDI 工业对地区工业贡献呈现出东高西低的格局。通过计算,东部、中部和西部 FDI 工业对其地区工业产值贡献率分别为 37.68%、12.56% 和 9.87%,资产参与度分别为 35.05%、12.45% 和 8.66%,就业参与度分别为 39.05%、9.62% 和 7.36%。显然,在我国中心—外围结构中,FDI 集聚对中西部工业贡献还比较小,中西部地区制造业主要是依靠内资产业集聚,而东部却是对 FDI 工业集聚依赖较深,受其影响较大。

三 地区发展方式转变效应

FDI 工业是 FDI 产业主体,FDI 工业在空间上的集聚,不仅对地区 GDP 产生影响,而且更重要的还在于 FDI 工业集聚分布导致地区经济发展模式产生较大差异。这主要表现在地区 GDP、贸易对 FDI 产业贸易依存度方面有较大差异。表 2-15 是以 2008 年美元汇率 6.94 计算,地区 GDP 和贸易(进出口)对 FDI 产业贸易的依存度。从 GDP 依存度看,2008 年上海、广东、天津、江苏和北京五个东部地区 GDP 对 FDI 产业贸易依存度超过全国平均水平,其值分别为 52.75%、35.54%、30.93%、29.42% 和 22.32%,GDP 依存度不足 1% 的有 11 个地区,全是中西部地区,其中又以西部地区占多数,最低的是甘肃,仅为 0.071,上海为甘肃的 735.49 倍。再从地区贸易对 FDI 产业依存度看,2008 年仅有 9 个东部地区贸易对 FDI 产业贸易依存度超过全国平均水平,其为东部的北京、上海、天津、江苏和广东,中部的江西和吉林,西部的重庆和青海;依存度不足 10% 的有 11 个地区,全是中部和西部地区,西部地区占 7 个之多,新疆仅为 0.327%,北京是新疆 108.57 倍。

表 2-15　2008 年地区 GDP、贸易对 FDI 产业贸易的依存度

单位:%

地区	GDP依存度	贸易依存度	地区	GDP依存度	贸易依存度	地区	GDP依存度	贸易依存度	地区	GDP依存度	贸易依存度
浙江	9.46	11.98	广东	35.54	25.47	黑龙江	0.49	2.86	陕西	0.99	9.38
天津	30.94	32.60	福建	12.58	22.62	河南	0.56	7.50	青海	1.53	26.51
上海	52.75	33.17	北京	22.33	35.50	安徽	2.99	19.53	宁夏	2.29	14.03
山东	7.55	18.01	山西	0.94	4.64	重庆	3.66	29.72	内蒙古	0.53	5.64
辽宁	8.68	20.48	江西	5.45	33.94	云南	0.25	2.24	贵州	0.28	2.81
江苏	29.43	29.86	吉林	4.72	32.11	新疆	0.13	0.33	广西	2.83	19.67
河北	2.99	13.68	湖南	0.55	6.49	西藏	0.09	1.54	甘肃	0.07	0.50
海南	8.33	18.27	湖北	2.19	16.73	四川	2.59	23.42	全国	13.14	24.17

资料来源:根据《2009 中国统计年鉴》相关数据计算。

从区域看，无论是 GDP 对 FDI 产业贸易依存度，还是贸易对 FDI 产业依存度，也都呈现出东高西低的格局。2008 年，东部、中部和西部 GDP 对 FDI 产业的贸易依存度分别为 21.28%、1.85% 和 1.54%，贸易对 FDI 产业贸易依度分别为 25.41%、14.45% 和 11.29%。很明显，中部和西部的 GDP 与贸易对 FDI 产业贸易依存度差别不大，但东部与中部、西部的差别较大，尤其 GDP 对 FDI 产业贸易依存差距很大。显然，中部和西部地区 FDI 集聚的贸易效应是很弱的，也意味着这些地区主要是内向型经济，国际竞争力很弱。

改革开放以来，中国整体上发生了产业在空间上的转移与集聚，而地区差距扩大与产业集聚有密切关系（范剑勇，2004）。研究还表明，东部地区和西部地区之间的 GDP 增长率的差异，大约有 90% 是由外商直接投资引起的。以此推论，FDI 工业集聚扩大了地区差距。可以预言，随着中国制造业对 FDI 依赖的进一步加深，地区的制造业集聚差距还会扩大，中西部地区内向型经济与东部外向型经济的差距还会进一步扩大。

第五节 小结

我们利用集聚强度指数对 2003 年和 2008 年的中国 FDI 在空间与产业的双重集聚强度进行测算和显著性检验，结果表明：第一，FDI 在绝大多数地区与全部工业呈现出显著的集聚性，但 2003—2008 年 FDI 在地区集聚和产业集聚强度都呈现出下降趋势。第二，我国工业对 FDI 工业有较大依赖性，尤其是我国高端制造业对 FDI 的依赖性日益加深，东部地区对 FDI 工业有较高的依存度。第三，FDI 工业集聚带来双重效应。一方面，FDI 集聚提升了我国工业结构，推进了我国制造水平和出口竞争力提升，但同时也威胁着我国产业安全；另一方面，FDI 集聚加速了东部外向型经济转变，而中西部尤其是西部发展方式滞后，FDI 工业集聚加速了东部与中西部发展差距。

我国 FDI 产业体系空间分布呈现出较为明显的分形集聚特征，但集聚强度值偏低的 FDI 产业占多数。总体上说，我国大多数 FDI 产业集聚强度属于弱集聚，并且有下降趋势，更偏离最合理的分布状态。这说明一体化效应在加强。同时，集中度与分形集聚强度呈显著的正相关。这意味着，集聚是 FDI 产业在空间集中的分形生长过程。因此，运用分形集聚强度比集中度更精确合理地揭示产业空间集聚分布，并揭示出我国 FDI 工业产业体系的分形集聚机制。

与东部相比，中西部尤其是西部失去了利用 FDI 提升制造业结构，参与国际分工，建立国际生产营销体系的机会，导致对低附加值自然资源更加依赖，形成较强的传统增长路径依赖，更主要的是西部自然资源导向型经济对比较脆弱的西部生态环境造成更大的压力。另外，中国工业尤其是高端制造业对 FDI 过度依赖，技术边缘化倾向加剧，严重地影响了我国内资产业的自主创新发展能力，尤其是核心技术被跨国公司控制会导致我国制造业国际竞争力边缘化，这对我国技术创新以及经济增长方式转变带来较大挑战。

第三章 中国 FDI 的产业集聚与工业结构升级效应

在产业层面上，FDI 集聚工业部门，而入驻产业的 FDI 在产业间呈极度非均衡分布。一方面，FDI 在一些产业部门的集聚会使我国工业结构发生变化，从而影响资源配置效率，进一步影响我国产业结构竞争力。另一方面，FDI 又集聚在东部，这对我国区域产业结构演化和结构竞争力产生重要影响。FDI 是否促进我国产业结构竞争力取决于 FDI 集聚工业在工业体系中的地位和性质。一般而言，如果 FDI 集聚产业代表产业结构演化的方向，那么 FDI 集聚就促进产业结构升级，从整体上对工业结构竞争力起到提升作用。

第一节 利用 FDI 与产业结构升级的有关理论

一 产业结构竞争力与产业结构升级

"产业结构竞争力"研究始于中国人民大学发布的 1996 年度、1997 年度《中国国际竞争力发展报告》。其认为，产业结构国际竞争力是国际竞争力的一个组成部分，它与创造增加值和财富竞争力密切联系在一起。原因是，合理的产业结构使一国的资源配置达到有效，产业结构的高度化会产生结构正效应，改善产品结构，产业素质提高，从而创造增加值的能力达到极大。一般来说，产业结构先进的国家在国际竞争中占优势，相反，产业结构落后的国家处于劣势。日本及东亚四个新兴工业化国家和地区的奇迹证明，产业结构的升级是增强一国国际竞争力的有效途径。

所谓产业结构升级，主要是一个国家的产业结构根据经济发展的历史和逻辑序列顺向演进过程中所达到的阶段和层次。产业结构升级包括产业结构协调化和高度化两个方面。产业结构协调化是指各产业之间、产业内部各行业之间的比例和发展速度要相互协调。产业结构高度化是指各产业之间、产业内部各行业之间的产值结构和资产结构的高度化。产值结构高度化是指低质量产品、中等质量产品、高质量产品的产值比重由前向后提高，技术、知识密集度低的产品向技术、知识密集度高的产品的产值比重由前向后提高等。资产结构高度化是指国民资产的部门分布由基础产业高比重依次向加工工业和技术产业高比重演进，产业部门的质量联系日益紧密，产业循环和上升过程的联动功能不断加强，资产结构适应经济发展和需求结构变动而演进和变动机制日益健全等。

产业结构状况直接反映了一国的产业结构竞争力与经济发展程度。如果某个地区的产业结构具有较强的协调化、高度化能力，并且二者相互融合、贯通，既互相制约，又互相促进，那么这样的产业结构将最具有竞争力，使资源配置达到最优状态，使部门投入—产出达到最佳效率，社会增加值的财富创造能力强大，国民经济达到持续、健康运行。因此，调节结构是转变增长方式和提高增长的重要方面，提高产业结构竞争力是关系到我国经济振兴的关键因素。

FDI促进产业结构升级是产业结构竞争力提升的重要途径。产业结构竞争力从本质上决定了产业竞争力，体现的是在市场经济条件下一个地区产业所具有的开拓市场、占据国内和国际市场并以此获得利润的能力。如果FDI能提升我国产业结构竞争力，那么FDI就决定着一个地区经济发展的潜力。FDI促进产业结构的升级过程也是地区产业结构竞争力有效提升的过程。

二　FDI对产业结构升级的影响

产业结构在FDI理论中已有解说，最初的算是"雁行模式"。"雁行模式"（Wide-Geese Flying Pattern）的概念最早是由日本学者赤松要1932年在其论文《我国经济发展的综合原理》中提出的，并同时提出了雁行产业发展形态论。该模式认为，产业成长经历了进口产品、进口替代、出口导向三个阶段，而产业结构升级依次分为劳动和资源密集、资本密集和技术密集三个阶梯。随着FDI的进入及一国工业化的发展，某一产业会逐渐衰落，并将转移到低一个梯级的国家和地区，通过产业替代，推动产业升级。美国经济学家弗农（Vernon，1966）提出了产品生命周期理论。弗农把客观存在的产品生命周期分为产品创新阶段、成熟阶段和标准化阶段，各个阶段与企业的区位决策、出口或国外生产决策均有联系。日本的另一位经济学家小岛清（Kojima，1978）的边际产业扩张理论则提出应按"边际产业顺序"将国内比较劣势的产业通过对外直接投资转换为东道国比较优势的产业，即认为FDI向东道国传递和转移先进生产函数，产生前向和后向关联效应，从而对东道国的产业结构变化产生积极的影响。

FDI对东道国产业升级的影响已有重要进展。Meier（1989）指出，通过国际直接投资创造产业升级效应，客观上要求跨国公司在东道国的投资项目具有"发动机"的职能。Hirschman（1958）把关联效应视为外国直接投资在经济部门之间创造较强外部经济的一种有效的产业带动方式。Radetxki（1977）、Girvan（1987）认为，对于资源禀赋较为丰富的东道国，外国直接投资的作用就是与东道国原料的开发、加工以及与外部经济发生垂直联系的关联效应。Kojima（1993）认为，在以资源为基础的工业化战略选择中，一国工业化的发展进程以及外国直接投资对该国工业化的推动作用与东道国资源禀赋状况直接相关。Lall（1980）在研究印度卡车制造业时发现跨国公司与当地企业通过后向联系（backward linkage）可以产生技术外溢。

联合国贸发会在《1992年世界投资报告》中论述道：作为产业结构优化的决定性因素，FDI的技术转让是其产业带动效应的核心，FDI对东道国技术提升的直接作用是：通过技术溢出提高要素生产率，改变产品结构特别是出口产品结构，促进国外分支机构进行研发，引进组织创新，提高管理水平；间接作用则需要通过与当地研发机构合作，向当地前向和后向合作者转移技术。

东道国通过吸收FDI，移植跨国公司产业转移，通过产业之间的联系将FDI技术等资源在产业之间进行扩散，使当地产业结构得到优化。也就是通过FDI产业的回顾效应对当地上游产业的技术、标准、质量等提出要求，促使当地产业改进技术，提高效率；通过竞争与示范作用对下游产业如物流等发挥诱导作用；通过旁侧效应对相关配套产业如基础产业、金融等发挥作用（图3-1）。

FDI产业进入无论是向前关联、向后关联，还是旁侧关联，都能对当地产业结构优化产生促进作用。然而，不同产业的关联效应和带动效应有较大差异。一般来说，制造业、技术密集产业具有较强的联系，具有较强的扩散效应和带动作用，而自然资源密集型、高载能产业的联系效应较

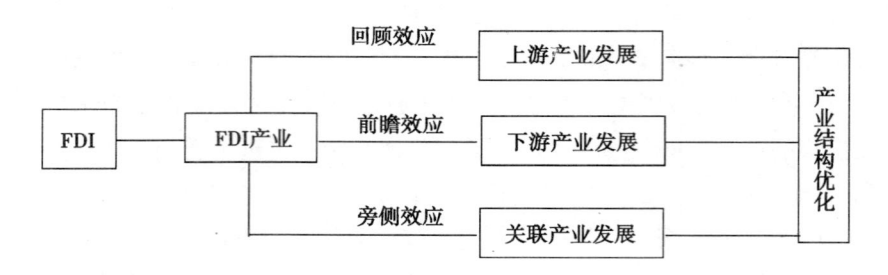

```
FDI → FDI产业 → 回顾效应 → 上游产业发展
              → 前瞻效应 → 下游产业发展  → 产业结构优化
              → 旁侧效应 → 关联产业发展
```

图3-1　FDI促进当地产业升级的机制

弱。显然，FDI集聚在产业链中不同的产业，则其对该产业的结构升级和结构竞争力的影响也显著不同。

有关的工业化历史经验表明，工业化的跨越式发展战略，除产业结构转变外，主要的领域是集中于技术进步。技术上的跨越就是通过引进和学习国外先进技术，跨越先进国家工业技术演变历史过程中的某些阶段，直接在新的更高的起点上发动和加快工业化。通过贸易方式购买外国技术或通过FDI引进技术，都是后起国工业化必不可少的条件。通常情况下，对FDI隐含的基本前提是FDI主体的技术水平高于东道国。FDI具有资本、技术、管理等一体化的特点，有效吸收FDI能加速当地产业资本和人力资本的形成和积累，促进当地技术进步，从而引进FDI即引进一种新的生产函数，改造后起工业国或地区生产函数，在多个环节突破发展制约，实现产业结构升级。

一是FDI提高当地生产效率，改善技术结构。FDI被认为是发展中国家取得先进技术的有效载体。先进技术及其溢出效应对东道国工业的推动可通过提高生产率、改善技术结构等渠道来实现。通过技术进步、竞争示范和竞争压力、市场成长等方式影响当地产业技术能力与结构。

二是FDI推动东道国产业结构优化。产业结构演变是一国工业化演进的核心内容，也是工业化进展的集中体现。FDI对当地工业化施加影响的重要途径是通过对当地产业结构变动作用而实现的。其一，通过前向关联与后向关联效应，改变当地产业间的相对比例和相对位置。其二，通过当地在税收等方面的优惠差别，导致内外投资、新老投资的相对变化，从而影响当地产业结构变化。

三　FDI的工业结构效应

由FDI引发的工业结构效应有间接效应和直接效应。FDI的产业结构间接效应主要包括竞争效应、示范效应、人力资本效应和产业关联效应，其中最主要的是竞争效应和产业关联效应。在国内资金充裕的情况下，FDI 产业结构效应主要体现在引入技术、管理和竞争机制、提高生产率等间接影响效应上。直接效应是指通过 FDI 资源补缺效应对东道国工业结构的影响。根据两缺口理论，开放经济条件下，FDI 可以弥补资金缺口、外汇缺口以及技术缺口，从而直接带动东道国的经济增长和工业结构的升级。大量 FDI 进入某个空白或薄弱的产业，会使这个产业得以迅速成长；某个产业的 FDI 存量的变动，会带来产业结构直接而明显的变化。

虽然我国 FDI 在初期只是把我国定位于加工组装基地，但 FDI 的进入直接推动了我国从资源密集型的农业结构向劳动密集型的轻纺工业结构的升级。20 世纪 90 年代初期以来，许多 FDI 项目都是中国产业结构升级过程中急需大力发展的高端产业。21 世纪以来对中国经济增长带动最大的机械、电子及通信设备、交通运输设备、办公设备、化学纤维制造五个制造产业的结构升级正是大量利用 FDI 和 FDI 搭载的技术实现的。

我国工业结构合理化、高度化与 FDI 工业结构的高度化具有直接的相关关系。FDI 进入我国投资后形成 FDI 工业体系，镶嵌在我国工业系统中。目前，FDI 工业占我国工业产出的比例已超过 30%。FDI 工业已形成一个完整的工业体系，其结构的高度化对我国工业结构产生直接影响。从理论上讲，如果 FDI 工业结构的高度化水平较高，那么就会对东道国的工业结构起到提升作用。如果 FDI 工业高度集中于制造业，而在制造业中又主要集中于加工工业，FDI 对我国高端制造业的影响远远高于其他产业。也就是说，FDI 工业对我国工业结构的高加工度化进程起了明显的推动作用，加快了我国工业的高度化进程；同时，FDI 也促进了我国工业的高附加值化。从空间看，如果区域工业结构与 FDI 工业结构的相似性越高，那么 FDI 对该区域的结构升级效应越大。

四 FDI 与区域工业集聚

从产业维度，Boschma（1999）研究了比利时从 1770 年到 20 世纪工业化发展与工业集群的关系，他把工业史分为三次工业革命和两次特殊发展阶段，每一个阶段都有相应的产业集群相伴（图 3 - 2）。Boschm 的研究结论表明，不同的工业化阶段以不同的工业集群为驱动力。显然，处在不同发展阶段的国家与其产业集群有内在的匹配关系,也就是说,产业集群是人均 GDP 的函数,不同工业化阶段有不同的产业集群与之相适应,不言而喻,产业集群具有层次性和方向性,且一般难以跳越。

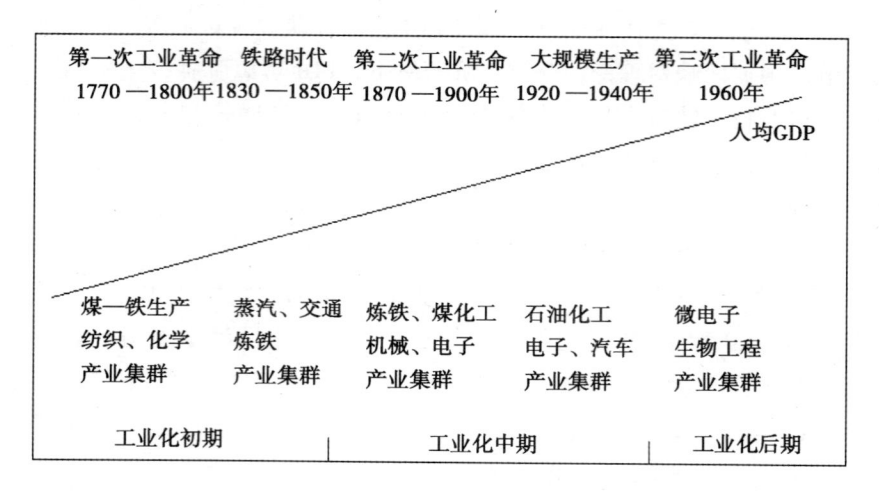

```
第一次工业革命  铁路时代   第二次工业革命  大规模生产   第三次工业革命
1770—1800年 1830—1850年 1870—1900年  1920—1940年   1960年
                                                        人均GDP

煤—铁生产    蒸汽、交通   炼铁、煤化工   石油化工     微电子
纺织、化学    炼铁        机械、电子     电子、汽车   生物工程
产业集群     产业集群     产业集群      产业集群     产业集群

    工业化初期            工业化中期            工业化后期
```

图 3-2 Boschma 关于产业集群与比利时工业化发展进程相伴关系

我国是一个区域发展极不平衡的大国。2008 年,上海的人均 GDP 为 73124 元,而贵州仅为 8824 元,两者相差 8.28 倍。2008 年东部、中部和西部的人均 GDP 分别为 40539 元、18985 元和 16782 元,东部、中部、西部之比为 2.41∶1.13∶1。很显然,我国区域发展差距较大,而且二元结构特征比较突出。我国区域发展差距较大来源于东部、中部和西部的工业进程的较大差距,这决定了我国区域有不同的工业集群集聚体。由于我国 FDI 来自不同工业化进程的国家,其具有不同的技术内涵和先进性。一般来说,来自发达国家的 FDI 具有技术垄断优势,其技术水平高于我国本土企业技术水平。这样,FDI 的分布必然对区域工业集聚产生重要影响。

我国 FDI 大部分集聚在东部,中部和西部分布较少,这与东部、中部和西部的工业进程有较大关系。我国率先在东部沿海实施改革开放;同时,由于沿海工业化程度较高,配套能力强,吸引了大量 FDI 向制造业集聚,同时 FDI 高端制造业集聚东部又提升了东部的工业结构竞争力,加速了东部工业化进程,提升了 FDI 集聚工业的技术先进性和竞争力。而中部和西部地区,因 FDI 分布较少,对工业集聚的影响较小。这意味着,FDI 的区域非均衡分布拉大了区域工业集聚的差距,进一步扩大了区域的工业结构竞争力。

第二节　中国工业结构升级与结构竞争力
——基于主导产业的视角

一　引言

我国 FDI 中的 70% 是集聚在工业产业，除木材及竹材采运业外，36个工业产业都有 FDI 进入。1980—2008 年 FDI 工业产值占我国工业总产值比重平均为 17.2%，2008 年超过 30%。因此，FDI 对我国工业结构竞争力具有重要影响。

工业结构状况直接反映了一国的工业结构竞争力与经济发育程度。我国学者（郑京平等，1998；沈坤荣，1999；郭克莎，2000；王岳平，2001、2004；赵晋平，2002；江小涓，2002）先后以 FDI 工业的行业偏离指数、FDI 工业参与度、FDI 工业对工业增长贡献率、FDI 工业结构系数和专门化指数等对 FDI 工业的结构效应进行研究。这些研究结果表明：在 FDI 参与下加工制造业尤其是高技术工业得到较快的发展，FDI 加快了中国的工业结构升级进程。

FDI 对我国工业结构具有提升作用，这是无可厚非的，但现有理论在揭示 FDI 对工业结构升级的作用方面还不够深刻，难以对我国工业结构竞争力及其安全性作出判断，原因来自对工业结构的划分存在较大差异。FDI 在加工业集聚会加快工业结构升级，但由于不同工业产业在工业体系发展中的地位和作用界定不明确，难以全面评价 FDI 在工业结构升级中的作用，也难以对 FDI 政策提供有力支持。尽管我国在 FDI 工业结构效应方面的研究已有丰硕成果，但关于 FDI 对工业结构转变以及工业结构竞争力等方面影响还没有形成公认的观点，工业结构划分的缺陷不能不说是一个重要原因。

主导产业具有较强技术创新能力和带动作用，是产业经济增长的发动机和竞争力的主要来源。工业结构升级的过程就是主导工业群交替的过程。如果 FDI 集聚我国主导工业群，并促进其技术水平提高，那么 FDI 集聚主导工业群就会提升我国的工业结构竞争力。FDI 促进工业结构升级的过程也是工业结构竞争力提升的过程，那么工业结构升级的方向是什么呢？FDI 提升我国工业结构的机理何在？要对这两个问题作出回答，首先要把工业划分为先导工业群、主导工业群、支柱工业群和劣势工业群,即四分法。由于工业结构升级是通过主导工业群交替实现的,因此我们假设,FDI是通过集聚主导工业群来提升我国工业结构的竞争力。

二 主导产业理论与工业结构升级方向

(一) 主导产业理论与工业结构升级方向

主导产业来自罗斯托(W. W. Rostow, 1956)提出的主导产业理论,其主要内容是把国民经济的各产业按照其对经济增长贡献的不同分为主导增长部门、辅助增长部门和派生增长部门三类,并认为经济增长主要是由一组主导部门或主导部门综合体系带动的。罗斯托把经济发展分为六个阶段,每个发展阶段各自存在相应的主导产业(表3-1)。罗斯托的经济成长阶段理论揭示了最完整的主导产业更替规律。经济发展总是由某个主导部门率先采用先进技术,该部门降低了成本,扩大了市场份额,扩大了对其他一系列部门的需求,从而带动了整个经济的发展。这个过程本身就是产业结构升级过程。

表3-1　　　　　　　罗斯托经济发展阶段与主导产业更替

经济发展阶段	主导产业(群)
起飞预备阶段	食品业、饮料业、砖瓦业等
起飞阶段	纺织业
走向成熟阶段	钢铁业、煤炭业、电力业、化工业等
高额群众消费阶段	汽车业
追求生活质量阶段	服务业、城市和城郊建筑业

资料来源:江世银:《区域产业结构调整与主导产业选择研究》,上海三联书店2004年版,第157页。

罗斯托的理论已被大多数国家和地区经济发展的历史所证实。以日本为例,第二次世界大战后日本的主导工业经历了20世纪50年代中期的轻纺工业;20世纪50年代中期至70年代初期的重化工业,包括钢铁、机械、石油、石化等;20世纪70年代初期至80年代初期的汽车和家电等;20世纪80年代初期以来的电子工业。可以看出,日本主导工业经历了劳动力密集向资本密集、再向技术密集的转变,随着工业化进程的推进,主导工业集群不断升级。

对于不同工业化时间的国家与地区来说，主导产业不止一个，而更多情况是多个主导产业集聚融合，形成主导产业集聚体系。钱纳里（H. Chenery，1975）根据世界上101个国家人均GDP的变动情况，将经济发展分为三个阶段、六个时期，不同的发展阶段都有不同的主导产业体系与之相对应（表3-2）。可以看出，随着经济发展阶段的演进，主导产业也随之由初级产品向高技术产品集聚上升。换言之，每一个经济发展阶段都有不同的主导产业体系作为经济增长的发动机。这意味着，主导产业体系交替带动了经济增长及增长质量提升，不同经济发展阶段的主导产业群有明显的不同，主导产业群演化具有主向性，主导产业体系的性质决定不同国家与地区间的结构竞争力。

表3-2　　　　　钱纳里经济发展阶段与对应主导产业体系

发展阶段		人均GDP（1970，美元）	主导产业集群
传统阶段	前工业社会	140—280	农产品
工业化阶段	工业化初期	280—560	煤炭、铁矿采掘；建材等初级品
	工业化中期	560—1120	钢铁、化工、机械、汽车、电子产业
	工业化后期	1120—2100	金融、信息、广告、咨询等第三产业
发达经济阶段	后工业化阶段	2100—3360	高档耐用消费品、新材料、新产品产业
	现代社会	3360—5040	微电子、生物工程等知识和智能型产业

资料来源：钱纳里：《工业化和经济增长的比较》，上海三联书店1989年版，第97—99页。

世界各国的工业化进程经验表明，虽然世界各国具体国情不同，但是在工业化不同历史时期具有不同的主导产业集聚体，主导产业的替代存在严格的演变顺序。自近代第一次工业革命以来，世界经济发展经历了五次主导产业更替（表3-3）。前期主导工业群为后期主导工业群的发展打下基础，主导工业群和每一次交替都带动了工业结构的升级，促进了国民经济的发展。

表3-3　　　　　　　　主导工业体系更替

	主导工业产业	主导工业群构成
第一主导工业群	纺织业	纺织工业、冶铁工业、采煤工业
第二主导工业群	钢铁工业	早期制造业、交通运输工业、钢铁工业、采煤工业、造船工业、铁路修建工业、纺织工业、机器制造、铁路运输、轮船运输业等

续表

	主导工业产业	主导工业群构成
第三主导工业群	电力工业、汽车工业、化学工业、钢铁工业	电力工业、电器工业、机械制造工业、汽车工业、化学工业+第二主导工业群
第四主导工业群	汽车工业、石油工业、钢铁工业、耐用消费品工业	耐用消费品工业、宇航工业、计算机工业、原子能工业、合成材料工业+第三主导工业群
第五主导工业群	信息工业	新材料工业、新能源工业、生物工程工业、宇航工业等+第四主导工业群

资料来源：苏东水：《产业经济学》（第2版），高等教育出版社2005年版，第237页。

现代工业结构竞争力实质是主导产业阶段性的替代过程，通过主导产业交替和扩张，优化和提升工业结构竞争力。由于不同工业产业主导下的工业结构标志着不同的核心竞争力和工业化阶段，所以工业结构升级可以代表竞争力来源和竞争优势的转变。由于工业群结构升级过程也是工业结构竞争力提升过程，其中主导工业群具有较高的生产率和技术进步水平，其对其他工业改造提供技术支持，因而主导产业是一个以工业结构转换促进工业结构竞争力提升的强有力的而且是必不可少的发动机。国家之间的主导工业体系的技术进步能力与关联强度的差异决定国家主导工业的发展阶段差异，进而决定国家经济增长率、增长方式和增长质量的差异，最终决定国家竞争力差异。主导工业体系，不仅是具有多个比较增长优势和比较规模优势的产业，而且它们具有较高的工业关联度、较强的带动作用和新技术扩散效应，因而它是结构竞争力的核心力量。工业结构升级的方向是由传统主导工业体系向高技术主导工业体系的转变。

总之，处在不同工业化发展阶段国家与地区的主导产业明显不同。由于受资源比较优势、技术结构的水平、政策因素等约束，对于处在不同发展阶段地区的总是有一些工业产业对工业经济在起主导作用。主导产业本身是一个竞争力很强，扩张速度很快，对国民经济具有主导作用。主导产业通过技术溢出和关联扩散对其他产业产生影响，因而，主导产业体系对工业结构升级、经济增长方式和国家竞争力提升具有决定性的作用。

（二）工业生命周期与工业类型识别

从本质上看，工业生命周期反映出工业比较优势的变化过程。根据工业在工业体系中的优势地位的变迁过程，工业兴衰的过程为先导工业→主导工业→支柱工业→劣势工业。这其实是工业发展阶段的一种划分。从理论上讲,无论如何划分,也无论是什么工业,它都是有生命的,都应该在其生命周期曲线上找到它的位置。从生命周期曲线看,支柱工业一般是处在成熟阶段的工业(杨公朴等,1999;周新生,2000;苏东水,2000),主导工业是处于成长阶段的工业(周新生,2000;苏东水,2000),先导工业一般处于工业形成阶段(周新生,2000)。江世银(2004)提出三分法,即将主导工业与朝阳阶段、支柱工业与成熟阶段、衰退工业与夕阳阶段分别一一对应起来,把工业发展阶段划分与生命周期完全等同起来。这些观点已把工业生命周期阶段和工业演化形态等价起来,其关键成了对主导工业所处生命周期阶段的准确定位。

工业生命周期理论起始于 20 世纪 50 年代,其假设是,一个工业的发展会经历四个基本阶段,即形成期、成长期、成熟期和衰退期。如图 3-3 所示为以工业总产值(Gross Industrial Output Value,GOV)特征划分工业生命周期中的阶段。0—I_1 阶段为工业形成期,特点是平均工业总产值(AGOV)由零到最大;I_1—I_2 段为工业成长期,其特点是边际工业总产值(MGOV)达最大,而且 AGOV = MGOV;I_2—I_3 阶段为工业成熟期,其特点是工业总产值(TGOV)达到最大,MGOV = 0;I_3 以后为衰退期,其特点是 MGOV < 0。这种划分方法理论性较强,比较科学,但由于不容易对工业产出进行量化分析,因此,它的应用并不广泛。

由于对主导工业识别比较困难,各工业划分标准不统一,因此主导工业的定量识别并不普遍。目前,理论界关于主导工业、支柱工业、先导工业和战略工业的概念是混乱的,许多学者虽然承认其有区别,但在理论分析中认为这些区别无特别意义,因而基本上把它们混在一起使用(江世银,2004)。同时,由于主导工业筛选原则比较复杂,目前对主导产业的分析多停留在定性分析上(王岳平,2001)。另外,工业生命周期理论受到较多的批评。这是因为各阶段的持续时间随不同工业而不同,并且一个工业处在生命周期的哪一阶段很难判别;工业增长并不总是呈 S 形,有的工业往往跳过成熟阶段,直接进入衰退阶段,这些缺陷的存在削弱了工业生命周期理论的应用程度(陆国庆,2002 年)。正是由于上述三个原因使主导工业、支柱工业、先导工业等在工业经济中地位和作用还缺乏有效而适用的评价体系。因此,确定先导工业、主导工业、支柱工业和衰退工业在生命周期中的位置是关键性的问题。

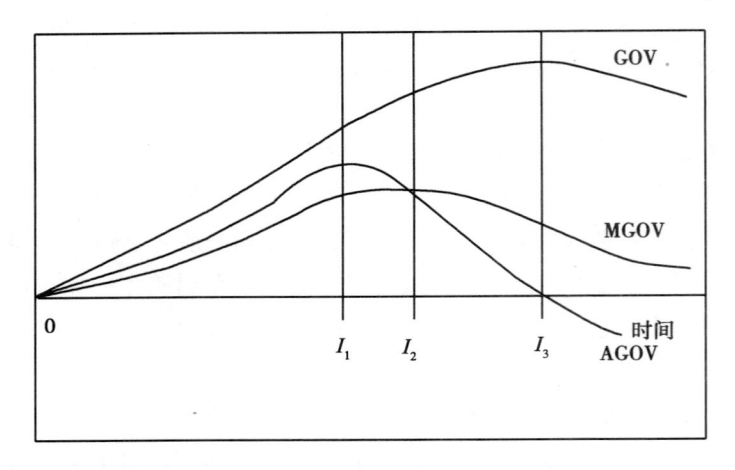

图 3-3　工业生命周期曲线与工业成长阶段划分

三　基于比较优势周期的工业结构划分与 FDI 工业贡献指标

(一) GOV 函数

在统计上，每年度的工业总产值是各工业产业 GOV_i 之和，但从一个时期看，不同工业产业在一段时期内的重要性却有明显的差异。假设工业 GOV 为工业产业 GOV_i 的非线性齐次函数：

$$GOV_t = \prod_{i=1}^{n} GOV_{ti}^{\alpha_i} \qquad (3.1)$$

(3.1) 式中，α_i 为工业产业偏弹性系数，$0 < \alpha_i < 1$，$i = 1, 2, \cdots, n$。对 (3.1) 式两边取对数并求导得 GOV 增长率方程：

$$\frac{dGOV_t}{GOV_t} = \sum_{i=1}^{n} \alpha_i \frac{dGOV_{ti}}{GOV_{ti}} \qquad (3.2)$$

(3.2) 式表明，GOV 增长率与工业产业的偏弹性系数和增长率成正比。对式 (3.2) 作适当变形，并令：

$$\beta_i = \frac{1}{a_i} = \frac{\partial\, GOV_{ti}}{\partial\, GOV_t} \Big/ \frac{GOV_{ti}}{GOV_t} \qquad (3.3)$$

(3.3) 式中令 β_i 为产业超前系数。若 $\beta_i > 1$ 表示产业超前平均水平发展，若 $\beta_i < 1$ 表示产业滞后平均水平发展，属于衰退产业。

(二) 指标体系

工业产业对工业总产值及其增量的贡献表示了工业产业的两种不同优

势。这里以工业产业的平均状态为参照系的坐标原点，用来衡量各产业在 GOV 中的地位和作用。

1. 边际贡献率

$$MC_i = \frac{\partial\, GOV_{ti}}{\partial\, GOV_t} \approx \frac{GOV_{ti} - GOV_{0i}}{GOV_t - GOV_0} \times 100\% \qquad (3.4)$$

（3.4）中，GOV_{i0}、GOV_{ti} 分别为起始年度和终止年度 i 工业产业产值，GOV_0、GOV_t 分别为起始年度和终止年度的工业总产值。该指标为工业产业的边际贡献即增量结构系数，表示工业产业的增量优势。

2. 平均贡献率

$$AC_i = \frac{(GOV_{0i} + GOV_{ti})/2}{(GOV_0 + GOV_t)/2} \times 100\% \qquad (3.5)$$

（3.5）式实际上是工业产业产值占工业总产值的平均比重，即存量结构系数，表示工业产业在工业中的规模优势。

3. 比较增长优势指数

$$CDA_i = MC_i - AC_i \qquad (3.6)$$

（3.6）式是（3.3）式的等价表示。当 $CDA_i > 0$ 时，对应于 $\beta_i > 1$，表示产业增长率高于平均增长率，具有比较增长优势。反之，$CDA_i < 0$，对应于 $\beta_i < 1$，表示产业运行效率较低，不具有比较增长优势，平均贡献率（AC_i）是下降的。

4. 比较规模优势指数

$$CSA_i = AC_i - 100/n \qquad (3.7)$$

（3.7）式中，如果，$CSA_i > 0$，则表示工业产业的贡献超过平均水平，工业产业具有比较规模优势；反之，若 $CSA_i < 0$，则表示工业产业不具有比较规模优势。

5. 结构竞争力指数

$$F_i = MC_i \cdot AC_i \qquad (3.8)$$

（3.8）式表示工业产业在工业系统中份额上升的动量，也是工业产业地位上升的动力。

（三）工业产业比较优势周期与工业群

1. 先导期。$CDA_i > 0$，$CSA_i < 0$，位于第 II 象限。处于先导期的工业产业，其规模比较小，尚未达到平均规模，但其超前系数较高，呈现出强劲的比较增长优势，竞争力在上升。

2. 主导期。$CDA_i>0$，$CSA_i>0$，位于第Ⅰ象限。处于主导期的工业产业，其平均贡献率和边际贡献率都呈递增态势，它既有比较规模优势，又有比较增长优势，具有较强的竞争力，因而它对结构竞争力起主导作用。

3. 支柱期。$CDA_i<0$，$CSA_i>0$，位于第Ⅳ象限。处于支柱期的工业产业，其增长速度已降至平均增长速度以下，平均贡献率在下降，但还高于平均水平，且还在增加，当达到最大值后，呈现出负增长。

4. 劣势期。$CDA_i<0$，$CSA_i<0$，位于第Ⅲ象限。处于劣势期的工业产业，其既没有比较规模优势，又没有比较发展优势，结构竞争力下降。一般情况下，它是产业演化的起点，但个别情况它也可能是产业演化的终点（图3-4）。

随着工业化的发展，一些先导工业逐渐演变为主导工业，一些主导工业逐步演化为支柱工业，一些支柱工业逐渐退化为劣势工业，这是工业产业的演进过程。这四个阶段构成了一个完整的工业产业比较优势周期。但是，并非所有工业产业的演化都这样。我们把产业分为两类，一类是长周期产业。在四象限坐标中，它的演化路径是由Ⅱ象限→Ⅰ象限→Ⅳ象限→Ⅲ象限。另一类是短周期工业产业，其在四象限坐标中的演化路径是Ⅱ象限→Ⅲ象限，这是由于先导工业产业过于早熟，提前衰退，没能进入主导阶段和支柱阶段。在此情况下，产业经调整后，又可能回到第Ⅱ象限，形成一个闭合回路（图3-4）。主导产业和支柱产业是长周期产业，它们在工业经济中起全局性和战略性的作用。

从纵向看，工业产业在比较优势周期的不同阶段具有不同的行为特征，而从横向看，处在相同比较优势周期阶段的产业具有相近的比较优势特点和行为特征，坐标系的每一个象限代表了产业比较优势周期的一个阶段，而每个象限的各产业集合就形成了不同的工业群，从而以四类产业群更迭表示工业结构竞争力的提升过程。因此，根据这个特点，把位于坐标系的四个象限中同类集合起来，就形成了四个工业群，它们代表了工业结构（图3-5）。由于对于工业增长来说，最重要的是主导工业群，其次是支柱工业群，它们都是由长周期产业构成的。这两个群中的产业交替对工业增长的数量与质量产生重要影响。如果主导工业群渐进式地过渡到支柱工业群，对工业增长率影响不大，但如果主导产业群过快老化，以突变式进入支柱期，那么工业增长率就会大幅下降。

（四）工业产业优势周期与其生命周期的关系

对于长周期产业，其比较优势周期与生命周期的总时值是相等的，但

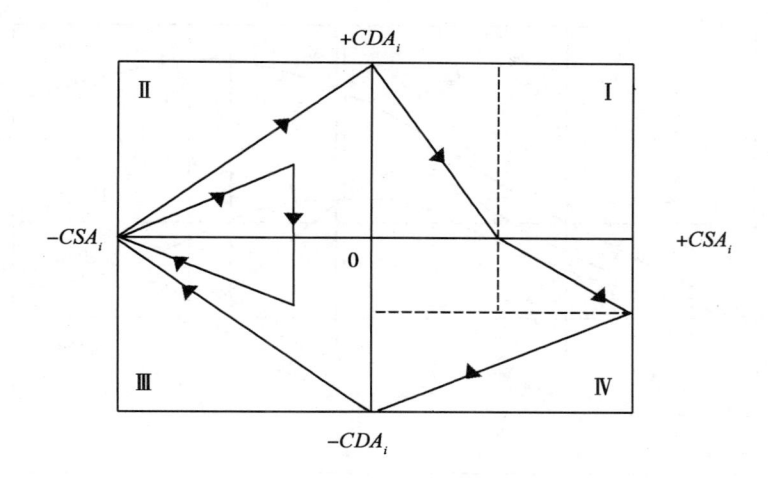

图 3-4　工业产业演化路径图

	比较规模优势	
比较发展优势	II （$CDA_i>0\ CAS_i<0$） 先导工业群	I （$CDA_i>0\ CAS_i>0$） 主导工业群
	III （$CDA_i<0\ CAS_i<0$） 支柱工业群	IV （$CDA_i<0\ CAS_i>0$） 劣势工业群

图 3-5　工业产业群的 4 个类型

比较优势阶段与产业生命周期阶段并不总是一一对应，存在一定的差别，从图 3-6 可以看出：（1）先导产业是产业幼小期或形成期的前半部分。（2）主导产业是产业形成后半期和扩张期。（3）支柱产业是产业成熟期前半部分。（4）劣势产业包括产业成熟期后半部分和衰退期（表 3-4）。

表 3-4　比较优势周期与生命周期的关系

比较优势周期	指标区间	生命周期	区间
先导产业	$MC_i > AC_i$，$AC_i = 100/n$	幼小期	$0 \sim MC_i = MAX$
主导产业	$AC_i > 100/n \sim MC_i = AC_i$	成长期	$MC_{i,MAX} \sim MC_i = AC_i$
支柱产业	$MC_i = AC_i \sim MC_i > 0$	成熟期	$MC_i = AC_i \sim MC_i = 0$
劣势产业	$MC_i < AC_i$，$MC_i < 0$	衰退期	$MC_i < 0$

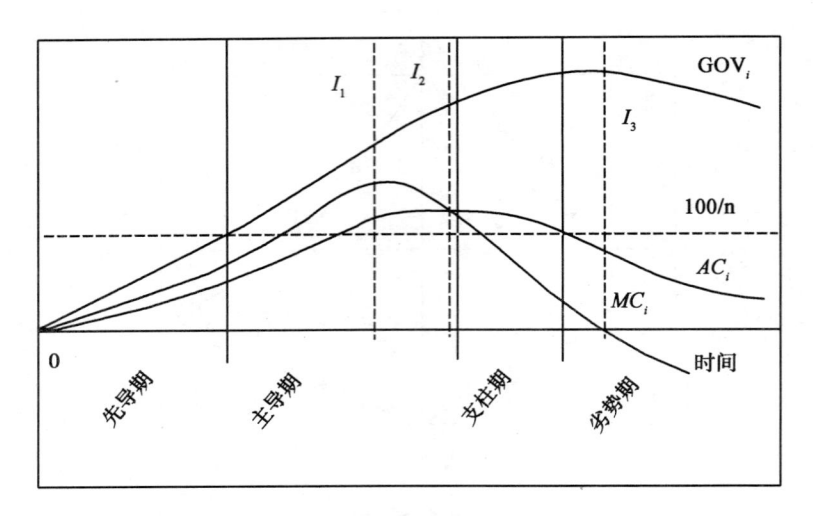

图 3-6　产业比较优势周期与生命周期关系图

（五）FDI 工业和内资工业对工业的贡献

FDI 工业是外来企业种群。由于内资工业（非 FDI 工业）产业的配套能力、要素密集程度和溢出效应不同，以及跨国公司战略取向和 FDI 的类型不同，FDI 工业形成了相对独立的工业结构。为了进一步比较内资工业与 FDI 工业的结构，需要分别测算其边际贡献、平均贡献率和结构竞争力（表 3-5）。表 3-5 中，GOV_{0i}^N、GOV_{ti}^N 分别为起始年度和终止年度 i 内资工业总产值，GOV_{0i}^F、GOV_{ti}^F 分别为起始年度和终止年度的 FDI 工业产值，GOV_0^T、GOV_t^T 分别为起始年度和终止年度全部工业的总产值。

表 3-5　FDI 工业和内资工业产业对工业总产值贡献

指标	内资产业	FDI 产业
边际贡献率	$MC_i^N = \dfrac{GOV_{ti}^N - GOV_{0i}^N}{GOV_t^T - GOV_0^T} \times 100\%$	$MC_i^F = \dfrac{GOV_{ti}^F - GOV_{0i}^F}{GOV_t^T - GOV_0^T} \times 100\%$
平均贡献率	$AC_i^N = \dfrac{(GOV_{ti}^N + GOV_{0i}^N)/2}{(GOV_t^N + GOV_0^N)/2} \times 100\%$	$AC_i^F = \dfrac{(GDP_{ti}^F + GDP_{0i}^F)/2}{(GDP_t^T + GDP_0^T)/2} \times 100\%$
结构竞争力	$F_i^N = MC_i^N \cdot AC_i^N$	$F_i^F = MC_i^F \cdot AC_i^F$
带动系数	$\beta_i^N = MC_i^N / AC_i^N$	$\beta_i^F = MC_i^F / AC_i^F$

第三节 中国FDI集聚的工业结构升级、结构竞争力效应

一 我国工业产业群的结构分析

2003年、2008年工业总产值数据,包括全部工业总产值和FDI工业(三资工业)总产值来自《国研网数据库》,内资工业产值为全部工业产值减去FDI工业产值。以我国工业产业2003—2008年的总产值计算的边际贡献、平均贡献和结构竞争力指标和分类(表3-6)。

表3-6　2003—2008年我国工业工献率、比较优势指标和分类

代码	MC	AC	CSA	CDA	F	类别	代码	MC	AC	CSA	CDA	F	类别
B6	3.29	2.61	-0.03	0.68	8.56	2	C27	1.42	1.7	-0.93	-0.28	2.41	3
B7	1.95	2.19	-0.45	-0.23	4.27	3	C28	0.75	0.86	-1.78	-0.11	0.64	3
B8	0.89	0.6	-2.03	0.29	0.54	2	C29	0.79	0.85	-1.78	-0.07	0.67	3
B9	0.61	0.52	-2.11	0.09	0.32	2	C30	1.87	1.99	-0.64	-0.12	3.72	3
B10	0.41	0.38	-2.25	0.02	0.15	2	C31	4.13	4.08	1.44	0.06	16.85	1
C13	4.85	4.62	1.99	0.23	22.41	1	C32	4.77	3.76	1.13	1.01	17.9	1
C14	1.55	1.58	-1.05	-0.03	2.44	3	C33	9.66	8.5	5.87	1.16	82.05	1
C15	1.14	1.34	-1.29	-0.2	1.53	3	C34	2.98	2.87	0.24	0.11	8.55	1
C16	0.61	1.04	-1.59	-0.43	0.64	3	C35	4.94	4.53	1.9	0.41	22.36	1
C17	3.82	4.57	1.93	-0.74	17.44	4	C36	2.75	2.76	0.13	-0.01	7.58	4
C18	1.55	1.94	-0.69	-0.39	3.02	3	C37	6.05	6.89	4.26	-0.84	41.69	4
C19	1.06	1.29	-1.35	-0.22	1.37	3	C39	6.09	5.89	3.25	0.2	35.81	1
C20	1.03	0.9	-1.74	0.13	0.92	2	C40	7.96	9.33	6.7	-1.37	74.21	4
C21	0.64	0.56	-2.07	0.07	0.36	2	C41	0.98	1.07	-1.56	-0.09	1.06	3
C22	1.44	1.6	-1.03	-0.16	2.31	3	C42	0.77	0.84	-1.79	-0.08	0.65	3
C23	0.44	0.55	-2.08	-0.11	0.24	3	C43	0.25	0.15	-2.48	0.1	0.04	2
C24	0.41	0.52	-2.11	-0.11	0.21	3	D44	5.98	5.24	2.61	0.74	31.35	1
C25	4.64	4.51	1.88	0.13	20.91	1	D45	0.61	0.51	-2.12	0.1	0.31	2
C26	6.83	6.68	4.05	0.14	45.61	1	D46	0.12	0.2	-2.43	-0.08	0.03	3

从表3-6看到,黑色金属冶炼及压延加工业、通信及电子设备制造

业、化学原料及化学制品制造业、电气机械及器材制造业、交通运输设备制造业、电力热力的生产和供应业六个行业的边际贡献率和平均贡献率都大于5%。这六个工业产业达到支柱产业的一般标准，是我国工业体系中重要的工业产业。同时，有13个工业产业的比重超过平均水平，20个工业处于衰退之中。结构竞争力最强的五个工业产业依次是黑色金属冶炼及压延加工业、通信及电子设备制造业、化学原料及化学制品制造业、交通运输设备制造业和电气机械及器材制造业，其结构竞争力指数占全部工业产业竞争力指数的58%。

对表3–6进一步合并同类产业得到四个工业群（表3–7）。从表3–7看出，第一类工业群中没有B类采矿业，D类为电力生产和供应业，大部分是制造业。化学化工、有色黑色金属冶炼、电器电子、电力等工业构成我国主导工业群。而纺织业、专用设备制造业、交通运输设备制造业、通信及电子设备制造业，还在国民经济中占有较大份额而作为支柱产业，但它们已处在衰退之中。

表3–7　　　　　　　2003—2008年我国工业群四象限分类

Ⅱ：先导工业群 煤炭开采和洗选业、黑色金属矿采选业、有色金属矿采选业、非金属矿采选业、木材加工及制品业、家具制造业、废弃和废旧材料回收加工业、燃气生产和供应业	Ⅰ：主导工业群 农副食品加工业、石油加工及炼焦业、化学原料及化学制品制造业、非金属矿物制品业、有色金属冶炼及压延加工业、黑色金属冶炼及压延加工业、金属制品业、通用设备制造业、电气机械及器材制造业、电力生产和供应业
Ⅲ：劣势工业群 石油和天然气开采业、食品制造业、饮料制造业、烟草制品业、纺织服装鞋帽制造业、皮革毛皮羽毛及制品业、造纸及纸制品业、印刷业和记录媒介的复制、文教体育用品制造业、医药制造业、化学纤维制造业、橡胶制品业、塑料制品业、仪器仪表及办公用机械制造业、工艺品及其他制造业、水的生产和供应业	Ⅳ：支柱工业群 纺织业、专用设备制造业、交通运输设备制造业、通信及电子设备制造业

表3–8报告了四个工业群对工业总产值的贡献结构。从表3–8中，我们可以发现，主导工业群对GOV总量和增量的贡献超过50%，而支柱工业无论是对GOV总量的贡献，还是对增量的贡献都小于主导工业群，但仍在20%以上。从单个工业看，每个主导工业和支柱工业对GOV总量的贡献率平均在5%以上。主导产业和支柱产业统称战略产业（方甲，

1997）。以此观点，战略工业群对 GOV 总量和增量的贡献分别为 75.42% 和 74.21%。至于先导工业群与劣势工业群比较，劣势工业群的边际贡献率、平均贡献率都高于先导工业群，而且劣势工业群结构竞争力高于先导工业群，但是，劣势工业群边际贡献率小于平均贡献率，已处在衰退期的工业，在工业经济中的作用将日益减退，而先导产业群的边际贡献率大于平均贡献率，其在我国工业体系中的地位不断上升。从结构竞争力看，主导工业群的结构竞争力最高，支柱工业群与劣势工业群次之，先导工业群最小。

表 3-8　2003—2008 年四个工业群对工业总产值的贡献率、结构竞争力

贡献率单位：%

指标或群别	主导工业群	先导工业群	劣势工业群	支柱工业群
边际贡献率（MC）	54.85	7.73	16.85	20.57
平均贡献率（AC）	50.67	6.23	19.56	23.54
结构竞争力（F）	2779.07	48.16	329.58	484.32

二　贡献分解

表 3-9 报告的是以表 3-5 中公式计算的 FDI 工业与内资工业对工业总产值的贡献率。总体上看，2003—2008 年，FDI 工业的边际贡献率和平均贡献率分别为 28.31% 和 27.68%，内资工业的边际贡献率和平均贡献率分别 71.70% 和 72.32%。可见，FDI 工业的边际贡献率大于平均贡献率，说明 FDI 工业在我国工业体系中的作用在上升。表 3-9 中共有 19 个 FDI 工业产业的边际贡献率和平均贡献率超过其平均水平。其中，通信及电子设备制造业、文教体育用品制造业、仪器仪表及办公用机械制造业的 FDI 工业贡献率最高，且超过内资工业；交通运输设备制造业、皮革毛皮羽毛及制品业、燃气生产和供应业和纺织服装鞋帽制造业，FDI 产业贡献率超过 40%。烟草制品业、煤炭开采和洗选业、黑色金属矿采选业、有色金属矿采选业、电力热力的生产和供应业、石油和天然气开采业、非金属矿采选业，内资工业的贡献率高达 90% 以上。这些行业大多以资源开采与加工为主，其产品具有不可分性，难以形成产业集群，FDI 进入较小，烟草制品业受政策限制，FDI 进入极少。

表3-9　2003—2008年FDI工业与内资工业对工业总产值的贡献率　　单位:%

产业	AC_i^F (1)	MC_i^F (2)	AC_i^N (3)	MC_i^N (4)	产业	AC_i^F (1)	MC_i^F (2)	AC_i^N (3)	MC_i^N (4)
B6	1.96	1.49	98.04	98.51	C27	27.92	24.7	72.08	75.3
B7	8.62	7.93	91.38	92.07	C28	30.99	25.83	69.01	74.17
B8	2.56	2.25	97.45	97.75	C29	36.69	37.17	63.31	62.83
B9	3.38	2.51	96.62	97.49	C30	35.21	38.06	64.8	61.94
B10	8.69	7.07	91.31	92.93	C31	16.46	16.81	83.54	83.19
C13	27.8	27.44	72.2	72.56	C32	16.54	15.56	83.46	84.44
C14	34.39	36.42	65.61	63.58	C33	15.5	12.97	84.5	87.03
C15	37.89	34.43	62.11	65.57	C34	29.99	31.85	70.01	68.15
C16	-0.15	0.27	100.15	99.73	C35	26.87	25.76	73.13	74.24
C17	22.38	22.82	77.62	77.18	C36	29.26	25.18	70.74	74.82
C18	41.87	44.08	58.13	55.92	C37	47.32	42.82	52.68	57.18
C19	46.54	49.55	53.46	50.45	C39	36.22	35.6	63.78	64.4
C20	12.88	17.47	87.12	82.53	C40	85.74	80.63	14.26	19.37
C21	39.17	42.53	60.83	57.47	C41	55.31	61.03	44.69	38.98
C22	35.98	33.62	64.02	66.38	C42	35.45	38.42	64.55	61.58
C23	25.2	29.72	74.8	70.28	C43	21.3	22.02	78.7	77.99
C24	58.78	59.26	41.22	40.74	D44	5.9	10.64	94.1	89.36
C25	16.54	13.84	83.46	86.16	D45	42.3	35.87	57.7	64.13
C26	28.76	26.43	71.24	73.57	D46	27.38	11.8	72.62	88.2

三　FDI产业和内资工业对工业群结构的贡献

　　FDI工业集聚我国主导工业群以提升我国工业结构水平,因为FDI工业看中的是主导工业增长率、市场成长和外部化资源。这一方面体现在FDI工业对主导工业群的增量贡献最高;另一方面,对主导工业群,FDI工业的超前系数高于内资工业的超前系数。从支柱工业群看,FDI工业对支柱工业群的存量较高,高于FDI对主导工业群的存量贡献,并且FDI工业对支柱工业的超前系数相对于主导工业群。比较先导工业群和劣势工业群,FDI工业对劣势工业群的贡献远高于对先导工业群的贡献,而FDI工业对劣势工业群的超前系数低于FDI工业对先导工业群的超前系数(表3-10)。再对比看出,内资产业群对四个产业群的贡献普遍高于对FDI

产业群贡献,但除先导工业群外,FDI 产业群的超前系数却高于内资产业超前系数,很明显 FDI 主要是要抢占我国战略工业群。

表 3-10　2003—2008 年 FDI 工业和内资工业对所在工业群的贡献

单位:%

工业群	FDI 工业			内资工业		
	MC_i^F	AC_i^F	β_i	MC_i^F	AC_i^F	β_i
主导工业群	11.82	10.76	1.098	43.03	39.90	1.078
先导工业群	0.84	0.71	1.185	6.89	5.53	1.246
劣势工业群	5.57	6.43	0.866	11.28	13.13	0.859
支柱工业群	11.34	12.21	0.929	9.23	11.34	0.814

由于主导工业的发展速度快,技术进步迅猛且日趋成熟,市场需求明显扩大,利润增长较快,产业配套能力强,对 FDI 有较强的吸收能力。以商务部《2005 中国外商投资报告》中的数据计算,2004 年进入主导工业群、先导工业群、支柱工业群和劣势工业群的 FDI 分别为 49.55%、7.63%、17.14% 和 25.68%。显然,FDI 对我国工业结构竞争力的促进机理是 FDI 主要通过抢占我国主导工业,增强主导工业竞争力,提高主导工业群的地位和作用,提升我国工业结构水平,从而增强我国工业结构竞争力。

四　FDI 对结构竞争力的影响

从表 3-6 中的结构竞争力排序,我国结构竞争力前十位工业产业如表 3-11 所示。这种结构竞争力位次形成有 FDI 产业的贡献。黑色金属冶炼及压延加工业、化学原料及化学制品制造业、电气机械及器材制造业和通用设备制造业在全部工业、内资工业中竞争力位次一样,FDI 工业参与并没提升它们的位次。然而,通信及电子设备制造业没有在内资工业中结构竞争力排序的前十位之列,而在 FDI 工业中结构竞争力排序中位居第一,由于 FDI 的作用使通信及电子设备制造业的结构竞争力上升到工业结构竞争力的第二位;由于 FDI 工业的参与,农副食品加工业的结构竞争力位次上升了两位,交通运输设备制造业上升了三位(表 3-11)。显然,FDI 工业的参与提升了工业产业的结构竞争力。

表3-11　　　　2003—2008年结构竞争力最强的十个工业

全部工业	F	内资工业	F	FDI工业	F
黑色金属冶炼及压延加工业	82.05	黑色金属冶炼及压延加工业	122.58	通信及电子设备制造业	576.20
通信及电子设备制造业	74.20	电力生产和供应业	53.568	交通运输设备制造业	94.89
化学原料及化学制品制造业	45.61	化学原料及化学制品制造业	48.56	电气机械及器材制造业	51.86
交通运输设备制造业	41.69	石油加工及炼焦业	30.54	化学原料及化学制品制造业	38.94
电气机械及器材制造业	35.81	电气机械及器材制造业	29.89	农副食品加工业	19.20
电力生产和供应业	31.35	有色金属冶炼及压延加工业	25.63	黑色金属冶炼及压延加工业	18.53
农副食品加工业	22.41	交通运输设备制造业	25.51	通用设备制造业	17.38
通用设备制造业	22.36	通用设备制造业	24.66	纺织业	10.00
石油加工及炼焦业	20.91	农副食品加工业	23.84	金属制品业	9.18
有色金属冶炼及压延加工业	17.90	非金属矿物制品业	23.79	专用设备制造业	6.27

第四节　中国FDI集聚的区域工业结构效应

一　区域工业结构

为了揭示FDI集聚对区域工业结构升级与结构竞争力效应，首先要确定区域四分类的产业结构。以2003年、2008年东部、中部和西部工业总产值数据，根据（3.4）式—（3.7）式计算，并按图3-3的分类，得到2003—2008年我国三大区域工业产业四分类工业群（表3-12）。从主导工业看，我国东部、中部和西部主导工业既有相同之处，也存有较大差异。农副食品加工业、通用设备制造业、电气机械及器材制造业和黑色金属冶炼及压延加工业是东部、中部和西部共同的主导工业，非金属矿物制品业是东部、中部共有的主导工业，电力热力的生产和供应业、化学原料及化学制品制造业、石油加工及炼焦业和化学原料及化学制品制造业是东部和西部共同的主导工业，有色金属冶炼及压延加工业、煤炭开采和洗选业是中部和西部共同的主导工业。尽管东部、中部和西部的主导工业有交叉，但明显的是，东部主导工业中没有采掘业，同时具有较多的高端制造业。再从支柱工业看，交通运输设备制造业是东部、中部和西部的支柱工业；纺织业是东部、中部共有的支柱工业；石油和天然气开采业是中部和西部共同的支柱工业。在中部和西部的支柱工业中，大部分是产品不可分的低端工业，而东部通信及电子设备制造业却是高端制造业。总体上看，东部的战略产业集群超前于中部和西部的战略工业集群，也就是说，东部工业结构竞争力高于中部和西部的结构竞争力。

表 3–12　2003—2008 年我国东部、中部和西部工业产业四分类工业群

工业群	东部	中部	西部
主导工业群	C13、C25、C26、C31、C33、C34、C35、C36、C39、D44	B6、C13、C31、C33、C33、C35、C39	B6、C13、C25、C26、C33、C33、C35、C39、D44
先导工业群	B6、B8、C20、C21、C33、C43、D45	B8、B9、B10、C14、C18、C19、C20、C21、C24、C30、C34、C36、C41、C43、D45	B8、B9、C19、C20、C21、C24、C30、C34、C43、D45
劣势工业群	B7、B9、B10、C14、C15、C16、C18、C19、C22、C23、C24、C27、C28、C29、C30、C41、C42、D46	C15、C16、C22、C23、C27、C28、C29、C40、C42、D46	B10、C14、C17、C18、C22、C23、C27、C28、C29、C36、C40、C41、C42、D46
支柱工业群	C17、C37、C40	B7、C17、C25、C26、C37、D44	B7、C15、C16、C31、C37

对表 3–12 中三区域四个工业群对工业的贡献份额分别进行统计得到表 3–13。从表 3–13 看出，西部的主导工业群的贡献份额最大，东部次之，中部最小，而中部支柱工业群的贡献份额最高，东部次之，西部最小；西部的主导工业群的结构竞争力最大，东部次之，中部最小，而中部支柱工业结构竞争力最高，东部次之，西部最小；中部的先导工业贡献最高，西部次之，东部最小。东部劣势工业的结构竞争力最大，西部次之，中部最小。总体上看，西部Ⅰ、Ⅱ的贡献最大，中部次之，而东部最小；东部工业的衰退面最大，西部工业增长动力强劲，而中部工业居中。

表 3-13　2003—2008 年我国区域四个工业群对工业总产值的贡献率、结构竞争力

单位:%

工业群	东部 MC	东部 AC	东部 F	中部 MC	中部 AC	中部 F	西部 MC	西部 AC	西部 F
主导工业群	53.21	49.35	2625.77	46.26	41.40	1915.32	59.60	54.92	3273.00
先导工业群	7.66	6.15	47.14	16.67	15.01	250.32	7.97	6.57	52.36
劣势工业群	17.55	20.26	355.69	9.12	11.04	100.70	12.41	15.07	187.06
支柱工业群	21.57	24.24	522.91	27.95	32.54	909.43	20.03	23.44	469.35

二　FDI 集聚的区域工业结构效应

由于东部、中部和西部 FDI 规模不同，FDI 在不同工业产业的分布不同，这双重因素决定了 FDI 对东部、中部和西部工业的贡献也明显不同。以表 3-14 数据计算，FDI 产业对东部、中部和西部的工业增量贡献（MA）平均值分别为 33.94%、15.32% 和 13.55%，平均贡献（AC）值分别为 32.58%、14.19% 和 12.86%。显然，FDI 产业对东部的工业产业的参与度最高，中部次之，西部最低，但 FDI 产业对中部、西部工业参与度相差不大。

具体以 AC 来看，FDI 产业对东部工业参与度在 50% 以上的分别是电子及通信设备制造业（C40）、饮料制造业（C15）、仪器仪表文化办公用机械（C41）、文教体育用品制造业（C24）、燃气生产和供应业（D45）、皮革毛皮羽绒及其制品业（C19）、交通运输设备制造业（C37），其中对 FDI 企业电子及通信设备制造业的参与度高达 80% 以上。对于中部，FDI 产业对中部工业平均参与度（AC 值）在 30%—50% 的行业分别为电子及通信设备制造业（C40）、交通运输设备制造业（C37）、皮革毛皮羽绒及其制品业（C19）和电气机械及器材制造业（C39）。FDI 产业对西部工业平均参与度（AC 值）最高的行业是文教体育用品制造业（C24），为 64.02%，其次为电子及通信设备制造业（C40）、食品制造业（C14）、化学纤维制造业（C28）和交通运输设备制造业（C37），分别为 26.62%、25.84%、21.75% 和 21.73%。显然，FDI 产业对东部、中部和西部工业参与度有较大差异，集聚产业也有较大不同，电子及通信设备制造业（C40）、交通运输设备制造业（C37）是 FDI 集聚的产业。

表 3-14　　2003—2008 年 FDI 产业对区域工业总产值的贡献率

单位:%

产业	东部 MC	东部 AC	中部 MC	中部 AC	西部 MC	西部 AC	产业	东部 MC	东部 AC	中部 MC	中部 AC	西部 MC	西部 AC
B6	3.06	2.02	1.27	1.03	2.20	1.80	C27	35.09	30.37	17.94	14.75	18.91	18.59
B7	20.48	19.20	2.14	0.98	0.28	0.16	C28	32.34	27.91	15.54	8.39	21.18	21.75
B8	1.95	1.73	2.74	2.36	4.47	4.08	C29	41.85	40.51	13.59	24.63	17.24	18.11
B9	2.57	1.94	1.21	1.02	7.29	5.32	C30	40.18	42.63	14.35	13.83	12.41	15.41
B10	13.03	10.02	2.99	2.93	9.60	5.79	C31	21.50	22.07	6.59	5.75	14.25	12.22
C13	35.67	34.47	17.94	17.04	17.25	17.39	C33	28.28	26.55	7.83	7.16	5.62	5.06
C14	44.84	45.95	21.09	19.87	21.19	25.84	C33	21.23	17.53	4.95	3.93	4.02	4.52
C15	62.41	48.20	20.07	24.19	20.17	15.76	C34	34.23	35.66	11.44	10.86	3.74	5.61
C16	-0.56	0.49	0.18	0.32	0.00	0.00	C35	32.14	30.21	6.04	7.30	9.80	9.40
C17	25.59	25.51	10.32	8.97	3.71	10.93	C36	39.41	32.63	7.04	8.04	11.54	10.42
C18	44.99	46.36	20.24	22.38	16.89	14.26	C37	51.40	48.83	50.50	39.09	24.90	21.73
C19	51.54	53.21	35.55	34.06	7.66	12.04	C39	39.88	38.84	31.03	30.43	8.85	9.31
C20	15.70	20.54	7.28	10.20	11.30	15.46	C40	88.24	83.34	46.02	47.13	37.72	26.62
C21	45.79	48.58	11.40	13.33	6.64	9.05	C41	60.91	66.85	20.91	21.55	26.90	18.25
C22	44.37	40.76	11.72	11.71	16.84	13.43	C42	38.67	41.50	24.71	21.82	5.52	18.00
C23	30.22	34.11	13.66	16.91	11.69	19.20	C43	30.09	30.09	0.49	0.77	2.39	2.33
C24	60.34	60.83	33.43	26.08	73.60	64.02	D44	7.06	14.43	8.49	10.58	2.33	3.46
C25	22.88	19.39	9.13	5.90	2.90	2.03	D45	59.90	49.60	30.70	23.23	13.95	10.77
C26	37.92	34.15	7.74	6.84	8.61	9.15	D46	24.35	11.17	33.85	13.84	31.35	11.54

把表 3-13 中，三个区域的四个工业群分解为内资工业和 FDI 工业两个部分，得到表 3-15。可以看出，FDI 产业对东部主导工业群和支柱工业群的贡献最大，FDI 集聚东部战略工业而提升东部工业结构竞争力，而对于中部和西部来讲，FDI 产业主要也是进入主导工业群和支柱工业群，但因规模较小，对工业参与度较小，绝大多数是内资产业的贡献，对中西部尤其是西部工业结构升级的作用不是很明显。这就表明，FDI 集聚扩大了东部与中西部工业结构的差距，扩大了东部与中西部工业的极差。

表 3-15 2003—2008 年 FDI 工业对所在产业群及全部 FDI 工业产业的贡献率

单位:%

工业	工业群	东部 MC	东部 AC	东部 F	中部 MC	中部 AC	中部 F	西部 MC	西部 AC	西部 F
FDI 工业	主导工业群	15.38	13.77	211.83	4.13	3.48	14.40	3.55	3.45	12.22
	先导工业群	1.84	1.46	2.67	2.04	1.90	3.88	0.69	0.61	0.42
	劣势工业群	7.24	8.24	59.64	1.74	2.05	3.56	2.19	2.63	5.76
	支柱工业群	14.01	14.92	209.13	5.03	5.21	26.23	2.77	2.63	7.28
内资工业	主导工业群	37.83	35.58	1345.76	42.13	37.92	1597.48	56.05	51.47	2885.06
	先导工业群	5.83	4.70	27.36	14.63	13.11	191.84	7.27	5.97	43.38
	劣势工业群	10.32	12.02	124.03	7.38	8.99	66.37	10.22	12.44	127.18
	支柱工业群	7.56	9.31	70.42	22.91	27.33	626.24	17.26	20.81	359.09

三 FDI 集聚的工业结构竞争力效应

FDI 参与的不同程度影响着区域工业的竞争力。从表 3-14 中的数据计算，得到区域工业结构竞争力指数（表 3-16）。依据表 3-16 数据排序，东部 FDI 工业结构竞争力前十强分别为通信及电子设备制造业、仪器仪表及办公用机械制造业、文教体育用品制造业、饮料制造业、燃气生产和供应业、皮革毛皮羽毛及制品业、交通运输设备制造业、家具制造业、纺织服装鞋帽制造业、食品制造业；中部 FDI 工业结构竞争力前十强分别为通信及电子设备制造业、交通运输设备制造业、皮革毛皮羽毛及制品业、电气机械及器材制造业、文教体育用品制造业、燃气生产和供应业、工艺品及其他制造业、饮料制造业、水的生产和供应业、纺织服装鞋帽制造业；西部 FDI 工业结构竞争力前十强分别为文教体育用品制造业、通信及电子设备制造业、食品制造业、交通运输设备制造业、仪器仪表及办公用机械制造业、化学纤维制造业、水的生产和供应业、医药制造业、饮料制造业、橡胶制品业。通信及电子设备制造业、交通运输设备制造业、文教体育用品制造业是东部、中部和西部共同的结构竞争力较强的工业。显然，FDI 工业的参与度不同，对区域工业产业的结构竞争力提升也有明显差异。总体上说，2003—2008 年区域 FDI 产业结构竞争力以东部最高、中部次之，西部最低，结构竞争力指数分别为 1444.85、346.70、

306.60，中部与西部的 FDI 产业结构竞争力差距不大，而东部 FDI 产业结构竞争力则是中部、西部 FDI 产业结构竞争力的 4 倍以上。

表 3 - 16　　　　　　2003—2008 年区域 FDI 产业结构竞争力

产业	东部	中部	西部	产业	东部	中部	西部
B6	6.17	1.31	3.96	C27	1065.66	264.63	351.58
B7	393.35	2.09	0.04	C28	902.68	130.44	460.55
B8	3.38	6.47	18.21	C29	1695.30	334.83	312.09
B9	4.98	1.23	38.80	C30	1712.88	198.33	191.27
B10	130.62	8.77	55.55	C31	474.51	37.93	174.10
C13	1229.70	305.79	300.12	C33	750.90	56.05	28.43
C14	2060.22	418.99	547.54	C33	372.09	19.42	18.16
C15	3008.46	485.39	317.88	C34	1220.51	124.18	20.97
C16	-0.28	0.06	0.00	C35	971.02	44.10	92.12
C17	652.85	92.52	40.49	C36	1286.12	56.62	120.26
C18	2085.67	453.01	240.82	C37	2509.93	1973.85	541.11
C19	2742.73	1210.81	92.27	C39	1548.80	944.04	82.43
C20	322.47	74.19	174.65	C40	7353.91	2168.99	1004.18
C21	2224.73	151.91	60.04	C41	4071.91	450.62	490.99
C22	1808.56	137.26	226.17	C42	1604.97	539.14	99.41
C23	1030.78	230.98	224.49	C43	905.62	0.37	5.55
C24	3670.17	871.94	4711.76	D44	101.94	89.83	8.06
C25	443.49	53.86	5.87	D45	2970.87	713.06	150.18
C26	1294.75	52.96	78.84	D46	271.98	468.62	361.68

再从表 3 - 15 看，FDI 产业对东部主导工业群和支柱工业群的结构竞争力最大，结构竞争力指数在 200 以上；而在中部和西部主导工业群中的 FDI 工业结构竞争力贡献较小，FDI 工业结构竞争力指数不足 15，而内资工业贡献结构竞争力在 1500 以上，FDI 工业对中部、西部主导工业群结构竞争力的贡献率分别 0.893% 和 0.422%，FDI 工业对中部、西部支柱工业群结构竞争力的贡献分别为 4.020% 和 1.987%。不难看出，FDI 不同程度地提升了区域工业结构竞争力，但 FDI 对中部和西部的结构竞争力效应远不及东部，这意味着 FDI 扩大了东部与中西部结构竞争力的差距。

第五节 中国 FDI 集聚的区域增长极效应

一 FDI 集聚的区域工业结构升级效应

集中与分散是区域工业分布问题的两个方面描述,离散导致集中,集中又产生离散。然而,地区工业 FDI 集聚是否导致地区工业结构升级,这需要考察工业集中方向与 FDI 集中方向是否一致。FDI 工业结构与地区工业结构一致性可用结构相似性来衡量。结构相似度定义为:

$$S(x,y) = (\sum_{i=1}^{N} x_i y_i) / \sqrt{\sum_{i=1}^{N} x_i^2 \sum_{i=1}^{N} y_i^2} \qquad (3.9)$$

(3.9)式中,$x_i = GOV_{T,i} / \sum_{i=1}^{N} GOV_{T,i} \times 100$,$y_i = GOV_{F,i} / \sum_{i=1}^{N} GOV_{F,i} \times 100$,它们分别为工业产值和 FDI 工业产值的结构系数。结构相似度值在 0—1,相似度越接近 1,两者相似性越高,表明 FDI 产业结构与地区产业结构重合度越高,FDI 集聚越能促进地区工业结构升级。

表 3-17 2003 年、2008 年地区工业产值与 FDI 工业产值结构相似度

单位:%

地区	东部 2003年	东部 2008年	增量	地区	中部 2003年	中部 2008年	增量	地区	西部 2003年	西部 2008年	增量
浙江	91.88	92.14	0.26	山西	70.68	61.56	-9.11	重庆	92.85	94.50	1.65
天津	86.37	73.32	-13.05	江西	59.97	57.40	-2.57	云南	28.47	49.05	20.57
上海	94.91	95.54	0.64	吉林	96.58	92.06	-4.52	新疆	21.41	35.78	14.36
山东	88.06	81.73	-6.33	湖南	56.76	75.06	18.30	西藏	NaN	32.93	NaN
辽宁	75.83	82.72	6.89	湖北	84.18	80.61	-3.57	四川	73.35	77.91	4.57
江苏	80.92	86.60	5.68	黑龙江	20.84	37.32	16.49	陕西	49.34	46.27	-3.07
河北	96.69	97.12	0.43	河南	50.58	72.57	21.99	青海	54.96	48.19	-6.77
海南	87.92	93.25	5.33	安徽	74.12	80.93	6.81	宁夏	38.71	43.57	4.87
广东	98.36	96.67	-1.69	中部	64.21	69.69	-9.11	内蒙古	49.53	65.04	15.51
福建	96.95	93.46	-3.49					贵州	38.65	44.46	5.81
北京	89.54	86.54	-3.00					广西	87.66	79.51	-8.15
东部	89.77	89.01	0.26					甘肃	54.77	38.17	-16.60
								西部	53.61	53.33	1.65

根据（3.9）式计算，表3-17显示，2003—2008年我国区域工业与FDI工业的结构相似度差异发生较大变化。首先，2003年，东部的河北、广东、上海、福建、海南、浙江的结构相似度超过90%，中部只有吉林的相似度超过90%，西部只有重庆的相似度超过90%。其次，2008年东部的河北相似度为97.12%，天津为73.32%，极差23.80%；中部的吉林相似度为92.06%，黑龙江最低为37.32%，极差54.74%；西部的重庆相似度为94.50%，西藏最低，仅为32.93%，极差61.57%。最后，2003—2008年东部工业与FDI工业的结构相似度接近90%，且略有上升；中部结构相似度接近70%，且有较大幅度下降；西部结构相似度不足55%，但也有所上升。总体上说，我国区域工业产值结构与对应FDI结构相似度显现出较大差异，东部结构相似度最高，内部差距不大，中部次之，西部最低，内部差距也较大。这表明FDI对东部工业结构的升级效应最大，而对中部、西部工业结构的升级效应则较小。从结构相似度看，FDI集聚极大地促进了东部工业结构的竞争力，但对中部尤其是西部工业结构竞争力的效应则较小。

二 FDI集聚的区域工业比较优势效应

由于以计划和行政命令而不是以市场和价格信号作为资源配置的依据，中国各地区的工业结构趋同（黄玖立、李坤望，2006）。然而，在市场机制的作用下，尤其是受FDI集聚的促进，中国内地地区原来工业结构趋同的专业化分工格局被打破，比较优势发生了重组，地区工业重新定位，在工业链的不同比较优势环节形成不同类型的工业集聚。原因还在于，工业产业集聚的形成，除与历史的、区位的因素有关之外，还与工业产品性质，具体说是在地区专业化中具有比较优势的产品有关。

传统的比较优势理论强调外生的技术差异和外生的要素禀赋差异对地区专业化分工的决定作用。这一理论认为一个国家或地区应该专业化生产其具有比较优势的产品。进一步隐含的推论是，一个地区的专业化分工优势越明显，越具有集聚倾向。在地区工业比较优势分析中，显示比较优势指数（Revealed Comparative Advantage，RCA）定义为：

$$RCA_{ij} = (x_j^i/x_j)/(X_N^i/X_N) \qquad (3.10)$$

（3.10）式中，x_j^i为j地区i工业总产值，x_j为j地区工业总产值，X_N^i为全国i工业总产值，X_N为全部工业总产值。这个指数测度的是第j地区与全国平均水平的工业结构差异程度。RAC_{ij} 越大，表明 j 地区 i 工业越有比较优势，地区工业越向 i 工业集中，形成集聚可能性越大。

表 3-18 报告的是根据（3.10）式，我们计算了 2003 年和 2008 年的地区 FDI 工业及工业比较优势指数。从 FDI 工业看，2003 年东部有 19 个具有比较优势的 FDI 产业，除 B7 和 D45 外都是制造业；中部有 17 个具有比较优势的 FDI 产业，B7、B8、B9、B9 和 B10 类 FDI 产业，D44 和 D46 类 FDI 产业在其中；西部有 19 个具有比较优势的 FDI 产业，B7、B8、B9、B9 和 B10 类 FDI 产业，D44 和 D46 类 FDI 产业在其中。2008 年东部有 20 个具有比较优势的 FDI 产业，除 B7 外都是制造业；中部有 19 个具有比较优势的 FDI 产业，B8、B9、B9 和 B10 类 FDI 产业，D44 和 D46 类 FDI 产业其中；西部有 19 个具有比较优势的 FDI 产业，B7、B8、B9、B9 和 B10 类 FDI 产业，D44 和 D46 类 FDI 产业在其中。2003—2008 年，东部有 14 个 FDI 产业的比较优势在增强，除 B6 外都是制造业，C35、C36、C41 和 C43 的比较优势指数有不同幅度上升；中部有 20 个 FDI 产业的比较优势上升，D 类 FDI 产业的比较优势在上升，FDI 高端制造业的比较优势上升不明显；西部有 19 个 FDI 产业的比较优势在增强，其中 B6、B7、B8、B9、B9 和 B10 类，D44、D45 和 D46 的比较优势指数有不同幅度上升。很明显，东部具有比较优势的 FDI 产业大多是制造业，高端制造业占多数，且优势还不断提升，集聚还在增强，而中西部，尤其是西部，具有比较优势的 FDI 产业大多是低端产业，B 类和 D 类较为突出，优势还在增强。

表 3-18　　2003—2008 年区域 FDI 工业与工业比较优势指数

工业	2003 年 FDI 工业			2003 年工业			2008 年 FDI 工业			2008 年工业		
	东部	中部	西部	东部	中部	西部	东部	中部	西部	东部	中部	西部
B6	0.31	9.63	2.64	0.47	2.97	1.57	0.42	4.11	8.16	0.37	2.59	2.14
B7	1.11	0.04	0.00	0.55	1.99	2.52	1.07	0.59	0.21	0.57	1.53	2.62
B8	0.66	2.93	6.45	0.91	1.30	1.16	0.55	2.67	8.15	0.91	1.07	1.41
B9	0.80	2.62	3.29	0.62	1.89	2.18	0.23	2.13	16.57	0.40	2.34	2.37
B10	0.91	2.00	1.44	0.81	1.33	1.79	0.81	1.65	4.09	0.72	1.82	1.36
C13	0.87	1.95	2.78	0.88	1.34	1.31	0.83	2.15	2.49	0.84	1.44	1.22
C14	0.87	1.49	3.50	0.89	1.28	1.30	0.85	1.89	2.71	0.85	1.41	1.24
C15	0.82	2.90	2.15	0.81	1.20	1.97	0.80	2.16	3.24	0.70	1.43	2.05

续表

工业	2003年FDI工业 东部	中部	西部	2003年工业 东部	中部	西部	2008年FDI工业 东部	中部	西部	2008年工业 东部	中部	西部
C16	0.86	3.40	0.00	0.50	1.61	3.49	0.58	6.15	0.00	0.53	1.53	2.87
C17	1.03	0.53	1.22	1.16	0.64	0.47	1.05	0.62	0.56	1.20	0.63	0.46
C18	1.07	0.45	0.08	1.29	0.31	0.11	1.08	0.53	0.15	1.30	0.46	0.13
C19	1.05	0.61	0.33	1.25	0.40	0.24	1.03	0.96	0.29	1.22	0.57	0.42
C20	0.89	2.15	1.81	1.01	1.26	0.50	0.87	1.95	1.98	0.93	1.44	0.70
C21	1.06	0.57	0.33	1.19	0.65	0.26	1.08	0.44	0.30	1.20	0.61	0.48
C22	1.02	0.90	0.72	1.06	0.95	0.69	1.03	0.79	0.82	1.08	0.98	0.60
C23	0.92	1.32	2.60	1.02	0.86	1.07	0.95	1.16	1.77	1.05	0.88	0.91
C24	1.10	0.11	0.02	1.33	0.19	0.02	1.09	0.32	0.27	1.36	0.28	0.07
C25	1.06	0.70	0.10	0.90	1.39	1.11	0.99	1.28	0.68	0.91	1.14	1.30
C26	1.01	0.61	1.40	1.00	1.01	1.00	1.04	0.59	1.05	1.02	0.95	0.99
C27	0.83	1.78	4.03	0.85	1.35	1.48	0.83	1.96	3.06	0.85	1.35	1.30
C28	1.04	0.56	0.87	1.15	0.82	0.25	1.07	0.38	0.69	1.28	0.45	0.27
C29	0.94	1.92	0.91	1.12	0.77	0.56	1.02	0.96	0.69	1.17	0.72	0.44
C30	1.06	0.45	0.61	1.19	0.56	0.38	1.06	0.56	0.56	1.20	0.62	0.45
C31	0.98	0.81	2.01	0.92	1.29	1.11	0.92	1.21	2.43	0.90	1.41	0.96
C33	0.91	1.59	2.26	0.66	1.61	2.38	0.88	1.88	2.00	0.66	1.71	1.86
C33	0.96	0.81	2.55	0.91	1.24	1.23	1.01	0.79	1.15	0.95	1.08	1.15
C34	1.08	0.31	0.30	1.22	0.44	0.34	1.08	0.47	0.20	1.23	0.56	0.40
C35	1.03	0.71	0.75	1.12	0.70	0.64	1.06	0.44	0.70	1.15	0.72	0.59
C36	0.96	1.34	1.57	0.97	1.11	1.06	1.02	0.78	1.11	0.99	1.16	0.84
C37	0.80	3.32	1.75	0.83	1.65	1.15	0.80	2.84	1.88	0.91	1.26	1.13
C39	1.03	0.91	0.43	1.21	0.44	0.47	1.03	1.02	0.37	1.23	0.52	0.46
C40	1.08	0.26	0.25	1.29	0.16	0.32	1.10	0.19	0.28	1.37	0.15	0.24
C41	1.08	0.27	0.27	1.23	0.31	0.49	1.08	0.40	0.42	1.26	0.47	0.36
C42	1.04	0.63	0.76	1.20	0.58	0.26	1.03	0.94	0.35	1.22	0.65	0.30
C43	1.08	0.40	0.00	1.31	0.22	0.12	1.12	0.09	0.12	1.03	1.32	0.35
D44	0.90	2.07	1.73	0.80	1.23	2.04	0.85	2.31	1.76	0.89	0.95	1.70
D45	1.05	0.78	0.17	0.92	0.90	1.69	0.92	1.32	2.21	0.84	0.82	2.16
D46	0.85	2.50	2.14	0.89	1.27	1.33	0.67	3.33	3.80	0.93	1.17	1.12

以表 3-18 计算，2003 年、2008 年，区域工业与 FDI 工业比较优势的相关系数，东部分别为 0.665、0.784，中部分别为 0.758、0.615，西部分别为 0.300、0.491。可以看出，东部工业与 FDI 工业相关性呈上升趋势，相关性最高，中部相关性有所下降，位居第二，而西部相关性虽然最低，但有所上升。这说明，东部工业与 FDI 工业的比较优势相互增加。

表 3-19 列出了 2003 年比较优势指数大于 1 的区域工业产业。可以看出，区域工业比较优势的格局有较大的差异。东部比较优势工业全部是 C 类工业，包括 C35—C41 工业，而中部和西部比较优势工业中 C35—C41 工业比较少。如 2008 年中部只有 C36 和 C37，西部只有 C37，另外还有 B 类和 D 类工业。显然，在 FDI 优势产业的作用下，东部地区的高端工业比较优势较强，而中部、西部的工业结构水平比东部低。

表 3-19　　　　　　2003 年、2008 年区域比较优势工业

东部		中部		西部	
2003 年	2008 年	2003 年	2008 年	2003 年	2008 年
C24、C43、C40、C18、C19、C41、C34、C39、C42、C30、C21、C17、C28、C35、C29、C22、C23、C20	C40、C24、C18、C28、C41、C39、C34、C19、C42、C30、C21、C17、C29、C35、C22、C23、C43、C26	B6、B7、B9、C37、C33、C16、C25、C27、C13、B10、B8、C31、C14、D46、C20、C33、D44、C15、C36、C26	B6、B9、B10、C33、B7、C16、C13、C20、C15、C14、C31、C27、C43、C37、D46、C36、C25、C33、B8	C16、B7、C33、B9、D44、C15、B10、D45、B6、C27、D46、C13、C14、C33、B8、C37、C31、C25、C23、C36、C26	C16、B7、B9、D45、B6、C15、C33、D44、B8、B10、C25、C27、C14、C13、C33、C37、D46

FDI 区域分布对区域工业结构演化产生影响。主要表现在 FDI 集聚东部有力提升了东部的工业结构，而对中部和西部工业结构的提升作用则并不明显。在 FDI 的作用下，区域比较优势工业格局发生了变化，东部工业，尤其是高端工业集聚，比较优势更加突出，而中部和西部的高端制造业衰退，低端工业的比较优势也凸显，东部与中西部工业两极分化加大。

从优势工业来看，我国东部与中部、西部地区在工业分工中的地位和角色截然不同，中部、西部地区工业更多的是从事原料生产和初级品加工，东部工业主要从事深加工和精密加工，进行高附加值创造和技术创新活动。中部、西部地区优势工业的关联效应弱，产业链短，创新能力弱，附加值低。中部、西部地区的工业在采掘业，以及以建立在采掘业之上的金属冶炼和非金属矿物制品业等工业，电力、烟草加工业等初级品加工业具有比较优势，机械工业中除交通运输设备制造业略有比较优势外，其他工业没有比较优势。中部、西部地区比较优势工业发展缓慢，是因为中

部、西部地区比较优势工业体系是以自然资源开发利用为导向的。对发达国家而言，这些工业早已转移到发展中国家，其优势已不在这些方面。对于新兴工业化国家，自然资源导向型工业也不是其优势工业。换言之，以自然资源开发导向型产业的 FDI 主体是缺位。总体而言，工业中电力业、有色金属冶炼及压延加工业、烟草加工业和石油等工业在中部、西部工业体系中有比较优势，主导作用较强，B 类和 D 类是中部、西部地区的优势工业，这些都是创新能力较弱、FDI 进入很少的工业。显然，在 FDI 优势产业的集聚效应下，中部、西部地区工业升级面临更严峻的挑战。

三 FDI 集聚的产业开放效应

FDI 在工业产业的非均衡分布，加速了一些工业产业的集聚，从而使工业对 FDI 产业产生了较强的依赖性。进入中国工业的 FDI 是出口导向型 FDI，其强大的加工贸易体系使中国工业出口对其有较高的依存性。以 FDI 产业出口交货值占我国产业出口交货值比重（出口依存度）计算，2003 年、2008 年我国产业对 FDI 产业的出口依存度平均值分别为 27.38% 和 27.95%，2003—2008 年我国产业对 FDI 产来出口依存度没有大的变化。但是，具体来看我国产业对 FDI 产业出口依存度却有较大差别。2003 年、2008 年 C40 对 FDI 产业的出口依存度分别高达 76.52% 和 82.85%，C41 分别为 67.93% 和 59.9%，而 B6 分别仅为 0.39% 和 1.65%，C16 分别为 0.48% 和 0.19%，极差仍比较大（表3-20）。

表 3-20　2003 年、2008 年我国产业对 FDI 产业的出口依存度

单位：%

产业	2003 年	2008 年	产业	2003 年	2008 年	产业	2003 年	2008 年	产业	2003 年	2008 年
B6	0.39	1.65	C18	46.12	43.58	C28	20.63	26.86	C39	35.03	36.05
B7	7.17	8.03	C19	52.15	48.41	C29	38.05	37.27	C40	76.52	82.85
B8	0.82	2.37	C20	25.73	15.82	C30	41.33	37.27	C41	67.93	59.90
B9	0.84	2.63	C21	48.56	41.26	C31	17.23	16.59	C42	41.62	37.05
B10	4.70	7.45	C22	31.65	34.26	C32	13.18	15.81	C43	29.07	21.73
C13	27.05	28.06	C23	33.41	28.24	C33	8.57	13.81	D44	18.97	8.73
C14	39.16	35.88	C24	59.70	59.48	C34	34.86	31.14	D45	22.90	38.00
C15	31.47	36.60	C25	10.23	15.01	C35	24.21	26.57	D46	3.85	16.16
C16	0.48	0.19	C26	23.09	27.36	C36	20.35	26.82			
C17	23.06	22.73	C27	21.62	25.61	C37	38.68	44.85			

对表 3-20 进一步统计，B 类、CL 类、CH 类和 D 类产业对 FDI 产业

的出口依存度，2003 年分别为 2.79%、29.17%、40.92% 和 15.24%，2008 年分别为 4.42%、40.77%、40.77% 和 20.96%。很明显，高端制造业对 FDI 产业的出口依存度最高，低端制造业次之，B 类产业最低。这表明，FDI 集聚我国制造业尤其是高端制造业，这极大地增强了我国产业对外开放度。这一点，在东部表现得更明显。FDI 集聚东部制造业尤其是高端制造业使东部变成外向型经济，深度参与国际分工，极大地增强了国际竞争力，而中西部地区的 FDI 产业在 B 类和 D 类产业有较大的比较优势，导致中西部地区产业对外开放不足，对自然资源更加依赖，增长质量与增长方式都难以改变。

四 FDI 集聚的地区经济实力差距效应

GDP 是衡量区域经济实力的重要指标。GDP 是一个生产函数，而 FDI 本质上也是一个先进的生产函数。FDI 的空间分布改造了地区生产函数，转换 GDP 生产投入产出效率。从依存度看，2003 年地区 GDP 对 FDI 工业增加值的依存度最高的是上海，为 23.67%，最低的是西藏，为 0.001%，两者相差 4476 倍。2008 年 GDP 依存度最高的是广东，为 26.56%，最低的是新疆，为 0.59%，两者相差 45 倍。显然，地区 GDP 对 FDI 工业依存度有极大差距，但差距在减小。从依存度增量看，除甘肃外，中国 30 个地区的 GDP 对 FDI 工业依存度有不同幅度的上升，其中，天津的增量高达 9.60 个百分点，FDI 工业仍不断扩大地区 GDP 的差距。从区域看，FDI 工业对东部 GDP 的贡献最高，增量也最高，中部 GDP 依存度次之，增量也居中，西部 GDP 依存度最低，增量也最小。2003 年东部 GDP 对 FDI 工业依存度为中部的 4.40 倍，西部的 6.56 倍；2008 年东部 GDP 依存度为中部的 3.65 倍，西部的 5.36 倍（表 3-21）。这表明，2003—2008 年，FDI 工业加大了东部与中西部的 GDP 差距。

表 3-21　2003 年、2008 年各地区 GDP 对 FDI 工业增加值的依存度

单位：%

地区/区域	2003 年	2008 年	地区/区域	2003 年	2008 年	地区/区域	2003 年	2008 年
北京	7.99	8.56	山西	1.79	3.14	重庆	3.66	7.02
天津	16.48	26.08	吉林	8.33	11.17	内蒙古	2.24	3.18
河北	3.29	6.14	黑龙江	1.50	2.49	广西	2.91	5.20
辽宁	6.48	10.75	安徽	3.60	5.13	四川	1.75	3.28

续表

地区/区域	2003年	2008年	地区/区域	2003年	2008年	地区/区域	2003年	2008年
上海	23.67	25.80	江西	1.78	5.09	贵州	0.72	0.84
江苏	12.65	20.42	河南	1.66	2.82	云南	1.16	1.83
浙江	6.49	10.62	湖北	4.22	8.01	西藏	0.01	0.63
福建	17.33	20.22	湖南	1.59	2.36	陕西	2.46	3.31
山东	6.04	10.98	中部	2.80	4.63	甘肃	0.90	0.82
广东	21.46	26.56				青海	0.54	1.32
海南	2.04	9.56				宁夏	2.01	3.08
东部	12.34	16.92				新疆	0.36	0.59
						西部	1.88	3.16

资料来源：根据《中国统计年鉴》(2004、2009) 相关数据计算。

总之，随着 FDI 集聚的极化效应进一步显现，地区的产业集聚差距状况还将发生显著变化，中西部地区的内向型集聚经济与东部出口导向（外向）型集聚经济的差距扩大，地区发展差距也还会进一步随之扩大。可以预言，随着中国工业对 FDI 的依赖日益加深，地区经济实力的差距在短期内还难以收敛，我国地区产业竞争力的差距还会进一步增大，这将严重影响我国的结构竞争力协调配置。

第六节 小结

FDI 集聚对我国工业结构竞争力产生了重要影响，也影响到我国地区工业结构的水平，使我国地区工业比较优势发生变化，而区域工业结构竞争力差距进一步影响我国地区 GDP 结构竞争力，加大了区域 GDP 差距，从而影响我国竞争力的整体发挥。

FDI 提升了我国的工业结构，增强了工业结构竞争力，推动了经济增长，但是工业加速集聚扩大了东部与中西部结构竞争力的差距。这主要表现在，与东部相比，中西部尤其是西部失去了利用 FDI 提升工业结构、参与国际分工、建立国际生产营销体系的机会，导致对低附加值自然资源型产业的更加依赖，形成较强的粗放增长路径依赖。然而，FDI 工业不仅扩大东西增长结构和竞争力的差距，更主要的是西部自然资源导向型产业集聚对比较脆弱的西部生态环境造成更大的压力，也给西部生态文明建设带来更大困难，更直接威胁到中华民族的生存空间。另外，我国工业对 FDI 过度依赖，严重地影响了我国内资工业的自主发展能力，尤其是核心技术被跨国公司控制会导致我国制造业国际竞争力的边缘化，这对我国技术创新以及经济增长后劲都带来了较大的制约。

我国工业增长主要是由主导产业群带动的，作为主导工业群，它也是工业结构竞争力提升的发动机。FDI 集聚我国主导工业产业群，使我国主导工业发生交替，从而带动了产业结构的升级，促进了结构竞争力的提升。很明显，跨国公司在华直接投资战略取向是集聚控制我国的主导工业群，其次是支柱工业群以控制我国战略工业的大部分核心技术，形成我国战略工业对跨国公司核心技术的过度依赖。如果 FDI 产业在主导工业群中参与继续深化，那么会严重影响我国主导工业群的核心竞争力，造成我国结构竞争力的"空心化"威胁。不言而喻，FDI 集聚对我国工业结构升级及结构竞争力的影响具有双面性。因此，我国需要对 FDI 进入的产业进行选择，规模进行控制。

正确规划一个时期的主导产业，是制定产业政策的核心内容，也是迅速提高整个经济效益实力和提高国际竞争力以及经济发展的迫切要求（蒋晓泉，1994）。为确保我国工业竞争力安全，我国应当修改与跨国公司博弈对局，以改变跨国公司在华直接投资的占优战略。其一，适当限制 FDI 进入主导工业群，国家要对进入交通运输设备制造业、电气机械及器材制造业，尤其是进入电子及通信设备制造业的 FDI 进行政策规制，确保我国主导工业群的自主竞争力，以增加其溢出效应和关联效应。其二，有选择地让 FDI 进入支柱工业群和先导工业群，支持 FDI 进入劣势工业群，在并购的基础上资源重组，创造规模经济，促进劣势工业产业的竞争力再生。根本的还在于，在目前 FDI 工业参与水平下，要努力培育自主创新能力，增强我国民族主导工业的核心竞争力，规避我国工业结构竞争力的安全隐患，既确保我国结构竞争力安全，又确保地缘生态安全。

第四章　中国 FDI 的空间集聚与地区差距效应

FDI 空间集聚分布是我国 FDI 及 FDI 产业空间分布的重要特征。FDI 集聚我国多在东部，中部、西部分布极少。这种集聚分布对我国东部与西部差距产生重要影响。我国政府制定了一系列政策，但始终没有改变 FDI 的分布格局。为什么 FDI 不西进以及东部 FDI 产业为何不向西部大规模转移？国内外学者为此进行了大量的研究，但没有一致的看法。我们以空间计量方法研究 FDI 及 FDI 产业集聚结构，并以汽车产业为案例，分析 FDI 的空间集聚及效应。

第一节　中国 FDI 的空间集聚与趋势面

一　引言

截至目前，中国仍保持着 FDI 的最大发展中东道国的地位。然而，我国 FDI 的空间分布却极不平衡。中国实际利用 FDI 的 87% 左右集聚在东部地区，西部不足 5%。那么，为什么 FDI 会有如此明显的区位选择偏好？FDI 空间集聚的影响因素有哪些？这些中国 FDI 的区位问题已成为当前国际工商管理、经济学以及地理学界共同研究的一个重要领域（魏后凯、贺灿飞和王新，2002）。

探讨我国 FDI 空间分布的一个重要问题是，要回答为什么 FDI 不集聚西部或西进。魏后凯（2003）研究表明，加入 WTO 后中国外商投资北上明显，而西进不明显。赵果庆（2004）应用动态经济学原理证实，由于西部 FDI 政策具有溢出效应，FDI 难以向西部转进。杨先明和袁帆（2009）从产业层面解释了 FDI 为什么不西进。劳动力成本、优惠政策等传统 FDI 区位变量未能较好地解释 FDI 的区位分布，新经济地理学所揭示的贸易成本、市场规模等在实证模型中具有统计显著性，而这些因素均对 FDI 分布给出不同的看法。目前，学术界能以传统的区位因素有效解释 FDI 分布，但为什么 FDI 不能西进尚未形成一致的观点。

按照 FDI 的区位理论，空间效应有可能是造成 FDI 空间分布差异的重要原因。这一观点在世界范围内表现为 FDI 的分布具有明显的空间集聚特征。观察表明，中国沿海地区与韩国、日本和欧美发达国家较近，尤其是离中国香港、中国台湾的距离更近，从而吸引了大量 FDI 集聚。在控制其他区位因素的基础上，沿海地理位置也是显著的因素（Coughlin et al, 2000），Tuan 和 Ng（2003）研究发现，离中心区位的距离也是决定外资企业的区位选择因素。值得一提的是，冯涛等（2008）运用空间统计学模型分析了中国 31 个省级区域和八大区域的 FDI 集聚特征及其影响因素，结果显示，中国省域 FDI 增长具有明显的空间依赖性，在空间上存在集聚现象，区域经济增长在时空上呈现出明显的空间效应。何兴强、王利霞（2008）运用空间面板计量方法，对 1985—2005 年我国 30 个省市区的 154 个地级及以上城市的 FDI 区位分布的空间效应进行检验，发现全样本 154 个城市的 FDI 之间存在显著的空间效应。钟昌标（2010）利用中国各省区 1986—2008 年的面板数据和通过建立空间动态计量模型实证分析了跨国公司投资的地区影响效果。

通过文献回顾可以发现，长期以来理论界对 FDI 分布的研究主流思路已把空间因素纳入其分析框架之中。虽然，国内对 FDI 的区位因素的研究中已涉及空间因素，但关于空间因素对 FDI 空间集聚分布的影响研究仍是比较薄弱。国内学者在计量模型中用虚拟变量表示地理区位以研究 FDI 的空间分布因素（鲁明泓，2000；魏后凯、贺灿飞、王新，2003），而空间因素是否是 FDI 分布的决定因素还一直没有得到检验。这就回答了一个问题，能否用空间位置直接解释 FDI 的集聚分布？

我国面临的一个困局，一方面是东西发展差距进一步扩大，另一方面是中央治理东西 FDI 不平衡的政策措施缺失相应的效果，就连西部大开发也难以改变 FDI 的分布格局。正是有了上述原因，我们将验证我国 FDI 分布中空间因素的存在性以及 FDI 空间集聚的显著性，并揭示由空间因素决定的 FDI 空间分布规律。与目前研究有明显不同的是，我们以 601 个县级以上城市 1995 年和 2008 年的平均人均 FDI（PCFDI）和城市空间位置数据为基础，运用空间计量和趋势面分析的联合方法分离出 FDI 分布的空间因素和非空间因素的影响,试图为 FDI 空间分布寻求一个新的解说,并以 FDI 趋势面为基础对我国 FDI 分布区域进行新的划分。

二 FDI 空间分布、相关性与集聚

(一) 数据

由于中国 FDI 主要分布在城市,占 95% 以上,所以 FDI 的城市分布基本可以代表我国 FDI 空间分布。当然,城市空间位置不同,FDI 的分布也明显不同。为了消除城市规模和部分随机因素的影响,我们用 1995 年和 2008 年的城市人均 FDI 平均数进行分析,人均 FDI 表示 FDI 在城市分布的强度。FDI 数据和人口数据来自 1996 年和 2009 年《中国城市统计年鉴》。样本为 601 个县级以上城市,人均 FDI 平均为 120.75 美元/人,有 152 个城市超过平均水平,有 449 个低于平均水平,其中又有 40 个城市为 0,人均 FDI 的最高值是昆山市为 2867.398 美元/人。

(二) 空间分布

我国城市 FDI 高度集聚在沿海地区,尤其是广东、江苏、上海、浙江、山东、天津、辽宁等地区,中部较少,西部更少(图 4-1)。进一步看出,人均 FDI 大于 1000 美元的城市几乎全是东部地区;人均 FDI 在 500—1000 美元的城市也绝大部分是东部城市,中部有个别城市分布;人均 FDI 在 100—500 美元的城市也是东部居多,西部省区新疆、内蒙古有的城市零星分布;对于人均 FDI 在 5—100 美元的城市,除西藏以外,全国都有分布,但中部地区有较多分布;对于无 FDI 分布城市,绝大部分在西部,其次是中部,东部最少。各种不同人均 FDI 水平的城市在空间区位叠加,形成三个主要 FDI 集聚区:一是珠江三角地区;二是以上海为中心的长江三角城市群;三是山东半岛。

(三) 城市人均 FDI 的空间自相关性

判断城市间 FDI 的空间自相关存在与否,一般看能否通过 Moran's I 检验。Moran's I 统计量常用于全局空间自相关的检验,其计算公式(沈体雁等,2010):

$$\text{Moran's I} = \frac{\sum_{i=1}^{N}\sum_{j=1}^{N} W_{ij}(Y_i - \bar{Y})(Y_j - \bar{Y})}{S^2 \sum_{i=1}^{N}\sum_{j=1}^{N} W_{ij}} \quad (4.1)$$

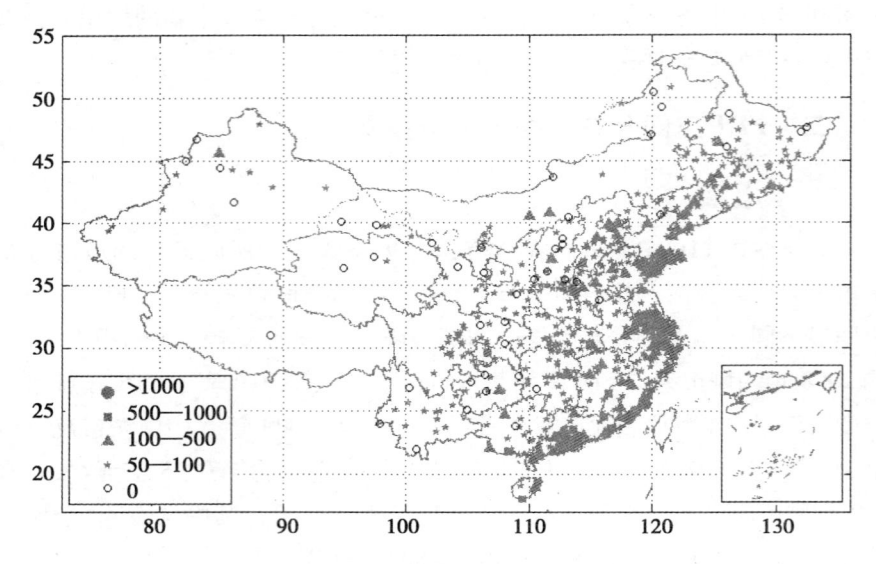

图 4-1 中国城市 PCFDI 的空间分布

其中，$S^2 = \frac{1}{N} \sum_{i=1}^{N} (Y_i - \bar{Y})$，$\bar{Y} = \frac{1}{N} \sum_{i=1}^{N} Y_i$。

(4.1) 式中，Y_i 表示第 i 城市的人均 FDI，N 为城市元数，W_{ij} 为相邻矩阵，也就是 n 个城市之间相互关系网络结构的一个矩阵。第 i 行和第 j 列的矩阵元素，行和列都对应空间单元，对角线上的元素为零。标准的一阶、二阶和三阶相邻 W_{ij} 分别为：

$$W_{ij}^1 = \begin{cases} 1 \\ 0 \end{cases}, W_{ij}^2 = \begin{cases} 0.5 \\ 0 \end{cases}, W_{ij}^3 = \begin{cases} 0.3333 & \text{当城市 } i \text{ 与城市 } j \text{ 相邻}; \\ 0 & \text{当城市 } i \text{ 与城市 } j \text{ 不相邻}; \end{cases}$$

Moran's I 统计量具有渐近正态的分布，符号为正和为负分别表示空间正相关和空间负相关，其取值范围为 $-1 \leq I \leq 1$。Moran's I 绝对值越大，说明空间自相关越明显。

标准的一阶、二阶和三阶相邻 W_{ij} 分别由 601 个样本城市经度和纬度计算而得（表 4-1）。从相邻矩阵可以看出，样本城市的空间相邻分布不是随机分布，而是具有一定集聚特征的分布，空间依赖性比较明显。根据 (4.1) 式计算，Moran's I 指数在 1% 的水平下显著且为正值，显示了明显的空间自相关性（表 4-1）。不管是采取一阶邻接、二阶邻接还是三阶邻接矩阵计算，Moran's I 指数都非常显著，这进一步确证了城市间 FDI 空间自相关的存在。它意味着相邻城市之间的人均 FDI 在空间上呈现为一种集聚现象,也就是说,一个具有高(低)人均 FDI 城市与其他具有一个或多个高(低)人均 FDI 城市在空间位置上相互邻近。

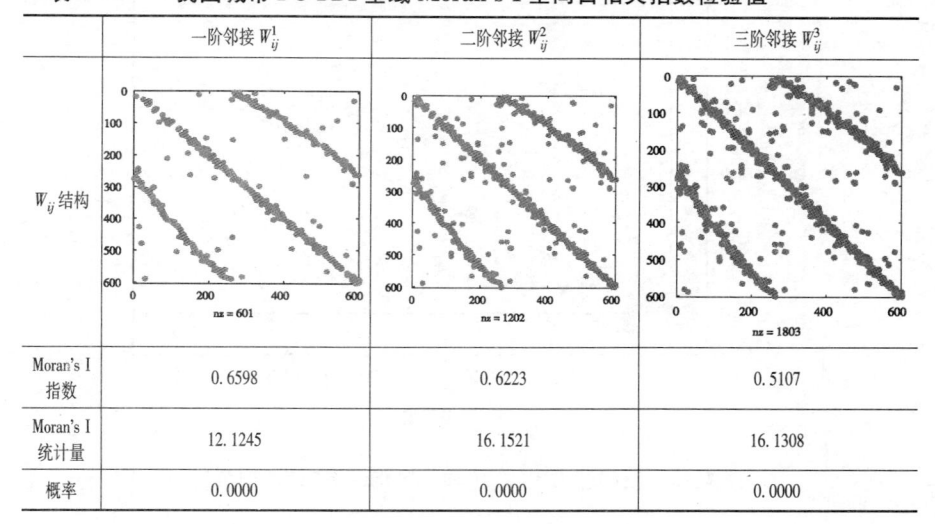

表 4-1　我国城市 PC FDI 全域 Moran's I 空间自相关指数检验值

W_{ij} 结构	一阶邻接 W_{ij}^1	二阶邻接 W_{ij}^2	三阶邻接 W_{ij}^3
Moran's I 指数	0.6598	0.6223	0.5107
Moran's I 统计量	12.1245	16.1521	16.1308
概率	0.0000	0.0000	0.0000

相对而言,以城市间一阶邻接矩阵计算人均 FDI 的 Moran I 指数和 Moran I 统计量最大,表明以一阶邻接空间矩阵计算的空间效应是最强的。从图 4-2 看出,人均 FDI 与以其的一阶相邻变量呈现出强正相关。进一步根据空间自相关把我国城市分为四类集群,第一象限,即 HH,一个高人均 FDI 城市和一个相邻高人均 FDI 城市集聚,这类共有 94 个城市,占总样本的 15.64%;第二象限,即 LH,一个低人均 FDI 城市和一个相邻高人均 FDI 城市集聚,这类有 51 个城市,占总样本 8.49%;第三象限,即 LL,一个低人均 FDI 城市和一个相邻低人均 FDI 城市集聚,这类有 398 个城市,占总样本 66.22%;第四象限,即 HL,一个高人均 FDI 城市和一个相邻低人均 FDI 城市集聚,这类有 58 个城市,占总样本 9.65%。

显然,由于空间自相关的存在,我国 FDI 空间分布以 HH 和 LL 两类集群为主,尤其是 LL 占绝对数量优势。从图 4-3 看出,HH 类城市集聚主要发生在沿海地域,主要是珠三角、福建、长三角和环渤海地区,这形成了我国 FDI 集聚带,其他仅为零星分布,没有连片;而 LL 类的分布比较分散,FDI 集聚区相对不明显。

(四)人均 FDI 与城市空间位置相关性

空间位置相关研究一个观察变量与一个空间变量的关系是否密切相

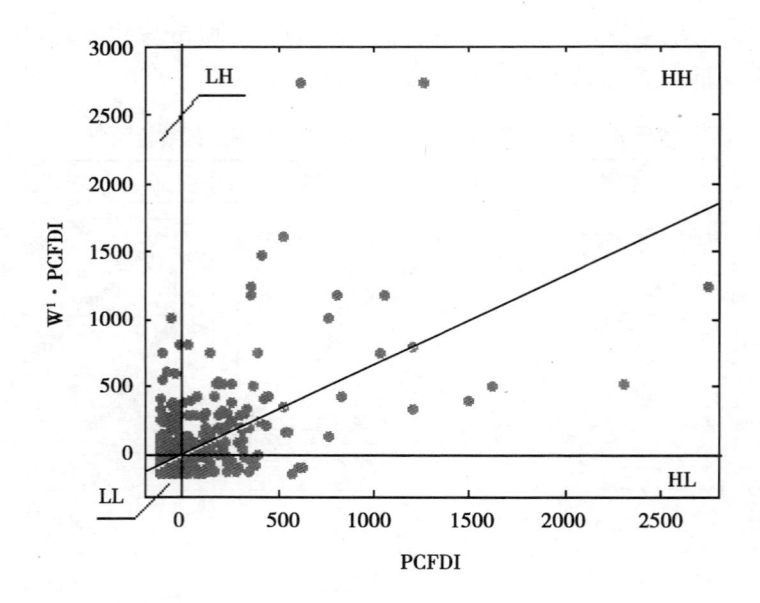

图 4-2 我国城市 PCFDI 与一阶相邻 PCFDI 相关性

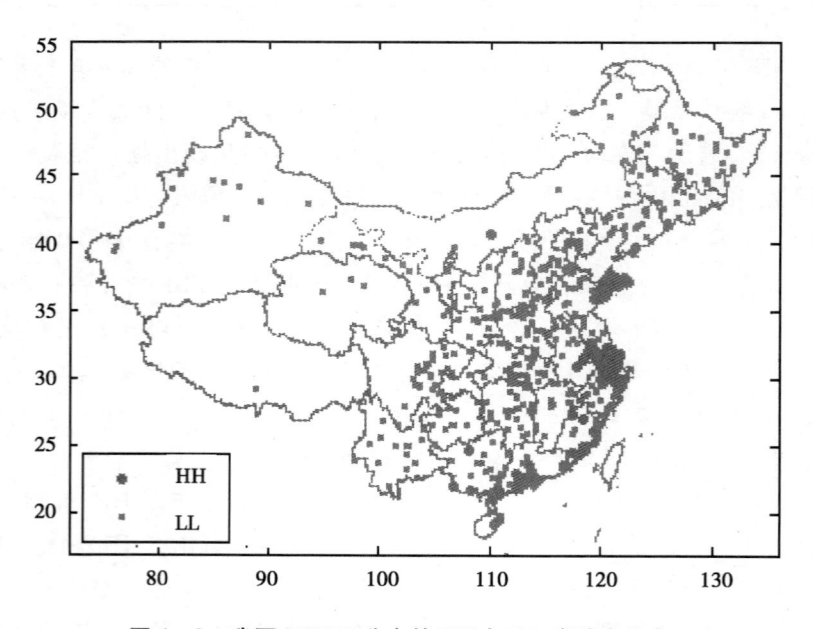

图 4-3 我国 PCFDI 分布的 HH 与 LL 类城市分布

关。按相关系数公式计算，我国城市人均 FDI 与经度的相关系数为 0.14511，与纬度的相关系数为 -0.2319。当 N 为 600 时，1% 显著性水平为临界值为 0.134。可见，两者均在 1% 的水平上显著。这表明，中国

FDI 分布与空间位置具有极强的相关性。相比之下，城市间人均 FDI 分布与纬度相关性更强，南北差异更明显。这就是，城市人均 FDI 值随东经的增加而增大，随北纬的增大而减少，FDI 主要分布在我国东南地区城市。

(五) FDI 空间集聚显著性

样本数据的偏度为 5.6123，峰度为 46.2581，正态分布统计量 JB 值为 47684.65，大于临界值 5.77，在统计上为非正态分布，这充分说明城市人均 FDI 在空间呈现出非均衡分布，人均 FDI 大于 1000 美元的只是小概率事件（图 4 - 1）。根据（2.2）式计算，城市人均 FDI 的集聚指数为 11540.22，大于 0.1% 的临界值 18.42，达到强集聚水平。这表明，我国 FDI 的分布呈现出较强的空间集聚性特征。

的确，由于城市人均 FDI 存在空间自相关与位置相关，人均 FDI 也呈集聚状态。图 4 - 2 和图 4 - 3 显示出城市人均 FDI 水平呈现出正的空间自相关关系，以及各区域城市之间有很大差异。这种分布意味着城市人均 FDI 分布存在着不同种类型的空间集聚"俱乐部"现象，也就是说城市人均 FDI 水平存在着显著的空间集聚结构。

三　模型与方法

(一) 空间计量模型

空间计量经济学的基本思想是将空间单元之间的相邻关系引入基本线性回归模型（沈体雁等，2010）：

$$Z = \lambda WZ + \beta X + \varepsilon \tag{4.2}$$

(4.2) 式中，Z 为被解释变量，X 为解释变量，W 是空间相邻矩阵，WZ 为空间自相关变量，λ 为空间自回归系数。这是空间计量模型，主要是用于研究空间单元的行为对整个系统内其他空间单元行为都有影响的情形。在不考虑其他因素影响，而仅考虑多阶空间变量影响时的空间自相关模型：

$$Z_i = \lambda_d W_{ij}^d Z_i + \varepsilon_i \tag{4.3}$$

(4.3) 式中，W_{ij}^d 为 $n \times n$ 阶的空间相邻矩阵，$i = 1, 2, \cdots, n$，$j = 1, 2, \cdots, n$；d 为相邻阶数；λ_d 是空间自回归系数。

(二) 趋势面分析

空间相关分析揭示了观察变量与地理要素之间的密切程度，但是当使用经度和纬度进行相关分析时，只能反映东西或南北关系。这种情况下，如果要做回归分析，那么就会产生两个回归方程，尚不能确定观察变量与空间位置的关系。因此，客观需要经度和纬度同时进入回归方程，一般情况还是非线性方程。这就产生了趋势面分析。

趋势面分析就是用空间数据拟合一个数学曲面，以反映观察变量空间分布的变化情况（A. J. Cole，1970）。实际上，趋势面分析是通过回归分析原理，运用最小二乘法拟合一个二维函数，应用线、面或三维曲面来识别、分离和度量趋势的一种空间分析方法。

空间分析中，趋势面分析通过对一批坐标数据拟合一个观察变量，形成趋势函数，将特征变量在空间的变化趋势同局部变化特征（异常）分离开来，达到研究特征变量在空间变化规律的目的。趋势面分析对观察变量（因变量）无特别的要求，自变量一般是地理坐标，可以用经度和纬度组成。另外，趋势面分析具有可视化特点，主要是通过计算出一个多项式曲面，以一定间隔画出等值线图，称为趋势面图（R. J. Chorley、P. Haggett，1965）。在实际应用中，由于多项式函数对曲面的拟合能力比较强，又由于地理上对拟合及分离的精度要求并不高，才使趋势面分析法得到了广泛的应用。

趋势面反映的是总体变化，受大范围的系统性空间因素的影响。趋势面分析的基本功能，是把空间中分布的一个具体的或抽象的曲面分解成两部分：一部分主要由变化比较缓慢、影响遍及整个研究区域分量组成，称为趋势分量；另一部分是变化比较快，其影响在研究区域内并非处处可见的分量，称为局部分量。设 (x_i, y_i) 表示某一观察变量 Y_i 对应于空间位置的数值，x_i，y_i 分别为经度和纬度值。每一个观测点 Z_i 都可分解为两个部分（郭仁忠，2001）：

$$Z_i = f(x_i, y_i) + \varepsilon_i \qquad (4.4)$$

（4）式中，$f(x_i, y_i)$ 为 Z 的趋势量，ε_i 为残差值。趋势面参数估计中，其数学方程式为多项式函数式。

$$f(x_i, y_i) = a_{00} + a_{10}x_i + a_{01}y_i \qquad (4.5)$$

$$f(x_i, y_i) = a_{10}x_i + a_{01}y_i + a_{11}x_iy_i + a_{20}x_i^2 + a_{02}y_i^2 \qquad (4.6)$$

$$f(x_i, y_i) = a_{10}x_i + a_{01}y_i + a_{11}x_iy_i + a_{20}x_i^2 + a_{02}y_i^2 + a_{30}x_i^3 + a_{03}y_i^3 + a_{21}x_i^2 y_i + a_{12}x_i y_i^2 \qquad (4.7)$$

（4.5）式为一次多项式，是一个平面。它可以是水平面，但极少见，一般是以某倾角倾向于某一方向。（4.6）式为二次多项式曲面，可以是椭圆面、双曲面或是抛物面,只有一个极值点的曲面。(4.7)式三次多项式曲面,可以出现四个极值点,多为马鞍形三次曲面。但在建立实际模型时,有些项不显著,一般只使用多项式函数中的几项。不同次数的多项式函数所描述的曲面有不同的复杂程度。

趋势面方程的次方数反映了样本数据的趋势变化状况。高次方趋势面方程包含了低次方趋势面方程项。从理论上,趋势面的高次方越高,对观测值的拟合效果更好,就越能把样本数据中的"趋势"分离出来,趋势面就越直观地把数据分布区域特征表示出来,能很快地把握住图形所反映的信息;同时,阶数越高,其剩余值所占比例会越小,使得趋势值能在更深程度上与真实值吻合,这在一定程度上能把数据分布区域的异常项凸显出来,能很快判断出特殊现象。比较而言,低次方趋势面使用起来比较方便,但拟合效果较差,而高次方趋势面的拟合效果较好,而在外推和内插时则效果较差。因此,大多数数据特征可以用低次方多项式进行拟合。

当然,趋势面方程并非次方数越高越好。次方数高,用于计算的复杂程度会越高,而且趋势面方程的次方数越高越容易产生病态矩阵,使数据经过处理后的效果失真,扭曲了数据原有的意义。所以,在选择恰当的趋势面阶数时,经验也比较重要,一般认为次方数不超过 5 次,更有学者指出不宜超过 3 次。因为过高的次数除了因过高的拟合精度而不能揭示空间趋势外,还会因计算上的原因造成趋势面的"畸变",使分析失去作用(郭仁忠,2001)。

(三)联合空间效应

由于我们观测变量的空间相关分为空间自相关与空间位置相关。自然,只有把空间自相关与空间位置相关结合起来,才能更有效地解释空间因素对观测变量的影响。基于这个思路,将空间变量引入趋势面模型,构造出具有空间自相关和趋势面的联合空间模型:

$$Z_i = \lambda_d W^d Z_i + f(x_i, y_i) + \varepsilon_i \tag{4.8}$$

(4.8)式中的第一部分为空间自相关对被解释变量的影响,第二部分为空间位置对被解释变量的影响。

(四)残差

(4.8)式揭示了研究空间单元中不同于空间相关的偏差部分。偏差就是空间相关值和拟合(估计)值之差,即:

$$\varepsilon_i = Z_i - \hat{Z}_i \tag{4.9}$$

(4.9) 式中，ε_i 为残差，Z_i 为实际值，$\dot{Z}_i$ 为空间曲面拟合值，即 $\dot{Z}_i = \lambda_d W^d Z_i + f(x_i, y_i)$。偏差可能是由三方面原因起的，即局部异常、随机干扰、模型本身的误差。一般来说，多项式次方数越高，空间阶数越高，偏差越小。偏差的出现意味着空间相关存在局部异常，不能简单地当作误差删除掉。尽管偏差无规律可循，但在实际应用中，通过对残差（剩余）图的分析能发现很多有价值的非空间信息或现象。

四 计量估计与趋势面分析

（一）参数估计

对于人均 FDI 趋势面分析，以样本城市的人均 FDI 为观察变量即被解释变量，以城市空间位置即东经、北纬为自变量。以观测值 z_i、x_i 和 y_i（i = 1，2，…，601）数据，按（4.3）式、（4.5）式、（4.7）式和（4.8）式进行参数估计，得表 4-2。

表 4-2 我国城市 PCFDI 联合空间模型的参数估计

变量	(1) 参数估计	(1) t 统计量	(2) 参数估计	(2) t 统计量	(3) 参数估计	(3) t 统计量	(4) 参数估计	(4) t 统计量
$W^1 Y_i$					0.6133	22.4399	0.4720	14.481
x_i	4.3309	9.8316						
y_i	-11.1944	-7.5448						
x_i^2			-0.4271	-5.7390			-0.1455	-3.1936
$x_i y_i$			1.1768	5.0944			0.3677	2.9081
y_i^2								
x_i^3			0.0062	5.7383			0.0014	3.5585
$y_i x_i^2$			-0.0316	-4.4499			-0.0037	-3.275
$x_i y_i^2$			0.0636	3.4826				
y_i^3			-0.0643	-0.3092				
ε	ε_1		ε_2		ε_3		ε_4	
Adj. R²	0.0934		0.1925		0.3334		0.3851	
F	62.8158		21.4428				94.9611	
S. E.	242.0624		228.4402		207.5612		199.3452	
AIC	13.8195		13.7136		13.51039		13.4362	

表 4-2 中括号内为 t 统计量值（下同），表示在 5% 的水平上显著。在表 4-2 中，（1）的 x_i 和 y_i 的符号与相关系数一致，其表明，城市的人均 FDI 随经度增加而增加，而随纬度的减少而增加。这就决定了我国 FDI 主要集聚东南部城市。与（1）相比，（2）经度和纬度的三次非线性组合提升了调节 R^2，AIC 值有所下降，显然，三次方趋势面比线性平面更具解释力。（3）中，$W^1 Y_i$ 对 Y_i 有 33% 的解释力，与（2）相比，（3）的调节 R^2 大幅上升，AIC 值、S.E. 值都有所下降，因此（3）优于（2）。从（1）—（3）看出，空间位置相关与空间自相关同时存在，当空间自相关与位置相关的组合在一起时，（4）比（2）、（3）的调节 R^2 高，AIC 值、S.E. 值低。因此，（4）是表 4-2 中最优的模型，其表明，一阶空间自相关与三次趋势面都是决定我国人均 FDI 集聚分布的空间原因。

（二）趋势面

我国地图上有 601 个城市坐标，可以用（4-3）式估计的拟合值划出一定间隔的趋势等值线图，并由计算机画出的不同等级区，从而得到我国人均 FDI 分布的趋势图（图 4-4）。明显看出，我国人均 FDI 分布有五个区域，一是有两个集聚区域，人均 FDI 大于 50 美元，一个东部沿海，以东南沿海更为突出，其人均 FDI 在 100 以上，另一个在西北地区，位于东经 76—95 度，北纬 35—44 度区域；二是两个零集聚区域，一个地西南地区，位于东经 85—105 度，北纬 22—34 度区域，另一个在北部，位于北纬 45 度以上区域（其中有部分不属于我国地域）；其余是腹部弱集聚区域，人均 FDI 在 0—50 美元。很明显，FDI 在我国具有明显的集聚分布特征。

从空间因素看，FDI 在我国地域分布差距比较大。进一步从图 4-4 看出，重要的等值线有三条，分别为 0 线、50 线和 150 线。这三条等值线把我国 FDI 分布分成四个等级：（1）强集聚区域，主要是东南沿海地区；（2）次强集聚区，一是新疆北部区域，二是次东南沿海带和其他沿海区带；（3）弱集聚区，我国腹部地区；（4）零集聚区，我国北部和西南地区，FDI 极少分布区域。总体而言，除新疆有局部的 FDI 集聚外，FDI 主要分布在东部沿海地区，以东南沿海更为突出，内陆地区和沿边地区离 FDI 的输出地比较远，FDI 分布较少。这验证了 FDI 输出由近及远按顺序进行的一般特点。

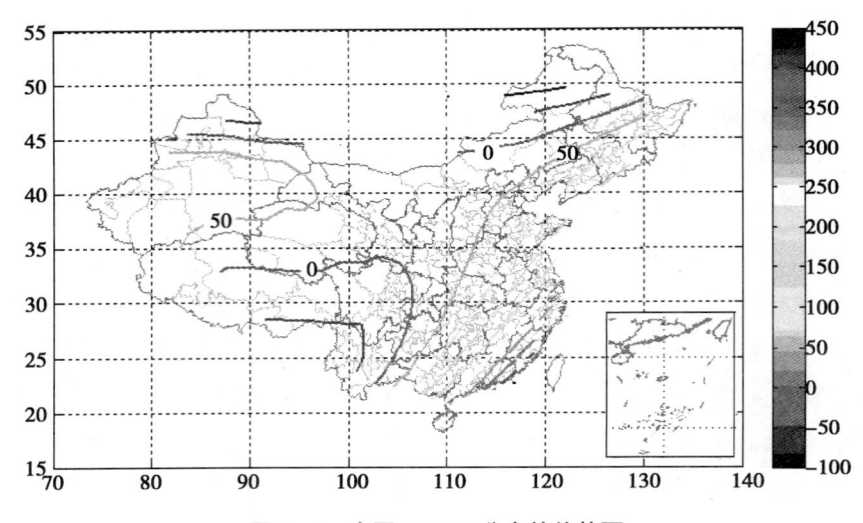

图 4-4　中国 PCFDI 分布的趋势面

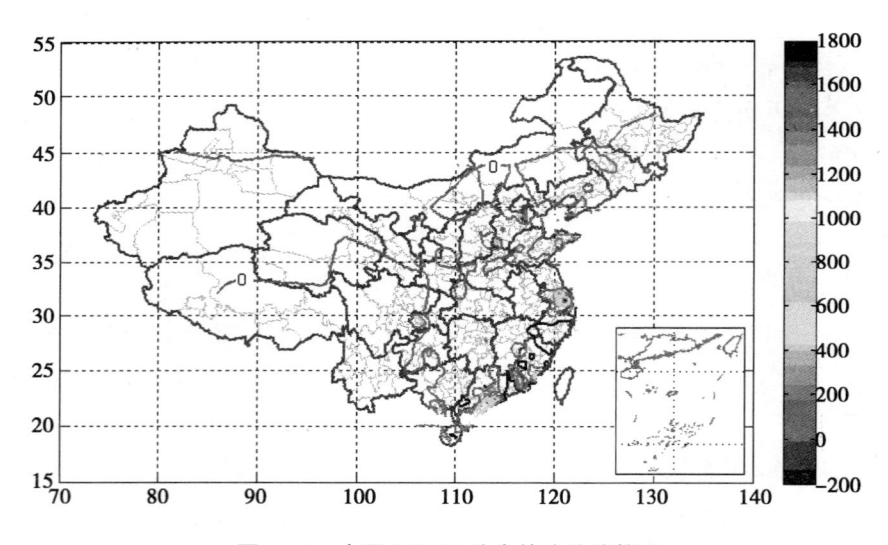

图 4-5　中国 PCFDI 分布的残差趋势面

（三）残差趋势面

以（4-9）式得到我国人均 FDI 分布的非空间因素趋势图（图 4-5）。明显看出，我国人均 FDI 分布有非空间因素的五个优势区，主要是以上海为核心的长三角区，广东的珠三角区，福建、广西、胶东半岛和成渝区（图 4-5）。总体上看，东部沿海吸引 FDI 的非空间因素更为突出，主要是由于经济发展和产业集聚因素所致。

第二节　中国 FDI 产业的空间自相关与集聚结构
——再论为什么 FDI 不集聚西部

一　引言

改革开放以来，FDI 大规模流入我国。FDI 在中国表现出空间与产业双重集聚的特点，这决定了 FDI 产业对地区工业的重要影响，其深远影响又莫过于促进中国工业集聚格局的变化，加大了地区发展差距。如何促进 FDI 西进，推动 FDI 产业在空间合理分布，已成为我国政策关注的重要问题。

目前，中国政府面临的严峻挑战之一就是地区间经济发展不平衡，东西部经济差距日益拉大，地区间收入差异也日益加剧。在这种情况下，促进区域经济协调发展成为国家关注的重点。我国先后实施了西部大开发，促进中部地区崛起战略，制定了《中西部外商投资目录》，鼓励 FDI 向中部和西部转移，力图通过增加中部、西部尤其是西部利用 FDI，发挥 FDI 积聚效应和辐射效应来促进区域经济的协调发展。然而，十年来，FDI 的空间分布格局几乎没有改变，FDI 没有明显西进，难以形成合理的 FDI 空间发展格局。

为什么 FDI 不集聚西部或西进？这是一个与 FDI 区位因素有关的问题。商务部和中国社会科学院联合课题组（2004）对我国外商投资梯度转移问题进行研究，结果也表明：外资"西进"趋势并不明显，原因是西部地区观念落后，配套能力不高，基础设施不完善，专业人才供给不足，东部地区政府不愿意外资从本地转移出去；此外由于信息不对称，外商对西部缺乏了解，害怕上当受骗和安全没有保障，尽管中央对投资西部有优惠政策，但他们有的不敢贸然进入西部投资，有的还没有投资的打算。赵果庆（2004）应用动态经济学原理证实，由于西部 FDI 政策具有溢出效应，FDI 难以向西部转进。杨先明和袁帆（2009）从产业层面解释了 FDI 为什么不西进，其研究表明，劳动力成本、优惠政策等传统 FDI 区位变量未能较好地解释 FDI 的区位分布，新经济地理学所揭示的贸易成本、市场规模等在实证模型中具有统计显著性，而这些因素均对 FDI 分布给出不同的看法。目前，学术界能以传统的区位因素有效解释 FDI 分布，但为什么FDI不能西进尚未形成一致的观点。

我国FDI区位分布呈现出的不均衡与集聚性的特点，空间因素已引起了广泛关注。Coughlin等（2000）最早运用空间计量经济学方法对美国在华直接投资区位分布进行了研究，发现一个省区所吸引的FDI与周围省区的FDI呈现正相关关系。Ng和Tuan（2003）分析了20世纪80年代以来制造业的外商直接投资在中国区位分布。他们认为，由中国香港—珠江三角洲所构成的所谓"中心—外围"格局成功促进了来自中国香港地区及世界其他地区的FDI流入珠江三角洲的案例，诠释了集聚效应在吸引FDI中的重要性。王剑（2004）、王立平等（2006）基于省级截面数据对FDI区位的空间计量分析证实，除了传统区位条件之外，省份间的空间溢出效应显著影响了FDI的区位分布。李国平等（2007）、苏桔芳等（2008）运用省级空间面板数据模型进行的研究也得出了类似的结论。何兴强、王利霞（2008）运用空间面板计量方法研究发现，样本城市的FDI之间存在显著的空间效应，周边城市的FDI增量可以增加某城市的FDI流入量。罗雨泽、朱善利等（2008）采用大数据样本研究了FDI外溢效应在空间上的分布规律以及比邻效应。冯涛、赵会玉等（2008）运用空间统计学分析了中国31个省级区域和八大区域的FDI集聚特征及其影响因素，表明影响FDI的因素在地理空间上的非均衡集聚导致了迥然不同的区域引资格局。

显然，FDI的空间依赖性已得到越来越多文献的证实，众多学者从不同角度也实证检验了我国FDI的区位选择的空间因素。但是，现有成果几乎都忽略了FDI的产业功能，仍把FDI定位的一种资本来处理；另外，虽然有时注意到了空间联系作用的存在，但并没有一个明确的指标用来精确测度FDI空间集聚显著，也看不出FDI集聚类型与空间分布。实际上对于FDI，它是一个生产函数，FDI产业集聚效应通过地理溢出可以导致相邻区域FDI产业水平的提高，空间依存性使区域内资源成本上升，相邻区域变得更具有吸引力。

一般而言，对空间数据进行分析，主要是要了解研究对象在空间上的分布特征和空间依赖性。空间依赖性是指空间中存在的现象并非独立存在，与相邻空间单元中的现象存在着某种空间关联性。Anselin（1988）认为，由于受到地域分布连续空间过程的影响，许多区域经济现象在空间上具有自相关性。这种空间相关性在FDI产业分布上具体表现为一个地区FDI产业的发展不仅取决于自身区位条件，还会受到相邻地区的FDI产业影响。

正是有了上述原因，我们将验证我国 FDI 产业分布中空间相邻自相关性因素的存在性以及 FDI 的空间集聚的显著性，并揭示由空间因素决定的 FDI 空间集聚分布规律。与目前研究明显不同的是，我们以 2003 年、2008 年 31 个地区的 FDI 产业产值和相应空间数据（经度和纬度）为基础，进行空间自相关、空间集聚的显著性检验，并对 FDI 产业集聚进行分类与可视化，试图为 FDI 产业不向西进寻求一个新的解说。

二 FDI 产业分类与分布特征事实

（一）数据

这里使用的是 2003 年、2008 年全国 39 个 FDI 产业的数据仍取自《国研网数据库》。FDI 产业数为 39 个，其中 B 类 5 个，C 类 30 个，D 类 3 个，地区数为 31 个。有些产业在有些地区没有 FDI 产业分布，2003 年和 2008 年也有变化，2003 年总样本数为 845 个，2008 年样本数总为 922 个（数据及描述性统计与第二章第二节相同）。

（二）FDI 产业分布特征

观察表明，大量 FDI 产业集聚东部，加速东部沿海地区制造业向产业链高端集聚，使东部沿海地区正在成为世界制造业中心，而中西部尤其西部地区加工制造业持续衰退，低端原料型制造业集聚对生态与自然资源的依赖更加明显。表 4-3 看出，四类 FDI 产业具有不同的分布和发展态势。先从产值平均值看，2003 年和 2008 年四类 FDI 产业主要分布在 CH 类产业，占比重大于 50%，CL 类次之，比重 40% 以上，B 类和 D 类分布较少，比重不足 4%。从产值增量看，2003—2008 年，四类 FDI 产业都的不同幅度的增长，结构系数也发生了细微变化，B 类比重由 2003 年的 0.6965% 上升到 2008 年的 0.9439%，CL 类 42.14% 上升到 42.72%，CH 类由 54.07% 上升 53.91%，D 类由 3.07% 下降到 2.41%，这表明，FDI 流向 B 类和 CL 类，CH 类和 D 类产业的 FDI 有所减少。

再从分布看，2003 年和 2008 年，四类产业 JB 值大于 5% 水平的临界值 5.99。这说明，这四类 FDI 产业呈非正态分布；同时，2003—2008 年四类 FDI 产业 JB 值、偏度和峰度都有不同幅度下降。这说明，2003—2008 年，我国四分类 FDI 产业产值的离散性都增加，空间非均衡性有所收敛，集聚强度下降。

表 4-3　　　　2003 年、2008 年 FDI 产业分布数据描述性统计

平均值单位：千万元

产业	2003 年 平均值 ($\bar{x}$)	标准差 (s^2)	偏度 (s)	峰度 (k)	JB	2008 年 平均值 ($\bar{x}$)	标准差 (s^2)	偏度 (s)	峰度 (k)	JB
B	9.42	46.44	5.28	28.96	1015.04	45.02	146.52	5.11	27.78	927.99
CL	570.03	994.30	2.72	10.89	118.61	2037.57	3219.93	2.15	6.99	44.46
CH	731.36	1535.37	3.00	11.86	147.98	2571.63	5154.21	2.89	10.98	125.43
D	41.58	84.77	3.88	18.95	406.23	115.16	203.71	3.55	16.00	283.17

（三）区域结构

FDI 产业区域结构系数以某一区域的某一 FDI 产业产值占全部产业产值的比重来表示，用以初步测度的是一个产业的集中度。结构系数越大，表明该地区的某一 FDI 产业在该地区越有比较优势，专业化程度越强，集聚强度也越高。从表 4-4 数据得知，FDI 产业区域结构系数以东部最高，中部次之，西部最低，尤其是 CH 产业不足 3%，但 2003—2008 年，FDI 产业东部的结构系数有不同幅度下降，中部和西部有不同幅度上升，尤其是 B 类和 D 类上升幅度较大。这表明，FDI 产业有向中部和西部转移的趋势，尤其是向矿业和电力产业转移比较明显。

表 4-4　　　　2008 年我国 FDI 产业分类的地区结构

区域	2003 年 B	CL	CH	D	2008 年 B	CL	CH	D
东部	95.3303	88.6413	91.3525	81.9940	75.3654	86.2846	90.6876	76.2810
中部	3.6646	6.5315	6.5284	12.8228	11.9164	8.6837	6.8343	16.2672
西部	1.0051	4.8272	2.1191	5.1832	12.7182	5.0317	2.4781	7.4518

三　FDI 产业空间集聚的显著性检验

从表 4-5 的数据得知，三个地区 FDI 产业的集中度在 2003 年均高于 50%，其中 B 类产业高达 92.75%，就制造业而言，CH 类高制造业空间集中度高于 CL 类产业集中度；到 2008 年，除 CL 类产业集中度低于 50% 外，B 类、CH 和 D 类集中仍高于 50%。从集中度变化看，2003—2008 年四类 FDI 产业的集中度有不同幅度下降，其中 B 类产业下降达 20 个百分点以上，

CL、CH 和 D 类下降近 3 个百分点以上。再从三地区构成看，2003 年除中部的山西外，全部都是东部地区，其中排在最前的广东，其次江苏和上海；2008 年，西部的内蒙古进入 B 类 FDI 产业前三强，山西退居 B 类 FDI 产业第三位，而 CL 类、CH 类和 D 类三强仍是东部地区，广东位居第一的地位没有改变。这几方面表明，FDI 产业绝大部分集聚东部，中部和西部分布较少，当然，FDI 产业尤其是 B 类产业具有向中部和西部转移的倾向。

表 4-5 2003 年、2008 年我国 FDI 产业分类的地区集中度

类别	2003 年 CR$_3$	地区构成	2008 年 CR$_3$	地区构成
B	92.75	广东、山西、福建	70.109	广东、内蒙古、山西
CL	50.82	广东、江苏、上海	48.102	广东、江苏、山东
CH	64.97	广东、上海、福建	62.312	广东、江苏、上海
D	55.72	广东、江苏、山东	52.174	广东、江苏、山东

用表 4-3 中的峰度、偏度数据，以（2.2）式进行计算，2003 年、2008 年 FDI 产业的集聚强度都大于 18.42，为强集聚，其中 B 类和 D 类 FDI 产业集聚强度很高；同时，2003—2008 年四类 FDI 产业的集聚强度有不同幅度下降（表 4-6）。总体上，尽管我国 FDI 产业体系空间集聚强度很高，但 FDI 产业在空间仍有扩散趋势。

表 4-6 2003 年、2008 年我国分类 FDI 产业的集聚强度

年份	B	CL	CH	D
2003	708.910	110.882	137.495	319.728
2008	654.676	44.332	119.149	238.099

四 FDI 产业空间相邻自相关性、集群与空间分布

（一）空间相邻自相关性检验

空间自相关的根本出发点是基于地理学第一定律，即空间上分布的事物是相互联系的，近距离事物之间的相互作用力大于远距离事物之间的相互作用力。所谓的空间相邻自相关，是指一个区域分布的地理事物的某一属性和其他相邻事物的同种属性之间存在相关关系。空间相邻自相关的基

本度量标准是空间相邻自相关系数，由空间相邻自相关系数测量和检验空间事物及其某一属性是高高相邻分布、高低相邻错落分布。

FDI产业具有空间相邻自相关性，这在一定程度说明一个地区FDI产业与一个或多个相邻地区FDI产业之间的相关，但还不能揭示FDI产业地区间集聚状况。因此，为了探讨地区间FDI产业集聚类型与分布，需要检验FDI产业的相邻自相关性。这里我们采用空间相邻自相关系数检验研究地区FDI产业值（y_i）与FDI产业空间相邻产值（$W_{ij}^q y_i$）之间相关性强弱。计算公式（罗宏翔、赵果庆，2012）：

$$r_{(y, wq, y)} = \frac{\sum_{i=1}^{n}(y_i - \underline{y_i})(W_{ij}^q y_i - \underline{W_{ij}^q y_i})}{\sqrt{\sum_{i=1}^{n}(y_i - \underline{y_i})^2 \sum_{i=1}^{n}(W_{ij}^q y_i - \underline{W_{ij}^q y_i})^2}} \quad (4.10)$$

（4.10）式中，W_{ij}^q（$q=1, 2, \cdots, 6$）为 q 阶相邻矩阵，也就是 n 个空间单元之间相互关系网络结构的一个矩阵。第 i 行和第 j 列的矩阵元素，行和列都对应空间单元，对角线上的元素为零（王立平、万伦来，2008）。标准的一阶到六阶相近 W_{ij} 分别为：

$$W_{ij}^1 = \begin{cases} 1 \\ 0 \end{cases}, W_{ij}^2 = \begin{cases} 0.5 \\ 0 \end{cases}, W_{ij}^3 = \begin{cases} 0.3333 \\ 0 \end{cases}, W_{ij}^4 = \begin{cases} 0.25 \\ 0 \end{cases}, W_{ij}^5 = \begin{cases} 0.2 \\ 0 \end{cases}, W_{ij}^6 = \begin{cases} 0.1667 \\ 0 \end{cases}$$

当空间单元 i 与空间单元 j 相邻接，W_{ij} 不为零，当空间单元 i 与空间单元 j 不相邻接，W_{ij} 为零。W_{ij}^q 是稀疏矩阵，以（4.10）式中计算的 $r_{(y, wq, y)}$ 为空间相邻自相关，简称"空间自相关"。

我国31个地区政府所在地经度和纬度（来自Goole Earth）计算可而得 W_{ij}^q 的稀疏矩阵结构图（图4-6）。对31个地区来说，$n=31$，自由度为30。以此，在0.5%显著性水平上，当 $r_{(y, wq, y)} > 0.349$，则空间自相关性显著，当 $r_{(y, wq, y)} < 0.349$，则空间自相关性不显著。

（二）FDI产业空间自相关性检验

表4-7报告的是以（4.10）式计算的2003年、2008年四类FDI产业空间自相关系数。从产业看，B类、D类FDI产业的空间自相关系数在5%的水平上低于临界0.349，也就是B类和D类FDI产业的空间自相关不显著；而2003年CL类和CH类FDI产业的四阶空间自相关系数在5%

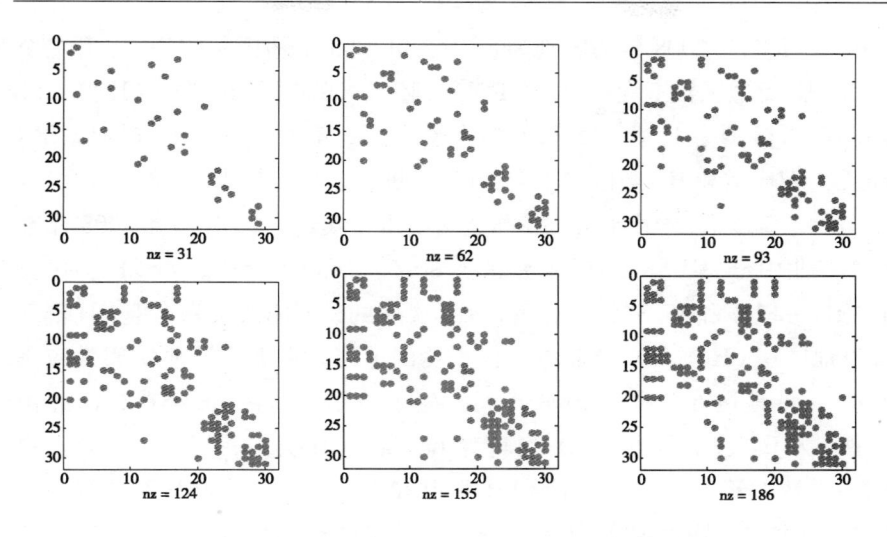

图 4-6　我国 31 个省市区 1—5 阶稀疏矩阵结构

上显著，2008 年 CL 类和 CH 类 FDI 产业的四阶空间自相关系数在 5% 的水平上显著，且自相关系数最大。同时，CH 类 FDI 产业空间自相关系数几乎不变，而 CL 类 FDI 产业空间相邻自相关系数有所提高（表 4-7）。显然，综合集聚与空间相邻自相关，CL 类、CH 类 FDI 产业为空间依赖型集聚，而 B 类和 D 类 FDI 产业为非空间依赖型集聚。

表 4-7　2003、2008 年 FDI 产业空间自相关系数值

类别	2003 年				2008 年			
	B	C_1	C_2	D	B	C_1	C_2	D
$r_{(y,\,W_{fp}^1)}$	-0.0115	0.2017	0.2719	0.2317	-0.0473	0.2782	0.1945	0.2068
$r_{(y,\,W_{fp}^2)}$	-0.0374	0.2250	0.3302	0.1698	-0.059	0.2536	0.0773	0.0798
$r_{(y,\,W_{fp}^3)}$	-0.0683	0.2436	0.2628	-0.0181	-0.0941	0.2287	0.1793	-0.0228
$r_{(y,\,W_{fp}^4)}$	-0.0675	0.4084	0.3979	0.1580	-0.0732	0.4321	0.394	0.0706
$r_{(y,\,W_{fp}^5)}$	-0.0720	0.3297	0.3302	0.1698	-0.0889	0.3598	0.3365	0.2467
$r_{(y,\,W_{fp}^6)}$	-0.0823	0.3397	0.3402	0.1798	-0.0889	0.3698	0.3475	0.2569

（三）FDI 制造产业空间集群分布

CL 类和 CH 类 FDI 产业的四阶空间自相关系数为最大。以此，可以进一步根据空间自相关把 CL 类和 CH 类 FDI 产业空间集聚为四类集群。CL 类 FDI 产业中，2003 年 HH 群、LH 群、LL 群和 HL 数量分别为 4、8、

16和3个地区，2008年为分别为5、9、14和3个地区，HH类上升1个地区，HL类地区数不变；CH类FDI产业中，2003年HH群、LH群、LL群和HL群分别为4、8、15和4个地区，2008年为分别为4、6、17和4个地区，HH类和HL类区数不变，LL类明显上升（表4-6）。

表4-8显示，HH群和HL群是两个重要集群。2003年和2008年在CL类产业中分HH群和HL群别占近80.69%和82.35%，在CH类中分别占到88.81%和87.34%。尽管在CH类中的份额略有下降，但HH群和HL群地区在CH类FDI产业占有很重要的地位。在FDI产业空间效应影响下，一些地区在2003—2008年间发生了转型，如在CL类中，河北由LL型转为HH型，江西由LL型转为LH型；CH类中，辽宁、吉林、黑龙江由LH型转为LL型。对于LH集群和HL集群，其中有至少有一个CL类和CH类FDI产业的H类地区，这种空间相邻分布中有较多FDI产业转移和空间效应发生，而LL集群则是FDI产业很少有空间效应发生，"穷人"俱乐部的成员大多数是西部地区。

表4-8 2003年、2008年我国FDI产业CL和CH分类空间集聚分类

单位：%

产业	集群	2003年 地区	比重	2008年 地区	比重
CL类	HH	浙江、上海、江苏、福建	41.26	浙江、上海、江苏、河北、福建	46.80
CL类	LH	天津、海南、北京、湖南、湖北、河南、安徽、广西	9.80	天津、海南、北京、湖南、湖北、河南、安徽、广西、江西	10.38
CL类	LL	河北、山西、江西、吉林、黑龙江、重庆、云南、新疆、西藏、四川、陕西、青海、宁夏、内蒙古、贵州、甘肃	9.52	山西、吉林、黑龙江、重庆、云南、新疆、西藏、四川、陕西、青海、宁夏、内蒙古、贵州、甘肃	7.27
CL类	HL	广东、山东、辽宁	39.43	广东、山东、辽宁	35.55
CH类	HH	浙江、上海、江苏、福建	43.42	浙江、上海、江苏、福建	42.33
CH类	LH	辽宁、海南、吉林、湖南、湖北、黑龙江、安徽、广西	7.91	海南、湖南、湖北、安徽、广西、江西	4.32
CH类	LL	河北、山西、江西、河南、重庆、云南、新疆、西藏、四川、陕西、青海、宁夏、内蒙古、贵州、甘肃	3.28	辽宁、河北、山西、吉林、河南、重庆、云南、新疆、西藏、四川、陕西、青海、宁夏、内蒙古、贵州、黑龙江	8.34
CH类	HL	天津、山东、广东、北京	45.39	天津、山东、广东、北京	45.01

进一步看，2008年，CL类FDI产业有两个HH集群区，一个由浙江、上海、江苏和福建构成，以长三角为主心主集聚区，另一个以河北形成副集聚区，再加上HL类的广东、山东、辽宁，形成了一个沿海CL类FDI产业集聚带；除内蒙古、吉林、黑龙江外，湖南、湖北、河南、安徽、广西和江西地区形成了一个CL类FDI产业转移和溢出效应的承接区域，广大的西南和西北地区离CL类FDI产业扩散源比较远（图4-7）。CH类FDI产业的HH群分布在浙江、上海、江苏、福建构成的长三角地区，再加上HL群的天津、山东、广东、北京，CH类FDI产业已形成沿海高水平集聚带，LH类的湖南、湖北、安徽、广西、江西形成连片，形成CH类FDI产业转移的承接带，而西部地区和部分中部地区形成广大低水平集聚区（图4-8）。

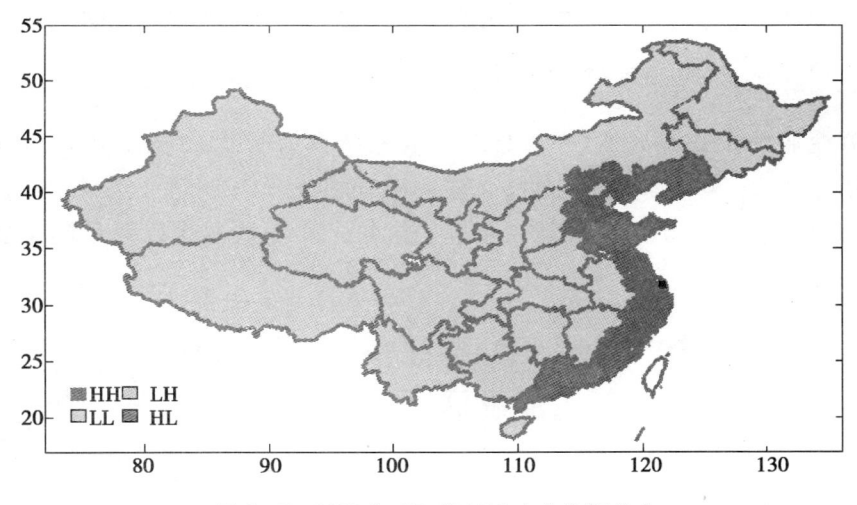

图4-7 2008年CL类FDI产业集聚分布

可以看出，CL类与CH类FDI制造业的空间集聚形态略有不同，主要表现在，CH类的HH集群更集中，HL类和LH类有所收缩，而LL类面积扩大。这表明，CH类FDI产业空间集效应范围更小，广大中西部尤其是西部地区更难得到FDI产业转移和溢出效应。FDI制造业集聚东部沿海地带，中南部地区已形成一个FDI制造业转移和溢出效应的承接带，而西部、北部却距离FDI制造业集聚区较远，形成中心—外围结构。Arrow（1971）与Findlay（1978）认为，FDI的外溢发生机理与疾病传染原理相似，距离FDI越近的产业，与之接触越频繁，外溢的速度也就越快，吸收的外溢效应也就越高。一些研究已经表明，FDI外溢效应存在空间差异，

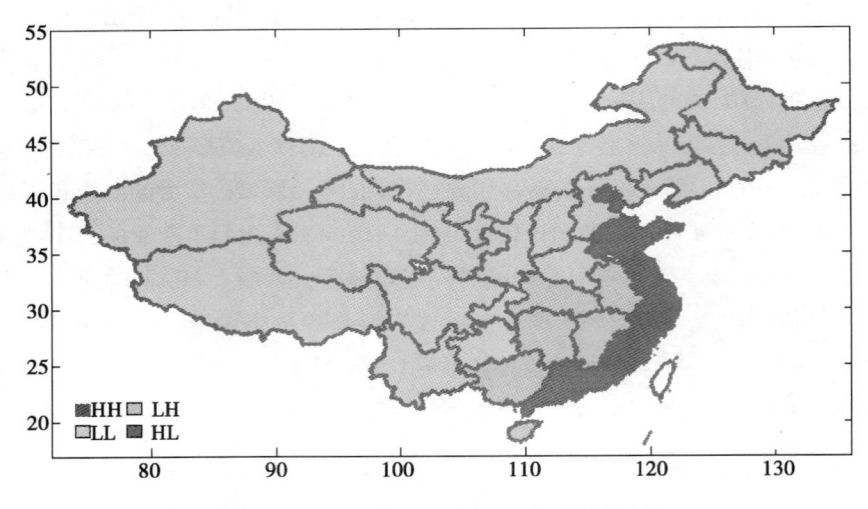

图 4-8 2008 年 CH 类 FDI 产业集聚分布

FDI 企业处于集聚地区要比处于分散地区具有更大的技术转移效应（Thompson, 2002）。总体上说，西部一方面距离 FDI 制造业集聚中心较远，另一方面由于中部隔离带存在，这是 FDI 制造业难以西进的主要原因。

第三节 中国 FDI 空间集聚、溢出与汽车制造业发展

——基于空间面板数据模型

一 引言

1984 年，中国汽车制造业开始引进 FDI，实施"市场换技术"的战略，汽车制造业的迅速发展，汽车产量急剧增长。2009 年，中国汽车产量为 1379.1 万辆，超过日本位居世界第一，占世界汽车产量比重由 2000 年的 3.6% 上升至 22.6%。而 2008 年，中国汽车业产值的 51.79% 来自 FDI 企业贡献，自主轿车品牌的市场占有率仅有 29.67%。显然，在"市场换技术"战略中，汽车市场大部分江山已由跨国汽车公司占领。"市场换技术"一定程度演化为"空间换技术"。这与其他大国汽车发展道路截然不同。可以毫不夸张地说，改革开放后中国汽车制造业发展的历史其实

就是一部与国外汽车制造业争夺空间的历史。然而，FDI 汽车制造业空间效应却一直没有引起较大关注。

一般而言，汽车大国的汽车发展空间集中度由分散走向高度集中，由国内市场培育出几种名牌，当汽车制造业进入饱和期后再向国外扩张。然而，在我国，一方面受国家产业政策倾斜，另一方面汽车制造业具有较长的产业链和带动效应，我国大部分地区都把汽车制造业作用支柱产业发展，我国汽车制造业反而由空间集中走向分散。当然，这其中跨国公司起了重要作用。由于 FDI 进入汽车行业特别是整车行业仍有很高的壁垒，国家汽车制造业政策明确规定，外资整车企业只能与中国内地企业合资生产汽车，不能采取独资形式进入中国市场。同时，由于各地发展汽车制造业的普遍愿望和竞争，为跨国汽车公司纷纷进入我国创造了有利条件。各大跨国汽车公司在空间上通过合资划分自己地盘，品牌林立，导致了中国汽车制造业集中度比较低，按产业竞争理论，我国汽车制造业仍处在竞争状态。这不仅给中国汽车制造业空间结构调整带来困难，也给民族汽车制造业培育产生巨大阻碍。2009 年 3 月我国颁布《汽车产业调整和振兴规划》，正式提出鼓励汽车企业集团在全国范围内兼并重组。《规划》中提出，通过兼并重组，形成 2—3 家产销规模超过 200 万辆的大型汽车企业集团，这将对汽车制造业的空间分布调节与集聚产生重要影响。究竟中国汽车制造业是否存在空间集聚效应？FDI 汽车制造业对中国汽车制造业以及地区民族汽车制造业发展起何作用？这显然是中国汽车产业要面对的问题。

我国汽车区位分布呈现出不均衡与集聚性的特点，空间因素已引起了广泛关注。世界汽车制造业空间组织经过初始分散阶段、大规模生产初期的高度集中阶段、"核心—边缘"结构阶段和网络化分散阶段（刘卫东、薛凤旋，1998）。中国制造业空间分布却经历了集中到分散的演化。F. S. Sit 和 Weidong Liu（2000）分析了 20 世纪 50 年代以来，尤其是 20 世纪 80 年代到 20 世纪末，中国汽车制造业空间结构变化，以及对 FDI 产业发展的路径依赖。颜炳祥和任荣明（2007）分别利用地点系数法和集群指数法计算了我国汽车产业 2002—2004 年的三类 LQ 系数和地理集中指数，结果表明汽车产业的集聚程度与汽车产业的发展高度正相关；我国部分地区的汽车产业已经出现了集聚现象，但汽车产业整体的集聚强度偏低，整体产业布局比较分散。何婷婷（2008a）利用集中度、基尼系数、赫芬达尔指数几个指标，对我国整个汽车产业的集聚性进行了统计研究，结论表明，我国汽车产业已显现出一定的空间集聚，主要集中在汽车产业根基较好或经济发展水平较高的地区，但集聚水平提高的速度较慢，目前还处于空间集聚的初级阶段。何婷婷（2008b）从各地区汽车产业以及集群竞争力同空间集聚水平结合来看，汽车产业以及集群竞争力强的省市大都是汽车产业空间集聚的上位区域，两者之间存在着一定的对应关系。

显然，学术界对中国汽车业空间集聚有一种共识，但空间集聚否有显著效应尚无定论。更重要的是，目前的研究还未涉及 FDI 汽车制造业对我国汽车制造业和内资汽车制造业空间分布的影响。尽管和国际上通行的发展轨迹有所差异，但是经历了几十年的发展后，中国汽车制造业出现空间集群化效应。直观上看，目前基本形成了长三角、东北、环渤海、华中、珠三角和西南六大空间集群区域，但这种空间集群划分仍有待实证。

汽车制造业空间集聚是汽车制造业在一定地域范围内的集中与聚合。一般而言，对空间数据进行分析，主要是要了解研究对象在空间上的分布特征和空间依赖性。空间依赖性是指空间中存在的现象并非独立存在，与相邻空间单元中的现象存在着某种空间相关性。这种空间相关性在汽车制造业分布上具体表现为一个地区汽车制造业的发展不仅取决于自身区位条件，还会受到相邻地区的汽车制造业影响。有所不同的是，在我国汽车制造业空间分布受内资汽车制造业和 FDI 汽车制造业的共同影响。

可以推论，FDI 汽车制造业是影响我国汽车制造业空间集聚分布的重要因素。基于这个假设，我们首先检验中国汽车制造业包括内资汽车和 FDI 汽车制造业空间集聚强度与显著性，利用空间统计方法对中国汽车制造业空间集群进行划分与可视化，进一步利用空间计量经济学方法对中国汽车制造业空间相邻效应、区位效应和 FDI 汽车制造业空间溢出进行估计。

二 中国汽车制造业：数据与 FDI 产业贡献

（一）数据来源

我们使用的 2003—2008 年汽车制造业的数据来自《国研网数据库》。在统计数据上，中国汽车制造业可以分成 FDI 制造业与内资制造业两个子系统，其中 FDI 汽车制造业数据为外商和港澳台投资产业数据，内资汽车制造业数据为全部汽车制造业数据减去相应的外商和港澳台投资汽车制造产业数据所得。

(二) 数据特征

表4-9看出,汽车制造业的不同部分表现出不同的分布和发展态势。从产值看,2003—2008年我国汽车制造业产值增加了2.75倍,内资汽车制造业增加了2.40倍,FDI汽车制造业增加了3.18倍,明显高于内资汽车制造业,处在高速扩张期;FDI汽车制造业占汽车制造业产值比重由2003年的44.73%上升到51.79%,已占到我国汽车制造业的半壁江山。从极差看,由于在2003年、2008年各类汽车制造业的产值最小值为零,31个地区中至少有一个地区没有汽车制造业分布。这样,出现全部汽车制造业产值极差最高,FDI汽车制造业次之,内资汽车制造业最低的格局。

我国各类汽车制造业分布的有较大差异(表4-9)。从偏度和峰度看,内资汽车制造业的偏度和峰度在上升,而FDI汽车制造业的偏度和峰度在下降,全部汽车制造业的峰度从2004年开始小于3,而内资汽车制造业和FDI汽车制造业仍为超峰分布。2003—2008年内资汽车制造业和FDI汽车制造业JB值大于5%水平的临界值5.99,而全部汽车制造业JB值却从2005年后小于临界值,为正态分布;同时,内资汽车制造业JB值有所上升,全部汽车制造业JB值有所下降,FDI汽车制造业JB值出现波动,2005年后了出现了回升。很明显,2003—2008年我国FDI汽车制造业离散系数高于内资汽车制造业,全部汽车制造业离散系数最低。这说明全部汽车制造业空间非均衡性有所收敛,集聚强度下降,而内资汽车制造业集聚强度值却有上升趋势。

表4-9　　2003—2008年中国汽车制造业分布数据描述性统计

单位:千元

汽车制造业	年份	平均值 ($\bar{x}$)	最大值 (Max)	最小值 (Min)	标准差 (s^2)	偏度 (s)	峰度 (k)	JB	离散系数 ($s^2/\bar{x}$)
全部	2003	26760977	1.37×10^8	0	33762059	1.9075	6.4067	33.7893	1.2616
	2004	31971775	1.36×10^8	24862	37011119	1.3641	4.1069	11.1961	1.1576
	2005	35648602	1.26×10^8	9917	37965946	0.9179	2.5585	4.6047	1.0650
	2006	48006166	1.53×10^8	14759	50625370	0.8635	2.3701	4.3651	1.0546
	2007	63840501	2.11×10^8	7734	67751524	0.9213	2.5651	4.6293	1.0613
	2008	73583475	2.49×10^8	0	78187563	0.9847	2.7907	5.0660	1.0626

续表

汽车制造业	年份	平均值 ($\bar{x}$)	最大值 (Max)	最小值 (Min)	标准差 (s^2)	偏度 (s)	峰度 (k)	JB	离散系数 ($s^2/\bar{x}$)
内资	2003	14790813	63253128	0	17363979	1.3757	3.8121	10.6295	1.1740
	2004	16557067	74106133	24862	20008278	1.6167	4.6716	17.1132	1.2084
	2005	17868030	76052092	9917	21301633	1.6192	4.6285	16.9711	1.1922
	2006	21959845	1.08×10^8	14759	26446840	1.7651	5.6223	24.9796	1.2043
	2007	29666038	1.41×10^8	7734	34608671	1.6615	5.3470	21.3776	1.1666
	2008	35472838	1.90×10^8	0	43019178	1.9090	6.7544	37.0352	1.2127
FDI	2003	11970164	1.22×10^8	0	24673273	3.3375	14.4208	226.0298	2.0612
	2004	15414708	1.11×10^8	0	25311141	2.3447	8.3313	65.1170	1.6420
	2005	17780572	97792443	0	26140356	1.8143	5.5411	25.3465	1.4702
	2006	26046321	1.40×10^8	0	37194632	1.7788	5.4583	24.1533	1.4280
	2007	34174463	1.97×10^8	0	48844859	1.8461	5.9355	28.7397	1.4293
	2008	38110636	2.33×10^8	0	54752657	1.9649	6.6535	37.1891	1.4367

(三) FDI 汽车制造业贡献

FDI 汽车制造业对全国汽车制造业的产值、人员和资产参与度有较大差异（表4-10）。从产值看，2003年福建、上海、广东、天津、广西、青海、江西、吉林、北京9个地区的产值对参与度高于全国平均水平，2008年广东、天津、上海、黑龙江、福建、辽宁、北京、湖北、广西、吉林、江西11个地区的人员参与度高于全国平均水平。从人员看，福建、上海、广东、天津、江西、广西、北京、河北、安徽9个地区，2008年广东、天津、福建、上海、江西、黑龙江、湖北、辽宁、北京、江苏、广西11个地区高于全国平均水平。从资产看，福建、上海、广东、广西、北京、天津、江西、青海、河北9个地区，2008年广东、天津、黑龙江、福建、北京、辽宁、江西、广西、上海、湖北10个地区FDI汽车制造业资产参与度高于全国平均水平。FDI汽车制造业参与度较高的地区主要分布在东部、东北和中部地区，西部较少。

表 4-10　　2003 年、2008 年 FDI 汽车制造业对中国地区汽车
制造业产值、资产和人员参与度

单位:%

地区	产值 2003	产值 2008	人员 2003	人员 2008	资产 2003	资产 2008	地区	产值 2003	产值 2008	人员 2003	人员 2008	资产 2003	资产 2008
北京	44.83	60.60	27.36	39.16	50.14	64.50	河南	25.21	18.51	6.60	17.54	26.42	23.26
天津	55.15	90.04	41.16	69.31	48.38	78.50	湖北	21.28	60.24	3.69	41.39	4.56	48.93
河北	28.06	24.28	23.64	28.11	28.20	29.58	湖南	5.81	6.25	3.52	8.11	4.81	8.91
辽宁	17.39	61.26	17.55	40.36	13.58	61.60	内蒙古	23.32	13.96	13.30	12.05	27.12	22.18
上海	89.00	81.12	61.17	60.11	80.28	57.24	广西	53.89	58.64	29.86	37.31	50.76	57.30
江苏	21.75	44.05	13.76	38.30	18.43	43.22	重庆	24.49	36.37	10.39	16.42	14.33	25.24
浙江	8.88	20.06	8.11	21.73	9.29	23.09	四川	15.25	20.00	5.11	10.14	15.39	21.27
福建	93.34	66.73	73.69	64.66	88.42	73.43	贵州	17.45	8.38	5.94	3.51	27.27	5.33
山东	12.17	17.33	13.37	21.80	12.55	16.14	云南	2.32	1.09	2.14	2.72	4.26	2.79
广东	88.79	94.43	55.66	81.44	71.41	92.78	西藏	0.00	0.00	0.00	0.00	0.00	0.00
海南	1.31	10.12	5.43	24.11	2.40	15.61	陕西	0.00	22.93	0.00	22.66	0.00	16.41
山西	6.59	19.17	6.35	10.78	3.47	13.83	甘肃	32.25	33.43	1.24	13.19	3.02	15.01
吉林	48.24	56.81	8.75	18.20	26.96	40.41	青海	53.11	30.71	5.50	20.75	33.86	17.25
黑龙江	3.97	71.14	8.06	44.67	6.97	76.79	宁夏	0.00	0.00	0.00	0.00	0.00	0.00
安徽	27.20	34.52	19.52	26.84	20.29	30.55	新疆	0.00	0.00	0.00	0.00	0.00	0.00
江西	50.15	50.64	37.35	45.58	44.75	58.67	全国	44.73	51.79	18.66	35.28	32.33	45.58

从总体上看,2003—2008 年 FDI 汽车制造业对中国地区汽车制造业产值、资产和人员参与度分别上升 7.06、16.62 和 13.25 个百分点。具体看,2003—2008 年 FDI 汽车制造业对中国地区汽车制造业产值、资产和人员参与度,西藏、宁夏和新疆参与度为 0;产值依存度有 20 个地区有不同幅度上升,8 个地区有不同幅度下降;资产依存度有 24 个地区有不同幅度上升,4 个地区有不同幅度下降;人员依存度有 21 个地区有不同幅度上升,7 个地区有不同幅度下降。2003—2008 年产值参与度上升的前五个地区为黑龙江、辽宁、湖北、天津、陕西,依次上升为 67.17、43.87、38.96、34.89、22.93 个百分点;资产依存度上升的前五个地区为湖北、黑龙江、天津、广东、江苏,依次上升为 37.7、36.61、28.15、25.78 和 24.54 个百分点;人员依存度上升的前五个地区为黑龙江、辽宁、湖北、天津、江苏,依次上升为 69.82、48.02、44.37、30.12 和 24.79 个百分点。2003—2008 年产值对参与度下降的前三个地区为福建、

青海和内蒙古，依次下降 26.61、22.4、9.36 个百分点；资产依存度下降的前五个地区为福建、贵州、内蒙古，依次下降 9.03、2.43 和 1.25 个百分点；人员依存度下降上升的前五个地区为上海、贵州和青海，依次下降 23.04、21.94 和 16.61 个百分点。可以看出，FDI 汽车制造业对地区汽车制造业参与度有所变化，东部地区除上海有所下降外，大部分地区还在上升，中部地区次之，西部上升较少，东部仍是 FDI 汽车制造业集聚的主要空间。

三 中国汽车制造业：空间集中、集聚与自相关

（一）集中度

从全部汽车制造业看，2003—2008 年 CR_1、CR_3、CR_4 和 CR_8 数值有不同幅度下降，上海由 2003 年的第一位退居第五位，吉林从 2004 年稳居第一位，广东从 2005 年开始保持在第二位，山东从 2007 年上升到第三位，2008 年天津进入前 8 强，北京退出前 8 强。从内资汽车制造业看，2003—2008 年 CR_1 值有明显上升、CR_3 略有不同幅度上升，而 CR_4 和 CR_8 数值有所下降，吉林由 2003 年、2004 年年的第一位退到 2006—2008 年的第三位，山东从 2005 年起稳居第一位，浙江从 2006 年起上升到第二位，2008 年河南进入前 8 强，北京退出前 8 强。再从 FDI 汽车制造业看，2003—2008 年 CR_1、CR_3、CR_4 和 CR_8 数值有不同幅度下降，上海由 2003 年、2004 的第一位退居第二位，广东从 2005 年开始保持在第一位，吉林和湖北从 2004 年起分别稳居第三位、第四位，2003—2008 年，FDI 汽车制造业前 8 强地区没有变化，只是位次出现了调整（表 4-11）。这几方面表明，在 FDI 汽车制造业参与下地区汽车制造集中度发生了较明显变化，前 8 强位次也发生变化，广东和上海位次明显上升，吉林上升也很明显。

从表 4-11 不难看出，FDI 汽车制造业集中度高于内资汽车制造业和全部汽车制造业集中度。这表明，FDI 汽车制造业参与降低了我国汽车制造业集中度。著名产业组织学家植草益根据产业集中度，对市场结构进行了划分，假定产值份额与市场份额相当，那么我国汽车制造业 CR_4 小于 40%，属于低集中空间竞争型；内资和 FDI 汽车制造业为高中寡占型。也就是说，我国汽车制造业仍处在空间竞争状态。

表4–11　2003—2008年我国汽车制造业产值空间集中度及地区构成

单位:%

汽车制造业	年份	CR_1	CR_3	CR_4	CR_8	CR_8地区构成
全部	2003	16.55	38.97	46.14	69.65	上海、吉林、湖北、江苏、广东、山东、浙江、北京
	2004	13.74	34.43	42.30	69.58	吉林、上海、湖北、广东、山东、江苏、北京、浙江
	2005	11.42	30.44	38.82	67.45	吉林、广东、上海、山东、江苏、湖北、浙江、北京
	2006	10.31	30.01	38.85	66.52	吉林、广东、上海、山东、湖北、江苏、浙江、北京
	2007	10.65	30.52	39.70	65.83	吉林、广东、山东、上海、湖北、浙江、江苏、北京
	2008	10.90	31.79	39.50	65.84	吉林、广东、山东、湖北、上海、江苏、浙江、天津
内资	2003	13.80	34.90	44.76	69.70	吉林、湖北、江苏、山东、浙江、重庆、辽宁、北京
	2004	14.44	38.31	47.78	69.61	吉林、山东、浙江、江苏、湖北、北京、重庆、安徽
	2005	13.73	38.64	48.35	67.32	山东、吉林、浙江、江苏、重庆、湖北、安徽、北京
	2006	15.91	38.38	47.66	67.71	山东、浙江、吉林、江苏、湖北、安徽、重庆、北京
	2007	15.37	37.05	45.90	66.15	山东、浙江、吉林、江苏、湖北、重庆、安徽、北京
	2008	17.26	37.93	46.41	67.28	山东、浙江、吉林、江苏、湖北、重庆、安徽、河南
FDI	2003	32.93	62.60	68.40	83.51	上海、吉林、广东、福建、北京、湖北、江苏、天津
	2004	23.25	51.00	59.78	80.52	上海、广东、吉林、湖北、北京、辽宁、天津、江苏
	2005	17.74	44.45	53.74	78.77	广东、上海、吉林、湖北、北京、天津、江苏、辽宁
	2006	17.36	43.61	52.82	77.85	广东、上海、吉林、湖北、北京、天津、江苏、辽宁
	2007	18.63	44.15	53.09	76.51	广东、上海、吉林、湖北、天津、辽宁、江苏、北京
	2008	19.73	43.71	52.69	77.01	广东、上海、吉林、湖北、天津、江苏、北京、辽宁

(二) 集聚强度

用表4–9中的峰度、偏度数据,以(2.2)式进行计算,2003—2008年我国汽车制造业的集聚强度持续减小,从2005年起处于集聚不显著状态，而正好相反，内资汽车制造业由 2004 年后转为集聚显著状态；FDI 汽车制造业一直处在强集聚状态，2003—2006 年呈减小趋势，2007—2008 年又有所回升（表 4-12）。总体上说，在 FDI 汽车制造业参与下，我国汽车制造业空间集聚强度已变得不显著，制造能力也有空间扩散趋势，空间集聚强度有所衰退。

表 4-12   2003—2008 年我国汽车制造业产值空间集聚强度

年份	全部汽车制造业	内资汽车制造产业	FDI 汽车制造业
2003	33.5740	5.7721	196.9387
2004	7.8008	13.9625	64.5848
2005	2.0939	13.6238	23.8190
2006	2.8103	23.9146	22.5925
2007	2.0701	20.1474	28.0000
2008	1.0647	37.0299	37.0905

（三）空间自相关性检验

表 4-13 报告的是以（4.10）式计算的 2003—2008 年我国各类汽车制造业平均产值对数值空间自相关系数。可以看出，各类汽车制造业平均产值对数的 1—6 阶空间自相关系数都大于 5% 的临界值，呈现出显著性。全部汽车制造业和 FDI 汽车制造业的 5 阶空间自相关系数最高，而内资汽车制造业两阶空间自相关系数最高。进一步比较看出，FDI 汽车制造业的空间自相关系数高于全部汽车制造业空间自相关系数，而内资汽车制造业的空间自相关系数低于全部汽车制造业空间自相关系数（表 4-13）。这说明，FDI 汽车制造业参与提高了我国汽车制造业的空间依赖程度。

表 4-13   2003—2008 年我国汽车制造业对数平均产值空间自相关系数

汽车制造业	$r_{(Lny, W_{ij}^1 Lny)}$	$r_{(Lny, W_{ij}^2 Lny)}$	$r_{(Lny, W_{ij}^3 Lny)}$	$r_{(Lny, W_{ij}^4 Lny)}$	$r_{(Lny, W_{ij}^5 Lny)}$	$r_{(Lny, W_{ij}^6 Lny)}$
全部汽车制造业	0.6762	0.6876	0.6926	0.6939	0.6941	0.6738
内资汽车制造业	0.6045	0.6680	0.6406	0.6420	0.6469	0.6518
FDI 汽车制造业	0.6512	0.6193	0.6671	0.6799	0.6968	0.6700

四 中国汽车制造业的空间集群

（一）相关图

中国汽车制造业具有显著的空间自相关性。这可以进一步根据空间自相关把各类汽车制造业的空间分布分为四类集群。以 2003—2008 年各类汽车制造业对数平均产值空间自相关系数的最大值计算 HH 群、LH 群、LL 群和 HL 群地区数量，全部汽车制造业分别为 16、4、7 和 4 个地区（图 4-9）；内资汽车制造业年为分别为 16、5、6 和 5 个地区（图 4-10），FDI 汽车制造业分别为 16、3、3 和 9 个地区（图 4-11）。相比较而言，各类汽车制造业的 HH 群地区数量相当，FDI 汽车制造业的 LL 群数量最多，说明 FDI 汽车制造业空间更集聚，空间效应更集中。

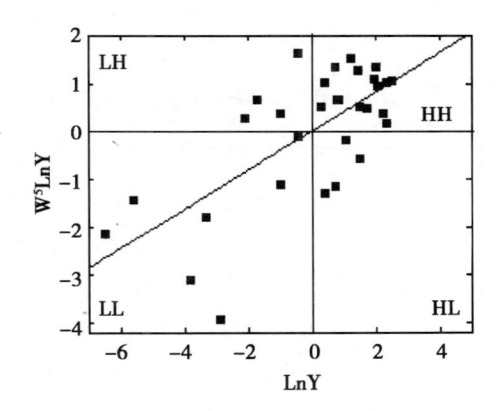

图 4-9　全部汽车制造业空间自相关

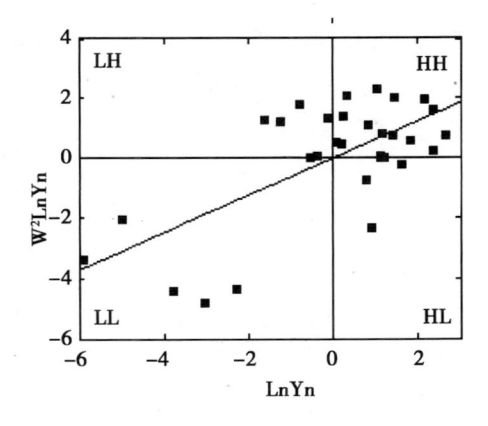

图 4-10　内资汽车制造业空间自相关

（二）地区构成

表 4-14 所列的是图 4-8、图 4-9 和图 4-10 的地区构成与产值份

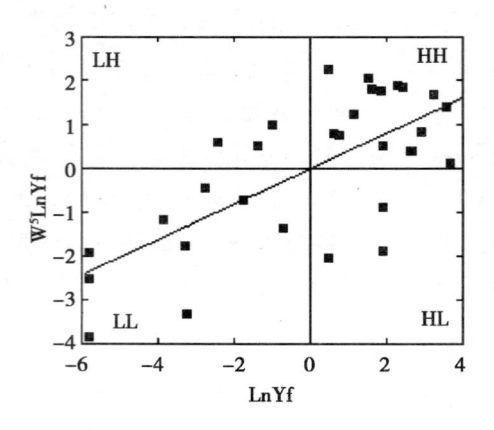

图 4-11 FDI 汽车制造业空间自相关图

额。HH 集群地区数量最多，产值份额最大，其相对集中在东北、华中、京津冀、长三角和珠三角地区，占全部汽车制造业的 87.30%，占内资汽车制造业的 82.54%，占 FDI 汽车制造业的 92.28%。HL 群也比较重要，其主要是分布在西部的广西、重庆、四川、陕西地区，占全部汽车制造业的 10.35%。HL 群的地区汽车制造业规模较小，但相邻地区制造业规模较大，容易得到空间溢出效应。而 LL 是汽车制造最不发达的区域，主要是云南、新疆、甘肃、青海、西藏、宁夏等西部地区，其占汽车制造业的份额只在 1% 左右。

从四类群看，HH 群和 LL 群是两个重要集群，HH 群是我国汽车制造业核心极，在空间分布中有较多有能力转移和空间效应，而 LL 群则是很难得到 HH 集群的空间辐射，这个"穷人"俱乐部的成员大多数是西部地区。

(三) 空间可视化

把表 4-14 中各类汽车制造业地区集群在空间展开后显示出各类汽车制造业具有相似的空间分布结构。这就是说，总体上我国汽车制造业，无论是内资汽车制造业，还是 FDI 汽车制造业，主要集中东部沿海及近沿海地带，西部和北部相对较少。对比图 4-12、图 4-13 不难看出，在 FDI 空间分布影响下，内资汽车制造业空间分布发生一些变化，如内蒙古由 LL 型变为 LH 型，河南由 HL 型变成 HH 型，福建由 LH 型变为 HH 型，云南由 LH 型变为 LL 型。从图 4-14 看，FDI 汽车制造业的 HH 型集群是连片的，加上作为 HL 型的广西、四川和重庆连片区域更大，贵州、陕西、海南、青海、甘肃、云南、西藏、宁夏、新疆所形成的区域难以得到 FDI 汽车制造业空间效应。

表 4 – 14　　　　2003—2008 年我国汽车制造业空间集聚分类

单位:%

汽车制造业	集群	地区	比重
全部汽车制造业	HH	吉林、上海、广东、山东、湖北、江苏、浙江、北京、天津、辽宁、安徽、河南、河北、福建、江西、湖南	87.30
	LH	黑龙江、山西、内蒙古、贵州	1.27
	LL	海南、云南、新疆、甘肃、青海、西藏、宁夏	1.08
	HL	广西、重庆、四川、陕西	10.35
内资汽车制造业	HH	山东、浙江、吉林、江苏、湖北、安徽、北京、辽宁、河北、四川、上海、湖南、天津、江西、广东、海南	82.54
	LH	福建、云南、黑龙江、山西、贵州	2.67
	LL	内蒙古、新疆、甘肃、青海、西藏、宁夏	0.81
	HL	河南、重庆、广西、陕西	13.98
FDI 汽车制造业	HH	广东、上海、吉林、湖北、天津、北京、江苏、辽宁、山东、福建、浙江、安徽、江西、河北、河南、黑龙江	92.28
	LH	湖南、内蒙古、山西	0.32
	LL	贵州、陕西、海南、青海、甘肃、云南、西藏、宁夏、新疆	0.34
	HL	重庆、广西、四川	7.03

五　计量实证模型

（一）全部汽车制造业空间效应的面板数据估计模型

从世界范围内看，沿海地区因有便利的出海港口，是产业集聚的主要区域，对相邻地区产生明显的空间效应。根据地理规律，空间辐射具有一定的限度，超过一定距离后辐射强度衰减为零。我国汽车制造业主要集聚在沿海地区，其空间效应具有一定的区域性，难以辐射到遥远的西部。我国汽车制造业的空间效应不仅与空间相邻有关，还可能与地区到沿海的距离有关；同时，由于空间集聚异质性，不同的集聚区域可能有不同的集聚效应。因此，为了识别不同的、最佳而全面的空间依赖模式，构造空间面

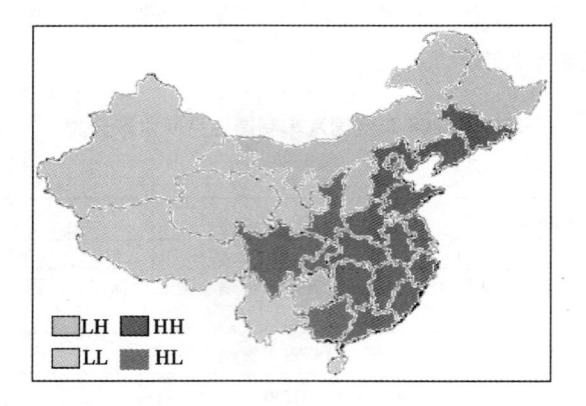

图 4-12 全部汽车制造业集聚分布

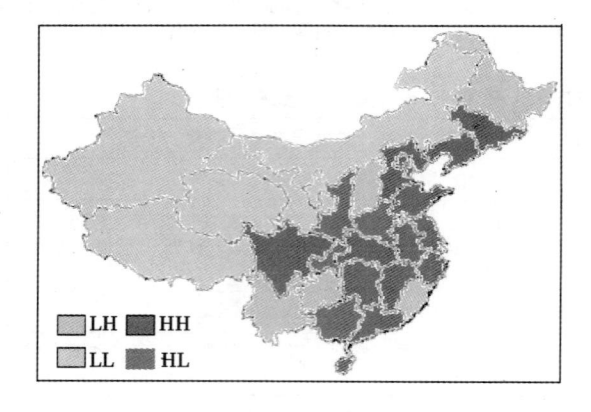

图 4-13 汽车制造业集群分布

板模型：

$$LnYA_{it} = \sum_{q=1}^{6} \lambda_q w_{ij}^q LnYA_{it} + u_{it} \quad (4.11)$$

(4.11) 式中，YA_{it} 为全部汽车制造业的产值（包括内资汽车制造业产值和 FDI 汽车制造业产值），w_{ij}^q 为 q 阶空间相邻矩阵（结构见图 4-6），$q(1, 2, \cdots, 6)$ 表示式空间相邻的阶数，λ_q 为全域空间相邻集聚效应。当进一步考虑地理区位和不同集群效应时，构造空间面板模型：

$$LnYA_{it} = \sum_{q=1}^{6} \lambda_q w_{ij}^q LnYA_{it} + \gamma D + \varphi_1 D_{HH}^A + \varphi_2 D_{LL}^A + \varphi_3 D_{HL}^A + \varphi_4 D_{LH}^A + u_{it}$$

(4.12)

(4.12) 式中，$D = 10000/d$（d 为省区到沿海的距离），代表区位效

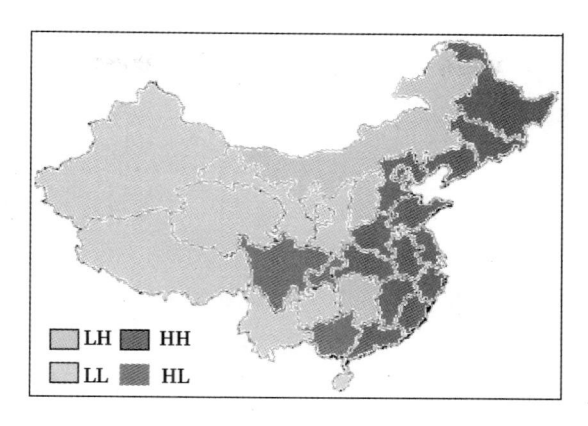

图 4－14 FDI 汽车制造业集群分布

应，D_{HH}^A、D_{LL}^A、D_{HL}^A 和 D_{LH}^A 分别表示全部汽车制造业 HH 类、LL 类、HL 类和 LH 类集聚效应的虚拟变量（Dum，下同），根据表 4－14 设定，如 D_{HH}^A 的 HH 类地区取值为 1，其他为 0。如果虚拟变量系数为正且显著，则表示所代表的集聚区具有显著的集聚效应，相反，虚拟变量系数为负且显著，则表示所代表的集聚区具有显著的集聚负效应。

（二）全部汽车制造业对两类汽车制造业空间效应的面板数据估计模型

我国汽车制造业空间依赖可以分为内资汽车制造业和 FDI 汽车制造业空间依赖两部分，由此计量模型：

$$LnYA_{it} = \sum_{q=1}^{6} \lambda_1^q w_{ij}^q LnYn_{it} + \sum_{q=1}^{6} \lambda_2^q w_{ij}^q LnYf_{it} + u_{it} \quad (4.13)$$

（4.13）式中，Yn_{it}、Yf_{it} 分别表示为内资汽车制造业和 FDI 汽车制造业的产值。在考虑地理区位和不同产业集群效应时，构造空间面板模型：

$$LnYA_{it} = \sum_{q=1}^{6} \lambda_1^q w_{ij}^q LnYn_{it} + \sum_{q=1}^{6} \lambda_2^q w_{ij}^q LnYf_{it}$$
$$+ \gamma D + \varphi_1 D_{HH}^f + \varphi_2 D_{LL}^f + \varphi_3 D_{HL}^f + \varphi_4 D_{LH}^f + u_{it} \quad (4.14)$$

（4.14）式中，D_{HH}^f、D_{LL}^f、D_{HL}^f 和 D_{LH}^f 分别表示 FDI 汽车制造业 HH 类、LL 类、HL 类和 LH 类集聚效应的虚拟变量，同样根据表 4－12 中 FDI 汽车制造业分类进行设定。

（三）内资汽车制造业对 FDI 汽车制造业空间效应的面板数据估计模型

FDI 汽车制造业已成为我国汽车制造业一个有机的组成部分，在轿车制造业中跨国汽车公司已是主导力量。为了进一步实证 FDI 汽车制造业空间集聚的溢出增长效应，把 FDI 汽车制造业空间集聚溢出效应分为资产集聚溢出和人员集聚溢出效应。在理论上，FDI 汽车制造业资产比重越高，资产空间集聚效应的可能性越大，FDI 硬技术溢出的增长效应也越大；同理，FDI 汽车制造业职工人数比重越大，FDI 汽车制造业人员集聚效应越强，FDI 软技术溢出的增长效应也越明显。当然，在一定程度上，FDI 硬技术和软技术集聚溢出的区分是相对的，这也意味着，FDI 资产集聚和人员集聚对内资汽车制造业的增长溢出效应并非是完全独立的，有时是相互作用的，甚至是互为条件的。估计内资汽车制造业和 FDI 汽车制造业技术依赖性的空间面板模型：

$$LnYn_{it} = \sum_{q=1}^{6} \lambda_q w_{ij}^q LnYn_{it} + \sum_{q=1}^{6} \eta_q^1 w_{ij}^q Sk_{it} + \sum_{q=1}^{6} \eta_q^2 w_{ij}^q Sl_{it} +$$

$$\eta_3 f(\cdot) + \gamma D + \varphi_1 D_{HH}^f + \varphi_2 D_{LL}^f + \varphi_3 D_{HL}^f + \varphi_4 D_{LH}^f + u_{it} \quad (4.15)$$

(4.15) 式中，Sk_{it}（$Share_k$）为 FDI 汽车制造业资产占汽车制造业总资产的比重，表示 FDI 汽车制造业资产集聚的溢出增长效应，Sl_{it}（$Share_l$）为 FDI 汽车制造业人员占汽车制造业全部人员的比重，表示 FDI 汽车制造业人员集聚的溢出增长效应。$f(\cdot) = f(w_{ij}^q Sk_{it}, w_{ij}^q Sl_{it})$ 表示 FDI 汽车制造业通过资产和人员的联合集聚的溢出增长效应，包括加和效应和耦合（Coupling）集聚的增长溢出效应。

六 模型估计结果

（一）全部汽车制造业的空间效应估计

首先建立基础方程，即只考虑仅有一个最佳相邻效应的情形。当把 $q = 1, 2, \cdots, 6$ 的 $w_{ij}^q LnYA_{it}$ 分别代入（4.12）式，以 Adj. R^2 最高和 AIC 最小判别，得最佳模型：

$$LnYA_{it} = 0.9667 w_{ij}^4 LnYA_{it} + u_{it} \quad (4.16)$$

Adj. $R^2 = 0.4373$，AIC $= 3.9479$，$t = 54.8736$，样本数 186（下同）。

对于全部汽车制造业，四阶相邻效应最大。在（4.16）式中分别加入 $q = 1, 2, 3, 5, 6$ 的空间相邻变量，再以 Adj. R^2 最高和 AIC 最小判别，得到模型：

$$LnYA_{it} = 0.3882 w_{ij}^1 LnYA_{it} + 0.5717 w_{ij}^4 LnYA_{it} + u_{it} \quad (4.17)$$
$$(3.5708) \qquad\qquad (5.1134)$$

Adj. $R^2 = 0.5113$，AIC $= 3.8916$，括号内为 t 统计量值。

Adj. R^2 和 AIC 看，（4.17）式优于（4.16）式，这说明，我国汽车制造业空间相邻效应以四阶相邻效应为主，以一阶相邻效应为辅。也就是，我国汽车制造业相邻效应较合适模式是一阶相邻与四阶相邻的联合效应。

在（4.17）中加入 D 后，得计量模型：

$$LnYA_{it} = 0.3629 w_{ij}^1 LnYA_{it} + 0.5578 w_{ij}^4 LnYA_{it} + 0.0088 D + u_{it} \quad (4.18)$$
$$(3.5483) \qquad\qquad (4.9422) \qquad\qquad (2.7094)$$

Adj. $R^2 = 0.5276$，AIC $= 3.8631$。

（4.18）式中，D 的 t 统计量在 5% 的水平上显著，说明距离沿海越近，汽车制造业增长越快。这意味着，集聚区位是引起我国汽车制造业增长的空间因素，距离沿海越远，汽车制造业越难发展。

表 4-15 报告的是，进一步在（4.18）式中分别加入按表 4-14 中全部汽车制造业四类集聚效应的虚拟变量后的估计结果。表 4-15 中，（1）—（4）的 Dum 变量 t 值大于 5% 水平的临界值，说明四类地区的汽车制造业集聚效应具有显著的不同模式。HH 类和 HL 类的 Dum 变量系数为正值，这说明高水平汽车制造业集聚效应为正效应，而 LL 类和 LH 类地区汽车制造业集聚为负效应，即对汽车制造业的增长起抑制作用。其中，由于（4）的 Adj. R^2 值最高，AIC 值最低，因此，（4）是最能解释全部汽车制造业空间效应模型，表明 LH 类地区最不利于全国汽车制造业增长，是全国汽车制造业增长的最大制约因素，也就是全国汽车制造业增长受制于 LH 类地区的阻力。

表 4-15　　2003—2008 年全部汽车制造业相邻效应与集聚效应模式识别

变量	\multicolumn{2}{c}{HH 类 (1)}	\multicolumn{2}{c}{LL 类 (2)}	\multicolumn{2}{c}{HL 类 (3)}	\multicolumn{2}{c}{LH 类 (4)}
	系数	t 值	系数	t 值	系数	t 值	系数	t 值
$w_{ij}^1 LnYA_{it}$	0.3877	3.9002	0.2312	2.1915			0.3483	3.5287
$w_{ij}^4 LnYA_{it}$	0.4516	4.3376	0.7619	6.9214	0.9368	57.9006	0.6515	6.3827
Dum	1.5892	6.0955	-1.4563	-5.3670	2.0883	6.1480	-2.1641	-6.4115
Adj. R^2	\multicolumn{2}{c}{0.5916}	\multicolumn{2}{c}{0.5755}	\multicolumn{2}{c}{0.5665}	\multicolumn{2}{c}{0.5988}
AIC	\multicolumn{2}{c}{3.7175}	\multicolumn{2}{c}{3.7562}	\multicolumn{2}{c}{3.7718}	\multicolumn{2}{c}{3.6998}

(二) 全部汽车制造业对两类汽车制造业空间效应估计

在估计全部汽车制造业对 FDI 汽车制造业空间效应之前，先以内资汽车制造业建立基础方程。把 $q = 1, 2, \cdots, 6$ 的 $w_{ij}^q LnYn_{it}$ 分别代入 (4.11) 式，以 Adj. R^2 最高和 AIC 最小判别得最优模型：

$$LnYA_{it} = 0.5693 w_{ij}^2 LnYn_{it} + 0.4960 w_{ij}^6 LnYn_{it} + u_{it} \quad (4.19)$$
$$(5.1613) \qquad (4.5881)$$

$R^2 = 0.5023$，AIC $= 3.9099$。

(4.20) 式表明，仅以内资汽车制造业角度看，内资汽车制造业的二阶和六阶相邻变量的组合最能解释全部汽车制造业空间相邻效应，其中又以内资汽车制造业二阶相邻效应为主。再考虑 FDI 汽车制造业相邻效应时，在 (4.19) 式中分别加入 $q = 1, 2, 3, 5, 6$ 的 $w_{ij}^q LnYf_{it}$，以 Adj. R^2 最高和 AIC 最小判别得最佳模型：

$$LnYA_{it} = 0.3593 w_{ij}^2 LnYn_{it} + 0.4639 w_{ij}^6 LnYn_{it} + 0.2561 w_{ij}^1 LnYf_{it} + u_{it} \quad (4.20)$$
$$(2.8675) \qquad (4.3829) \qquad (3.2636)$$

Adj. $R^2 = 0.5271$，AIC $= 3.8646$。

从 Adj. R^2 和 AIC 看，(4.20) 式优于 (4.19) 式。这说明，FDI 汽车制造业一阶相邻也是引起我国汽车制造业增长的一个空间决定因素。比较而言，我国汽车制造业对内资汽车制造业相邻效应的依赖更强。

当在 (4.20) 中加入 D，得计量模型：

$$LnYA_{it} = 0.2519 w_{ij}^2 LnYn_{it} + 0.5286 w_{ij}^6 LnYn_{it} + 0.2574 w_{ij}^1 LnYf_{it} + 0.0079 D + u_{it} \quad (4.21)$$
$$(1.9035) \qquad (4.8802) \qquad (3.3186) \qquad (2.3052)$$

Adj. $R^2 = 0.5380$，AIC $= 3.8461$。

(4.21) 式中，D 的 t 统计量在 5% 的水平上显著。这表明，在 FDI 汽车制造业参与下，以离沿海远近代表的区位也是引起汽车制造业增长的一种空间因素。

表 4-16 报告的是，在 (4.20) 式中进一步分别加入表 4-14 中 FDI 汽车制造业各个类集聚效应的虚拟变量后的估计结果。

表 4-16　2003—2008 年全部汽车制造业对两类汽车制造业空间效应估计

变量	HH 类 (5) 系数	HH 类 (5) t 值	LL 类 (6) 系数	LL 类 (6) t 值	HL 类 (7) 系数	HL 类 (7) t 值	LH 类 (8) 系数	LH 类 (8) t 值
$w_{ij}^2 LnYn_{it}$					0.4660	3.9113	0.5681	4.9783
$w_{ij}^6 LnYn_{it}$	0.6966	11.6775	1.1010	63.0906	0.3719	3.6927	0.3795	4.0351
$w_{ij}^1 LnYf_{it}$	0.2350	3.5468			0.2118	2.8625	0.1794	2.5635
Dum	1.6609	6.2355	-2.1807	-8.5444	1.7582	5.1655	-2.4278	-7.3080
Adj. R^2	0.5921		0.5924		0.5853		0.6324	
AIC	3.7154		3.7110		3.7380		3.6175	

表 4-16 中，(5)—(8) 的 Dum 变量 t 值大于 5% 水平的临界值，四类 FDI 汽车制造业集聚效应都显著，HH 类和 HL 类的 Dum 变量系数为正值，这意味着高水平 FDI 汽车制造业集聚具有集聚溢效应，而 LL 类和 LH 类地区 FDI 汽车制造业产生集聚溢出负效应即"挤出效应"，也就是说对我国汽车制造业增长起抑制作用。显然，在 FDI 汽车制造业集聚效应下，全国汽车制造业空间依赖的模式却发生了一些变化，主要表现在，(5) 中全部汽车制造业对内资汽车制造业的二阶相邻效应已不显著，被 HH 类集聚溢出效应所取代，(6) 中全国汽车制造业对内资制造业二阶相邻效应和 FDI 汽车制造业一阶相邻效应已不显著，被 LL 类集聚溢出效应所取代，这意味着，LL 类 FDI 汽车制造业的低水平集聚对全国汽车制造业增长具有较强的"挤出效应"。由于 (8) 的 Adj. R^2 值最高，AIC 值最低，因此，(8) 是最能解释全部汽车制造业空间效应的模型，其表明 LH 类地区的 FDI 汽车制造业集聚效应抵消了部分空间效应，全国汽车制造业增长受制于 LH 类地区的阻力。

对比表 4-15 与表 4-16，(5)—(8) 的 Adj. R^2 值分别高于 (1)—(4)，AIC 值分别低于 (1)—(4)，因此，FDI 汽车制造业的确是全部汽车制造业的一个空间决定因素，对于 FDI 汽车制造业低水平集聚地区来说，空间效应的缺失也是汽车制造业难发展的一个根源。

(三) 内资汽车制造业对 FDI 汽车制造业的空间效应估计

先把 $q = 1, 2, \cdots, 6$ 的 $w_{ij}^q LnYn_{it}$ 代入 (4.15) 式，剔除 t 值小于

5%水平临界值项后得内资汽车产业空间自相关模型：

$$LnYn_{it} = 0.4092 w_{ij}^2 LnYn_{it} + 0.5632 w_{ij}^4 LnYn_{it} + u_{it} \quad (4.22)$$
$$(3.1932) \qquad\qquad (4.4891)$$

Adj. $R^2 = 0.4434$，AIC $= 3.8292$。

(4.22) 式表明，内资汽车制造业具有其二阶和四阶相邻变量的组合效应，其中四阶相邻效应更大、更显著。

表 4-17 报告的是，在（4.22）式中分别加入 $q=0,1,2,3,5,6$ 的 $w_{ij}^q Sl_{it}$ 和 $w_{ij}^q Sk_{it}$ 时，FDI 汽车制造业空间效应的估计结果。

表 4-17   2003—2008 年 FDI 汽车制造业对内资汽车制造业的空间溢出效应估计

变量	w_{ij}^0 系数	t 值	w_{ij}^1 系数	t 值	w_{ij}^2 系数	t 值	w_{ij}^3 系数	t 值	w_{ij}^4 系数	t 值	w_{ij}^5 系数	t 值	w_{ij}^6 系数	t 值
$w_{ij}^2 LnYn_{it}$	0.4135	3.1904	0.3569	2.9719	0.3902	2.9258	0.3595	2.6995	0.3698	2.6931	0.3566	2.6482	0.3878	2.8325
$w_{ij}^4 LnYn_{it}$	0.5652	4.4845	0.4824	4.0825	0.5626	4.4751	0.5545	4.4227	0.5593	4.4500	0.5430	4.2987	0.5536	4.3405
$w_{ij}^q Sl_{it}$	-0.0013	-0.2490	0.0295	5.2919	0.0044	0.5286	0.0126	1.3425	0.0090	0.8066	0.0158	1.2571	0.0070	0.4531
Adj. R^2	0.4405		0.5146		0.4412		0.4458		0.4423		0.4451		0.4409	
AIC	3.8396		3.6976		3.8384		3.8302		3.8364		3.8834		3.8388	
$w_{ij}^2 LnYn_{it}$	0.4291	3.2714	0.3582	3.0246	0.3699	2.7771	0.3263	2.4533	0.3126	2.2524	0.3253	2.3925	0.3507	2.4961
$w_{ij}^4 LnYn_{it}$	0.5609	4.4636	0.4800	4.1202	0.5650	4.5044	0.5619	4.5193	0.5754	4.6048	0.5595	4.4844	0.5620	4.4790
$w_{ij}^q Sk_{it}$	-0.0048	-0.7311	0.0403	5.8034	0.0114	1.0763	0.0239	2.1000	0.0234	1.7578	0.0248	1.7722	0.0176	1.0153
Adj. R^2	0.4419		0.5273		0.4438		0.4535		0.4496		0.4498		0.4435	
AIC	3.8370		3.6710		3.8336		3.8161		3.8232		3.8229		3.8343	

以 Adj. R^2 最高和 AIC 最小判别，基于 FDI 汽车制造业人员和资产的一阶集聚溢出效应分别是最佳的。相对来说，资产集聚溢出效应较大，同时看出，地区内的集聚（零阶相邻）却不显著。这意味着，FDI 汽车制造业正是通过空间相邻而集聚，产生增长溢出效应。

对于（4.23），以 $(w_{ij}^1 Sl_{it} + w_{ij}^1 Sk_{it})/2$ 表示 FDI 汽车制造业人员数参与度和资产参与度一阶相邻的平均集聚溢出效应，结果显示加和平均变量的 t 值大于 5%水平的临界值。

$$LnYn_{it} = 0.3541 w_{ij}^2 LnYn_{it} + 0.4762 w_{ij}^4 LnYn_{it} + 0.0361 (w_{ij}^1 Sl_{it} + w_{ij}^1 Sk_{it})/2 + u_{it} \quad (4.23)$$
$$(2.9817) \qquad\qquad (4.0737) \qquad\qquad (5.7105)$$

Adj. $R^2 = 0.5250$，AIC $= 3.6760$。

对于（4.24）式以 $w_{ij}^1 Sl_{it} \cdot w_{ij}^1 Sk_{it}$ 为连乘变量，表示 FDI 汽车制造业人员参与度和资产参与度一阶相邻的耦合集聚溢出效应，结果显示连乘变量的 t 值大于 5% 水平的临界值。

$$LnYn_{it} = 0.3581 w_{ij}^2 LnYn_{it} + 0.5499 w_{ij}^4 LnYn_{it} + 4.13 \times 10^{-4} w_{ij}^1 Sl_{it} \cdot w_{ij}^1 Sk_{it} + u_{it} \quad (4.24)$$
$$\quad\quad (2.9326) \quad\quad\quad (4.6176) \quad\quad\quad\quad\quad (4.6196)$$

Adj. $R^2 = 0.4988$，AIC $= 3.7297$。

比较（4.23）与（4.24）的 Adj. R^2 和 AIC 值，（4.23）式优于（4.24），但是（4.23）式 Adj. R^2 值和 AIC 值仍不如表 4-17 中 $w_{ij}^1 Sk_{it}$ 独自加入情况，为此，加入 D 后重新估计，得（4.25）式：

$$LnYn_{it} = 0.4031 w_{ij}^2 LnYn_{it} + 0.4501 w_{ij}^4 LnYn_{it} + 0.0409 w_{ij}^1 Sk_{it} - 3.27 \times 10^{-3} D + u_{it} \quad (4.25)$$
$$\quad\quad (3.1976) \quad\quad\quad (3.7510) \quad\quad\quad (5.8766) \quad (-1.0377)$$

Adj. $R^2 = 0.5275$，AIC $= 3.6759$。

（4.25）式中，D 的 t 统计量在 5% 的水平上不显著，在空间相邻效应与 FDI 汽车制造业资产集聚溢出效应下，内资汽车制造业增长与沿海距离关系不显著。

表 4-18 报告的是进一步用 FDI 汽车制造业四类集聚溢出效应的虚拟变量分别替代（4.25）式中 D 后的估计结果。（9）、（12）的 Dum 变量 t 值小于 5% 水平的临界值。这说明，FDI 汽车制造业 HH 类与 LH 类地区集聚对内资汽车制造业不具显著的集聚效应。也就是说，对于内资汽车制造业，FDI 汽车制造业资产集聚与在 HH 类、LH 类地区集聚不可能同时产生显著的效应。（10）、（11）的 Dum 变量 t 值大于 5% 水平的临界值，FDI 汽车制造业在 LL 类与 LH 类地区集聚对内资汽车制造业具有显著的效应，所不同的是 LL 类为负集聚效应，LH 类为正集聚效应。这表明，FDI 汽车制造业资产集聚效应和 FDI 汽车制造业地区集聚效应，只有 HL 类地区内资汽车制造业两者兼得，LL 类地区一正一负，而 HH 类和 LH 类地区只能得到 FDI 产业资产集聚效应。这意味着，FDI 汽车制造业 LL 类集聚区的内资汽车制造业难以发展，而 HL 类集聚区的内资汽车制造业发展相对比较容易，内资汽车制造业对 FDI 汽车制造业空间依赖的区域性特点较为突出。

表 4-18　2003—2008 年内资汽车制造业的空间效应及 FDI 汽车制造业效应

<table>
<tr><th rowspan="3">变量</th><th colspan="8">$LnYA_{it}$</th></tr>
<tr><th colspan="2">HH 类
(9)</th><th colspan="2">LL 类
(10)</th><th colspan="2">HL 类
(11)</th><th colspan="2">LH 类
(12)</th></tr>
<tr><th>系数</th><th>t 值</th><th>系数</th><th>t 值</th><th>系数</th><th>t 值</th><th>系数</th><th>t 值</th></tr>
<tr><td>$w_{ij}^2 LnYn_{it}$</td><td>0.3337</td><td>2.7243</td><td></td><td></td><td>0.2947</td><td>3.2153</td><td>0.4381</td><td>4.6101</td></tr>
<tr><td>$w_{ij}^4 LnYn_{it}$</td><td>0.4921</td><td>4.1841</td><td>0.8661</td><td>29.5079</td><td>0.4640</td><td>4.6815</td><td>0.3630</td><td>3.4061</td></tr>
<tr><td>$w_{ij}^1 Sk_{it}$</td><td>0.0383</td><td>5.1912</td><td>0.0372</td><td>5.3962</td><td>0.0520</td><td>8.1665</td><td>0.0473</td><td>6.8112</td></tr>
<tr><td>Dum</td><td>0.2207</td><td>0.7925</td><td>-0.9025</td><td>-4.0410</td><td>1.9627</td><td>5.5904</td><td>-0.3820</td><td>-1.0323</td></tr>
<tr><td>Adj. R^2</td><td colspan="2">0.5263</td><td colspan="2">0.54432</td><td colspan="2">0.6214</td><td colspan="2">0.5590</td></tr>
<tr><td>AIC</td><td colspan="2">3.6783</td><td colspan="2">3.6343</td><td colspan="2">3.4543</td><td colspan="2">3.6070</td></tr>
</table>

第四节　小结

本章以空间角度从三个方面对 FDI 及 FDI 产业的空间集聚效应进行了全面分析。

1. FDI 空间集聚与分布

通过对城市人均 FDI 空间集聚、空间自相关和区位相关性统计检验，采用趋势面与空间计量联合分析方法对我国城市人均 FDI 分布的空间因素和非空间因素进行分解，得到的结论是空间位置与空间相邻的确是 FDI 集聚分布的两个显著性决定因素。与沿海地区相比，西南部、西北和东北部构成我国吸引 FDI 的空间劣势区域。FDI 不集聚中国西部，尤其是西南地区是由较大范围的空间因素引起的。

事实上，尽管国家高度重视中西部地区发展较慢和 FDI 分布不足的问题，实施中部崛起和西部大发展战略，适时制定和修订《中西部外商投资指导目录》，但这政策没有能改变我国 FDI 的空间分布格局，FDI 仍不入驻中西部地区，尤其是西南地区。一般认为，中西部地区城市分布较少，且规模不大是 FDI 不集聚的直接原因。然而，我们看到西部一个大城市如昆明、贵阳等吸引的 FDI 还远不及东部的一个县级市。显然，这与中西部城市远离 FDI 的主体，而且没有 FDI 空间集聚效应有关，还不仅是城市规模问题。

当然，FDI 在我国的空间集聚更多的并非完全取决于空间因素，但即使空间因素对人均 FDI 空间分布仅有近四成（38.51%）的解释力，但由于样本较大，人均 FDI 与空间因素具有极强的相关性，因此，空间因素在现实中的作用可能还会显得更大。也就是说，我国 FDI 的分布格局仍难超越空间因素的决定作用，广大劣势区域尤其西南地区城市不是 FDI 集聚的目的地。如果仅凭空间因素，那么西南地区城市难以吸引较大规模 FDI 入驻。应该看到，尽管空间因素对 FDI 的集聚起基础性作用，但人为的因素也是不可缺少作用，政策效应也有较大的空间。因此，我国只有制定更强、更优惠的政策，克服空间因素带来的不利影响，进一步降低 FDI 集聚和转移成本，加强 FDI 配套能力建设，弥补 FDI 在东部集聚产生的空间效应和外部利益损失，才能激励和动员 FDI 西进和北上，加速西南部和北部区域发展，以抑制区域发展差距进一步扩大。

2. FDI 产业空间集聚

通过对 2003 年、2008 年我国四类 FDI 产业的空间自相关性和集聚强度统计检验后，结果表明：B 类和 D 类 FDI 产业为非空间自相关性集聚，属于地理位置决定的集聚，而 CL 类、CH 类 FDI 产业为空间自相关性集聚，高—高地区都分布在东部，绝大部分西部地区为低—低型地区，已形成明显的中心—多外围空间集聚分布形态。制造业 FDI 转移具有空间梯度性，西部远离 FDI 的主体，难以得到东部 FDI 制造业转移与空间集聚效应，这是 FDI 产业难以西进的主要原因。

进一步研究表明，在沿海 FDI 制造业集聚带已形成。它意味着，相邻地区吸引 FDI 的增加能够带动本地区吸引更多的 FDI。可以预见，随着 FDI 制造业空间集聚效应和辐射效应进一步发挥，沿海制造业集聚带仍是制造业 FDI 入驻的主要目标地区，中部靠近沿海区域的 FDI 制造业会增加，而西部尤其是大西南地区的 FDI 制造业转移仍继续轻淡，东部与西部、中部与西部的差距将持续，甚至扩大。研究表明，目前，FDI 产业有扩散趋势。因此，我国要因势利导，制定有效的分类政策，修订《中西部外商投资目录》，引导 FDI 产业合理分布。

对于中部地区，应加快完善产业链建设，以形成较强的产业集聚能力，进一步加强与东部地区尤其是与长三角、珠三角城市的产业关联，充分利用好长三角、珠三角在 FDI 制造业方面的转移和辐射作用，加大和提高引资的力度和质量，促进地区经济跨越式发展。同时，中部地区要充分利用区位优势，发挥好沟通东、西部地区的纽带作用，促进外资"西进"策略的实现，带动西部地区的繁荣。

对于西部地区，在利用制造业 FDI 面临空间不利因素制约，要制定特殊的外资政策，鼓励 FDI 流向矿业开发（B 类产业）和电力、水、汽（D类）开发，以带动部分低端制造业（CL 类）的发展，同时还要进一步落实和深化西部大开发政策，通过改善基础设施条件、提高劳动力素质以及加强城市合作等系列措施，大幅度降低 FDI 集聚和转移成本，加强 FDI 配套能力建设，弥补 FDI 在东部集聚产生的外部利益损失，才能激励和动员 FDI 西进，西部利用 FDI 水平才有望达到新的高度。

3. 汽车产业 FDI 空间集聚

改革开放以来，在相关政策和"以市场换技术"战略的指导下，我国东部、中西部的少部分地区与跨国汽车公司展开广泛的合资合作。FDI 汽车制造业通过空间相邻、溢出和集聚三种方式对我国汽车制造业产生空间效应，影响着我国汽车制造业的空间布局与发展。实证证明，我国汽车制造业空间相邻效应和溢出效应是正效应，但集聚效应有正效应也有负效应，依集聚类型而定，集聚溢出效应也如此。一般而言，高水平地区的集聚效应、溢出效应是正效应，低水平地区的集聚效应、溢出效应是挤出效应。我国汽车制造业对 FDI 汽车制造业具有显著的空间依赖性，同时，FDI 汽车制造业的空间溢出效应促进了内资汽车制造业的发展。这一点已是确信无疑了。

然而，长期以来，我国各地与跨国汽车制造业合资盛行，跨国汽车公司趁机进行空间扩张，纷纷争夺地盘，形成空间割据的格局。FDI 汽车制造业的空间扩张使我国汽车制造业空间集聚强度越来越小，已变得不显著。国内大多数汽车企业很难趁我国汽车市场高速扩大之机快速发展，更难通过横向兼并重组扩大规模经济和加速资本集聚。

对内资汽车制造业，FDI 汽车制造业具有空间溢出效应。一个有趣的现象是，FDI 汽车制造业对所在地区的溢出效应并不显著，而对相邻区一个地区的内资汽车制造业却产生溢出效应。也就是说，FDI 汽车制造业的空间溢出半径十分有限。目前，FDI 汽车制造业空间分布已形成中心—外围结构，FDI 汽车制造业不同空间集聚区域的集聚效应却有很大差异。对于低水平集聚区，FDI 汽车制造业的技术溢出会被 FDI 汽车制造业集聚挤出效应所抵消，"空间换技术"效果也明显减弱。

显然，进入我国汽车制造业的 FDI 也不是理想的 FDI。多国汽车公司的涌入引起地区之间对汽车 FDI 的竞争，而地区之间的竞争又进一步吸引了更多的跨国汽车公司进入，这种循环机制预示着，跨国汽车公司对我国汽车产业实施多主体空间分割包围的战略意图。跨国汽车公司通过空间分割、分散资源，阻碍我国内资汽车大集团形成，使民族汽车制造业尤其轿车制造业在众多跨国汽车公司的夹缝中生存。从长远看，FDI给我国汽车制造业带来的不良后果，一方面是我国汽车制造业对FDI汽车制造业有较强的空间依赖性，另一方面是FDI汽车制造业空间扩张导致我国汽车制造业过于分散，使各地汽车制造业仍处于低集中度的竞争状态。这双重因素的交互影响给我国汽车重组与大规模集团形成带来较大困难。因此，我国中央政府要适当限制FDI汽车制造业的空间扩张，支持和鼓励民营汽车、国有汽车企业的发展。同时，政府还需进一步因势利导，制定分类政策，实行空间管制，抑制小规模竞争，优化我国汽车制造业空间结构，更重要的还在于以大力度政策推进高水平地区汽车制造业整合，提高集聚强度，提升聚合力，促进我国汽车制造业集聚发展。这一点是实现我国汽车大国向汽车强国转变的希望所在。

第五章　中国 FDI 产业集聚溢出与产业增长

利用 FDI 企业技术溢出效应是吸引 FDI 的重要目的之一。然而，技术缺口具有约束效应，产业异质性也具有溢出渠道约束效应，FDI 技术是否有溢出效应还存在很大的争议。汽车制造业是 FDI 集聚的重要产业之一，也是我国实施"市场换技术"战略的典型产业，但 FDI 溢出效应仍受到质疑。目前我国 FDI 的前向、后向和产业内水平溢出还没有得到全面验证。因此，我们从异质性、多渠道、多所有制等视角，以汽车制造业为代表对 FDI 产业集聚溢出效应进行全面实证检验。

第一节　FDI 集聚溢出、技术缺口与工业发展
——基于中国汽车业的实证分析

一　引言

FDI 是缩小本土企业与跨国企业技术缺口的桥梁，引进 FDI 成为发展中国家发展工业的普遍愿望。希望通过合资企业能学习到外方的先进技术，并且为己所用，最终形成自己的核心技术开发能力，这也是发展中国家利用 FDI 的初衷。20 世纪 80 年代初我国实行开放政策，吸引外商来华投资，其目标之一为引进外国先进技术，被形象化为"市场换技术"。自 90 年代后期以来，微电子、移动通信设备、轿车、制药、工程机械等行业中排名前 10 位的大企业中，跨国公司投资企业都占据着 2/3 以上的席位。对跨国公司是否会导致一定程度的垄断，进而影响中国市场结构和经济效率的关注也越来越多，甚至有人惊呼"跨国公司已经垄断了中国市场"。商务部跨国公司研究中心发布的《2005 跨国公司在中国报告》却披露了一个相当惊人的事实："大量外商直接投资带来的结果是核心技术缺

乏症！"现在，中国实行了 20 多年的"市场换技术"政策路线遭遇了太多批评，甚至有学者认为，"以市场换技术"的双赢论在中国没有成功。

在我国关于 FDI 溢出效应已有大量的成果出现（谢建国，2003；陈涛涛，2003；王志鹏、李子奈，2003；张建华、欧阳轶霏，2003；许罗丹、谭卫红、刘民权，2003；平新乔，2007；亓朋、许和连、艾洪山，2008）。值此一提的是，基于 FDI 的溢出效应，平新乔（2007）的研究表明，除港、澳、台资以外的外资，在技术净溢出方面并无多少显著的证据，发现了外资进入会不利于中国企业通过 R&D 缩小与世界先进水平之间差距的证据，然而，港、澳、台资进入对于内资企业都存在正技术溢出的证据。目前，FDI 对我国产业的溢出效应没有一致的观点，我们猜测这可能与内资产业及 FDI 产业的技术缺口有密切关系。

在改革开放之前，中国汽车产业是非常微弱的。1984 年，中国汽车业开始吸引 FDI，实施"市场换技术"的战略。在 80 年代后期，汽车产业的迅速发展，汽车生产企业的数量急剧增长。进入 21 世纪，中国汽车业对国际汽车跨国公司敞开越来越宽的大门，几乎所有世界顶级汽车生产商与零配件供应商都在中国投资。中国的汽车产业产量迅速增长，2008 年中国汽车产量接近 1000 万辆，2009 年中国的汽车产量已突破 1000 万辆大关，达到 1379 万辆，超过日本位居世界第一，占世界汽车产量比重由 2000 年的 3.6% 上升到 22.6%。然而，中国汽车产业在跨国公司参与下走过 20 多年新的发展历程后，有关中国汽车业自主开发、自主品牌以及企业核心竞争力等话题却引起国内有关各方面的高度关注，中国汽车产业"市场换技术"的成败更是成为焦点。

中国汽车产业是 FDI 集聚而市场大部分又被跨国公司占领的产业。它是一个常常被提及的"市场换技术"失败的典型例子。20 多年来，中国汽车合资公司几乎所有的产品都是由外方主导，中方几乎无法接触核心技术领域，内资企业基本上就是外资公司的打工仔。更有甚者，黄亚生（2007）认为，以市场换技术最大的失败就是中国的汽车工业，其失败的基本原因是它的内资政策，最大的问题是长时间只对外开放，不对内资私营企业开放，这与家用电器产业形成鲜明对比。柯广林、华阳（2006）发现，FDI 对我国的汽车行业确实存在技术溢出效应，但溢出效果并不是太理想；赵增耀、王喜（2007）实证研究表明，汽车行业外资大规模进入，带来我国汽车业的迅速发展，在产销量、技术水平、进入壁垒、市场集中度等方面带来显著变化,并对自主研发的企业产生了明显的溢出效应。显然,学术界对 FDI 对中国汽车业是否有显著溢出效应尚无定论,有必要从 FDI 产业角度再进行实证。

二 技术缺口、FDI 效应:文献、模型

(一) 技术差距与 FDI 的技术溢出效应

1960 年,MacDougall 在对 FDI 的福利分析中,首次将技术溢出效应视为 FDI 的一个重要现象,此后很多学者对 FDI 技术溢出效应做了研究和实证分析,关于技术差距与 FDI 技术溢出的关系,主要有以下三种观点。

第一,技术溢出效应是技术差距的增函数。以赶超策略(Catch-up)为代表的理论认为,东道国与投资国技术差距越大,当地企业从 FDI 溢出中获益越多。以 Findlay(1978)为代表的早期实证检验表明,技术差距越大,本地企业可以学习和模仿的空间越大,溢出效应也越大。Sjoholm(1999)对印度尼西亚的研究也得出了类似的结论。支持这一观点的学者普遍认为,东道国企业与外资企业初始技术水平差距越大,则可供东道国当地企业模仿的先进技术选择空间也越大。因此,当地企业能以较低的模仿成本取得较高的模仿回报,FDI 技术溢出效应越明显。

第二,技术溢出效应是技术差距的减函数。受熊彼特、阿罗等学者的启发,Cohen 和 Levinthal(1989)指出知识产品的生产具有很强的自我积累性和路径依赖特点,较大的现存知识量意味着具有较强的研发能力去开发更多的新知识产品。这表明,当技术差距较小时,内资企业才具有能力进行学习,技术溢出效应才会发生。支持这一观点的实证研究有 Haddad 和 Harrson(1993)对委内瑞拉的研究、Kokko(1996)对乌拉圭的研究。在 Kokko(1994)对墨西哥的研究中,采用连乘变量来检验技术差距对内资企业劳动生产率的影响时发现,当内外资技术差距较大时,相应的连乘变量与被解释变量呈负相关,表明技术差距太大会阻碍溢出效应的产生。

第三,技术溢出效应是技术差距的分段函数。Blomstrom(1994)和 Borenztein(1998)等人提出了发展门槛(development threshold)的概念,认为东道国只有具备一定的劳动技术水平和基础设施水平才能跨过发展门槛,享受 FDI 技术溢出带来的益处。Sjöholm(1999)在实证研究的基础上提出,技术差距与溢出效应之间可能存在非线性关系。溢出效应的发生要求有某种技术差距。Flores(2000)尝试着把技术差距进行进一步的阶

段划分，认为只有当技术差距在一定的范围内时才有利于溢出效应的产生，否则技术差距太大或太小都不利于当地企业获取技术溢出效应。

显然，FDI 技术外溢中的技术差距因素很早就受到研究者的关注，但是技术差距对 FDI 的溢出效应却没有一致的结论。应当讲，FDI 技术外溢与技术差距之间存在动态的相互作用过程。LaPan 和 Bardhan（1972）发现，FDI 的技术外溢效应是外资企业与内资企业技术差距的减函数，技术差距越大，工业化国家开发的先进技术越有可能不适应发展中国家的条件，因而技术外溢的效应越不明显。Glass 和 Saggi（1998）认为技术缺口是人力资源和基础设施等差距的同义语，本土企业与跨国公司的技术缺口越大，本土企业的吸收能力就越低，从而使技术转移和溢出效应就越小。可是，Girma（2005）认为技术差距不应当太小，否则提升的空间就会太小；也不应当太大，否则 FDI 不可能产生预期的溢出效果。适度的技术差距是产生 FDI 技术外溢的前提，"如果没有可溢入的去处，就不会有溢出"（Tavares，2001）。

Kokko 等（1996）发现，在竞争程度较低的环境下，技术差距太大会阻碍技术外溢。Imbriani 和 Reganati（1997）关于意大利的研究也发现，技术外溢与技术差距负相关，东道国企业技术能力较强，与跨国公司子公司技术差距不大时，技术外溢效应较显著。Dimellis（2005）关于希腊的研究证明，对于那些与外企技术差距小、发展快的内资企业来说，存在来自 FDI 的正的技术外溢。该观点对 FDI 东道国的政策意义就是，为了促进技术外溢的发生，东道国应该是缩小技术差距。就此不难看出，尽管技术差距对 FDI 的溢出效应没有一致结论，但也有一定的倾向性，这些观点表明，技术差距越大，越不利于技术溢出。

（二）FDI 的直接与间接溢出效应

在没有 FDI 参与的情况下，生产函数：

$$Y_t = A_t K_t^\alpha L_t^\beta \tag{5.1}$$

（5.1）式中，Y_t、L_t、K_t 分别代表增加值、劳动力投入、资本存量。A_t 代表时期的技术水平。

FDI 促进技术进步有直接效应和间接效应之分。前者表现为 FDI 对技术进步的贡献，后者为 FDI 对内资产业的技术溢出。包群和赖明勇等（2006）借鉴了 Levin 和 Raut（1997）的建模思路，并以内新增长理论为基础，假定 FDI 是决定我国经济全要素生产率的影响因素之一，从而建立

FDI 内生化的技术进步模型如下：

$$A_t = B_t(1 + \eta Share_t)FDI_t^\theta \qquad (5.2)$$

（5.2）式中，$Share_t$ 为 FDI 占国内总投资的比重（Keller & Wolfgang, 2001），表示 FDI 集聚的变量，其值越大，FDI 越集聚；FDI_t 为 FDI 的实际金额。这样，A_t 由 FDI 及其占国内总投资比重（反映外资产业集聚的技术外溢效果）的内生化决定。θ 为 FDI 的相对生产率弹性系数，反映了 FDI 促进技术进步的直接作用。η 为 FDI 占总投资比重的弹性系数，度量了 FDI 的技术外溢效果。η 值的经济含义是很明显的。如 η 为 0，则（2）式为 $A_t = B_t FDI_t^\theta$，此时 FDI 对技术进步的作用仅限于直接效应。如果 η 取值为正，说明流入的 FDI 对内资产业存在正的技术外溢作用；反之，如果计算的 η 值为负，则表明 FDI 对内资产业的技术进步还可能存在一定的阻碍效果，FDI 对技术创新有挤出作用。B_t 为全要素生产率的影响因素的残余值，表示影响技术进步的各种其他因素，也表示某个时期的技术的固定水平。

把（5.2）式代入（5.1）式后得到一种复合生产函数：

$$Y_t = B_t(1 + \eta Share_t)FDI_t^\theta K_t^\alpha L_t^\beta \qquad (5.3)$$

对（5.3）式两边取对数，得：

$$LnY_t = \ln B_t + \ln(1 + \eta Share_t) + \theta \ln FDI_t + \alpha \ln K_t + \beta \ln L_t \qquad (5.4)$$

（5.4）式中当 $\eta Share$ 比较小时，$Ln(1 + \eta Share) \approx \eta Share$，（4）式则变为：

$$LnY_t = \ln B_t + \eta Share_t + \theta \ln FDI_t + \alpha \ln K_t + \beta \ln L_t \qquad (5.5)$$

黄静波和付建（2004）以 FDI 占国内总投资的比重反映外资企业的溢出效应，并用（5.5）式研究了广东外资企业对内资企业技术溢出以及 FDI 进入对广东技术进步的影响。

对于 FDI 汽车产业，（5.5）变为：

$$LnY_T = \ln B_T + \eta Share + \theta \ln K_F + \alpha \ln K_N + \beta \ln L_T \qquad (5.6)$$

（5.6）式中，Y_T、B_T、L_T 分别表示汽车产业产值、技术水平和就业人数，K_N 为内资产业资产，K_F 为 FDI 产业资产。

从（5.5）式看出，FDI 通过技术进步来促进产业增长，东道国产业一方面可以通过提高 FDI 自身的弹性系数（θ）直接增加产出，另一方面通过外资产业对内资产业的技术外溢效应（η）间接增加产出。也就是说，FDI 通过直接和间接的方式影响当地产业的技术进步，进而促进产业的内生和外生增长。然而，FDI的技术进步的作用可能会显著，也可能是正的溢出效应，或负的溢出效应，因此，FDI促进产业进步的综合效应由 θ、η 共同决定，令外资产业技术进步的综合效应为 δ，由的 θ、η 值可计算出：

$$\delta = \frac{\eta + \theta}{1 - \eta - \theta} \tag{5.7}$$

对于（5.7）式，在 θ 是正值的情况下，δ 大小先是决于 η 符号。如果 η 小于0，且 η 的绝对值大于 θ，那么，δ 为负值。一般情况下，即使 η 小于0，FDI产业对内资产业技术进步的挤出效应和阻碍作用只可能是抵消一部分FDI的直接作用。总体上说，FDI对其所在产业的技术进步起积极作用。当然，如果FDI既对产业技术进步有较大贡献，同时，FDI产业也对内资产业有积极的技术溢出效应，间接促进产业技术进步，这是比较理想的FDI。其实，引进FDI，利用"市场换技术"的真正意义还是在于，引进有限的FDI，通过引入有效的竞争，FDI产业示范和人员流动力，提高内资产业的技术创新能力。因此，FDI对产业技术进步间接作用超过其直接作用。如果大量引进FDI，一方面通过FDI产业生产体系促进了产业增长，但先进技术由FDI产业所控制，溢出效应难以发生；另一方面内资产业竞争不力，自主品牌消失，创新能力退化，形成产业被FDI产业控制格局。这是东道国不希望发生的。

（三）FDI产业的技术溢出效应

如上所述，汽车产业的技术主要包括物化技术，即硬技术和非物化技术，包括组织管理技术等即软技术。物化技术是指如何生产高质量、高可靠性、低生产成本产品的技术。这种技术具有其技术产权，加上在开发研究过程中的经验沉淀，如果某项技术已在外部存在，则可以直接进行引进。在汽车产业表现为汽车生产采用的装备，是汽车生产的物质基础，这种技术已固化在设备和生产线中。这种技术可以被模仿、复制或改造进行溢出，只要一定FDI产业拥有这种技术，内资产业就可以在学习和溢出中得到应用。二战后，丰田公司与英、美等国的汽车公司缔结了技术引进合同。但在与福特公司的谈判失败后，丰田公司放弃了一揽子技术引进策略，而主要集中在关键设备的引进上，注重对产业的技术采用能力的培养，努力把世界各国的先进技术融合成丰田自己的技术，为后来确立独特的技术优势打下了坚实的基础。软技术则是一种不可复制如专利和难以模仿技术诀窍等技术，具有核心技术的特性。这种技术是跨国公司所不愿意向外泄露的，内资产业只能通过其溢出的渠道部分得到。这种溢出主要通过人力资源的流动、交流而发生。

先进技术的拥有者，也并非有意转让或传播他们的技术，而是在其经济行为中自然地输出了技术，即技术外溢。FDI 产业的技术溢出因技术差距的不同而不同，还可能以技术的属性和载体有关。FDI 作为资本、专门技术和技术的一揽子转移，其中既有硬技术转移，又有软技术转移。自然，FDI 带来的资本及其技术改变了东道国的生产函数，强化了东道国的产业增长态势。随着产业转移，技术溢出也可能随之发生。为了进一步实证 FDI 产业的溢出效应，把 FDI 产业溢出效应分为以资产（如设备、生产工艺）为载体的技术溢出和以人员（技术诀窍）为载体的技术溢出。无论是"学中干"，还是"干中学"，这两种溢出效应可能会同时发生，当然两者强弱会有不同或只有一个显著发生。

跨国汽车产业已成为中国汽车产业一个有机的组成部分，在轿车产业中跨国汽车公司是主导力量。在统计上，中国汽车产业可以分成 FDI 产业与内资产业两个系统，具有不同的生产函数。一般情况下，FDI 产业是通过物化硬技术和人化软技术的溢出来提高全要素生产率，而 FDI 产业资产占总资比重和从业人员占总从业人员比重表示的就是 FDI 产业资源集聚强度。这样汽车产业的技术水平则由固定的水平、物化技术溢出和非物化技术溢出三部分构成：

$$LnA = B + \eta_1 Sk + \eta_2 Sl \quad (5.8)$$

（5.8）式为汽车产业的技术构成，Sk 为以 FDI 产业资产参与度，代表资产集聚强度，η_1 表示 FDI 产业硬技术（物化技术）集聚溢出，主要体现对汽车制造设备和工艺；同样的，Sl 为以 FDI 产业人员参与度，代表 FDI 产业人力资源集聚强度，η_2 表示 FDI 产业软技术集聚（非物化技术）溢出。然而，如果 Sk、Sl 高度相关（一般情况下，相关系数大于 0.8），那么只能用其线性组合或非线性组合变量来替代。对于前者以 $(Sk + Sl)/2$ 表示就业人数参与度和资产参与度的平均值，$Sk \cdot Sl$ 表示就业人数参与度和资产参与度的耦合集聚即连乘变量，表示技术通过固定资产溢出和通过人员溢出相互作用，缺一不可。因此，在（5.1）式基础上进行改造，形成面板模型：

$$LnY_{ti}^j = LnB + \alpha LnK_{ti}^j + \beta LnL_{ti}^j + f(Sk_{ti}^j, Sl_{ti}^j) + u_{ti}^j \quad (5.9)$$

(5.9) 式中, Y_{ti}^j、B、K_{ti}^j、L_{ti}^j ($j=1,2,3,4$) 分别表示汽车制造、汽车整车制造、改装汽车制造和汽车零部件及配件制造内资产业的产出、技术水平、资本投入和就业人数。$f(\cdot)$ 为 FDI 产业的溢出函数, 其中, Sk_{ti}^j 和 Sl_{ti}^j ($j=1,2,3,4$) 分别表示 FDI 产业在汽车制造、汽车整车制造、改装汽车制造和汽车零部件及配件制造的资产参与度和就业人数参与度。

三 FDI 溢出效应实证

(一) 数据来源与说明

汽车制造业包括整车制造、改装车制造和零件制造三个子产业。2005 年细分汽车产业与 FDI 产业数据《中宏数据库》,内资产业总产值、资产以及职工人数由细分汽车产业全部数据减去相对应的 FDI 产业数据所得,由于数据库中没有总产值数据,我们以产成品产值近似地代替总产值(工业总产值包括本期生产成品价值、对外加工费收入、在制品半成品期末期初差额价值三部分,其中以成品价值为主),2004 年数据由 2005 年的增长率推算而得。

(二) FDI 技术溢出效应

为了进一步研讨 FDI 对中国汽车制造业溢出效应,我们以 2004—2005 年中国汽车制造业的整车制造业、改装车制造和零部件的面板数据进行估计,表 5-1 报告的是以式 (6) 估计的结果。(1) 中 LnB^T、$Ln(K_{ti}^N)$、$Ln(K_{ti}^F)$ 和 $Ln(L_{ti}^T)$ 的 t 统计量在 5% 水平上显著,三者系数之和为 0.9586,汽车产业生产表现出规模报酬递减的特点,技术的内生性作用较强。当在 (1) 中加入 Share 时,其系数为负值,t 统计量在 5% 水平上不显著,尽管 (2) 的 Adj. R^2 没有提高,但 S.E. 略有所下降,AIC 值有所下降,所以 (2) 优于 (1),进一步,进行 EGLS 法估计后,(3) 的 S.E. 略有所下降,Share 的显著性提升到 10% 水平。按 (5.7) 式计算,(3) 的 $\delta = 0.0319$,说明 FDI 产业具有正的综合效应;同时,LnB^T 由 1.6691 上升到 2.4808。这说明,在 FDI 产业溢出效应下,内资产业技术水平在提高。

表 5-1 　　　2004—2005 年 FDI 产业参与对中国汽车制造业
效应的面板数据估计

<table>
<tr><th rowspan="2">变量</th><th colspan="6">$Ln(Y_{ti}^T)$</th></tr>
<tr><th colspan="2">(1)</th><th colspan="2">(2)</th><th colspan="2">(3)</th></tr>
<tr><td></td><td>OLS</td><td>T 值</td><td>OLS</td><td>T 值</td><td>OLS (EGLS*)</td><td>T 值</td></tr>
<tr><td>LnB^T</td><td>1.6691</td><td>2.4180</td><td>2.2527</td><td>3.3233</td><td>2.4808</td><td>5.8107</td></tr>
<tr><td>$Ln(K_{ti}^N)$</td><td>0.1602</td><td>3.0674</td><td>0.1423</td><td>2.6026</td><td>0.1258</td><td>4.7258</td></tr>
<tr><td>$Ln(K_{ti}^F)$</td><td>0.2776</td><td>7.9627</td><td>0.3149</td><td>6.4201</td><td>0.3637</td><td>9.5330</td></tr>
<tr><td>$Ln(L_{ti}^T)$</td><td>0.5208</td><td>8.1110</td><td>0.4421</td><td>6.6289</td><td>0.3788</td><td>10.2427</td></tr>
<tr><td>$Share_{it}$</td><td></td><td></td><td>-0.1767</td><td>-0.6364</td><td>-0.3327</td><td>-1.7951</td></tr>
<tr><td>Adj. R^2</td><td colspan="2">0.81604</td><td colspan="2">0.8140</td><td colspan="2">0.9999</td></tr>
<tr><td>S.E.</td><td colspan="2">0.5726</td><td colspan="2">0.5388</td><td colspan="2">0.5272</td></tr>
<tr><td>AIC</td><td colspan="2">1.7559</td><td colspan="2">1.6430</td><td colspan="2"></td></tr>
<tr><td>F</td><td colspan="2">0.5726</td><td colspan="2">29</td><td colspan="2">313712.7</td></tr>
<tr><td>样本</td><td colspan="2">119</td><td colspan="2">117</td><td colspan="2">117</td></tr>
<tr><td>地区数</td><td colspan="2">29</td><td colspan="2">29</td><td colspan="2">29</td></tr>
</table>

说明：* Pooled EGLS（Cross-section weights），用广义最小二乘法修正了横截面异方差。

FDI 作为一种资本功能，通过作为资本要素投入直接促进汽车产业增长，另一种通过对内资产业的技术溢出，提高内资产业技术进步促进汽车产业的增长。然而，FDI 毕竟不是一个简单的资本，而是一个生产体系，本身也有技术进步产生。因此，在 FDI 效应的有机构成中，FDI 对我国汽车增长贡献的一部分转化为技术进步贡献率。不论何时，FDI 或 FDI 产业资本的直接效应是正的，而集聚溢出效应是负的，综合效应也是正的，并提升了我国汽车产业技术水平。也就是说，FDI 不但促进了中国汽车业的产出，而且还提升了中国汽车业的技术水平。

（三）FDI 产业集聚溢出效应

1. 汽车制造业

表 5-2 表明以 2004—2005 年 FDI 汽车制造产业集聚对内资汽车制造产业溢出效应的面板数据估计结果。首先，建立没有 FDI 产业参与时的基础方程（1）。（1）中 $\alpha + \beta = 1.0271$，表示汽车制造业略具规模报酬递增的性质。随后，在（1）中加入 Sk 或 Sl 时，汽车制造业生产函数发生了一定的改变，调节 R^2 略有上升，S.E. 有所下降，且 Sk 或 Sl 在接近 5%

水平上显著，同时，AIC 值有所下降，因此，（3）和（4）都比（1）优越，再以 AIC 准则看，（3）优于（4）。当把 $(Sk + Sl)/2$ 和 $Sk \cdot Sl$ 分别加入（1）后，（5）和（6）调节 R^2 略有上升，S.E. 有所下降，AIC 值有所下降，而且 $(Sk + Sl)/2$ 和 $Sk \cdot Sl$ 在 5% 水平上显著，因此，（5）和（6）优于（1）的估计参数。再以 AIC 准则看，（6）的 AIC 值最小，所以（6）是最优的回归模型。

从（6）看出，对于汽车制造业，FDI 产业集聚溢出函数的系数都是负的，说明 FDI 产业对内资产业的产出产生了挤出效应。相比较而言，以资产为载体的硬技术和以人员为载体的软技术产生了耦合集聚溢出效应，联合阻碍产出增长，从技术角度上看，FDI 产业对内资产业技术进步产生明显不利的影响，但 LnB^n 值由（2）的 3.5262 上升至（6）的 3.6696，FDI 产业参与对内资产业技术水平提高有明显作用。

表 5–2 2004—2005 年 FDI 产业对内资汽车制造业溢出效应面板数据估计

变量	(1) OLS	T 值	(2) OLS (F.E.)	T 值	(3) OLS (F.E.)	T 值	(4) OLS (F.E.)	T 值	(5) OLS (F.E.)	T 值	(6) OLS (F.E.)	T 值
LnB^n	1.6974	4.1340	3.5262	7.1290	3.6082	6.9691	3.6206	7.0110	3.5881	6.8183	3.6696	6.9640
$Ln(K^n_{t\,i})$	0.4356	6.3944	0.3574	4.0660	0.3734	4.1557	0.3771	4.1841	0.3855	4.2529	0.3849	4.2758
$Ln(L^n_{t\,i})$	0.5915	7.7433	0.5198	4.4001	0.4915	4.0497	0.4856	4.0059	0.4753	3.8884	0.4635	3.8051
$Sk^n_{t\,i}$					-0.3108	-2.0498						
$Sl^n_{t\,i}$							-0.4208	-2.0481				
$(Sk^n_{t\,i} + Sl^n_{t\,i})/2$									-0.2289	-2.3001		
$Sk^n_{t\,i} \cdot Sl^n_{t\,i}$											-0.6444	-2.6259
Adj. R^2	0.96160		0.9689		0.9669		0.9658		0.9664		0.9668	
S.E.	0.4100		0.3692		0.3746		0.3751		0.3750		0.3727	
AIC	1.1005		1.0372		1.0772		1.0745		1.0747		1.0620	
F	613.49		145.035		127.59		127.53		129.21		130.89	
样本	172		172		161		162		157		157	
地区数	30		30		30		29		28		28	

2. 整车制造业

整车制造是中国汽车制造产业的一个重要组成部分。表 5-3 表明 2004—2005 年整车 FDI 产业对内资整车制造业溢出效应的面板数据估计结果。当没有 FDI 参与时的基础方程为（1），（1）中 $\alpha + \beta = 1.0269$，即内资汽车整车制造业略具规模报酬递增的性质。随后，在（1）中加入 Sk 或 Sl 时，调节 R^2 都略有下降，S.E. 略有所下降，AIC 值有所下降，说明（3）和（4）都比（1）优越。再以 AIC 准则看，（4）优于（3），但 Sl 项仅在 10% 水平上显著。当把 $(Sk + Sl)/2$ 和 $Sk \cdot Sl$ 分别加入（1）后，（5）和（6）调节 R^2 略有上升，S.E. 有所下降，（5）AIC 值有所下降，而（6）AIC 值却有所上升，因此（5）优于（6）。对于（4）和（5）相比，（4）的 AIC 值比较小，但调节 R^2 和 S.E. 不如（5）优越，更主要的是 $(Sk + Sl)/2$ 在 5% 水平上显著，因此，（5）比（4）更有利于解释 FDI 产业对整车制造业的影响。

从（5）看出，$(Sk + Sl)/2$ 系数也是负的，且在 5% 水平上显著，说明，FDI 产业的资产集聚和人员集聚度高的地区，FDI 产业对内资产业产生的挤出效应更明显。从技术角度上看，FDI 产业的参与对内资整车制造业技术进步产生明显不利的影响。当（1）再进行固定效应估计后，（2）调节 R^2 数略有上升，AIC 值也有所上升，相比而言，（5）调节 R^2 比（2）高，AIC 值也比（2）低，按 AIC 准则，$(Sk + Sl)/2$ 是引起内资整车制造业生产函数变化的一个原因。显然，FDI 产业的参与对内资整车制造业是不利的，但在 FDI 产业参与下，内资整车制造业技术水平的对数值却由 3.7772 上升到 7.1776（表 5-3）

表 5-3　　　　2004—2005 年 FDI 产业对内资汽车整车造业
　　　　　　　　溢出效应面板数据估计

变量	$Ln(Y^n_{ti})$											
	(1)		(2)		(3)		(4)		(5)		(6)	
	OLS	T 值	OLS (F.E.)	T 值	OLS (F.E.)	T 值	OLS (F.E.)	T 值	OLS (F.E.)	T 值	OLS (F.E.)	T 值
LnB^n	1.8582	2.4209	3.7772	3.2895	2.4230	2.9876	2.4551	3.0399	7.1776	4.3101	5.7346	4.1515
$Ln(K^n_{ti})$	0.4296	3.5234	0.2077	1.1119	0.4676	3.9144	0.4722	3.9677	0.1117	0.6497	0.1737	0.9997
$Ln(L^n_{ti})$	0.5973	4.2509	0.7574	2.9145	0.4822	3.3689	0.4707	3.2849	0.8160	3.4737	0.7309	3.0308
Sk^n_{ti}					-0.3141	-1.5764						

续表

变量	(1) OLS	T值	(2) OLS (F.E.)	T值	(3) OLS (F.E.)	T值	(4) OLS (F.E.)	T值	(5) OLS (F.E.)	T值	(6) OLS (F.E.)	T值
Sl_{ti}^n							-0.3811	-1.7371				
$(Sk_{ti}^n + Sl_{ti}^n)/2$									-8.3209	-2.6223		
$Sk_{ti}^n \cdot Sl_{ti}^n$											-7.0748	-2.2587
Adj. R²	0.93938		0.9412		0.9359		0.9365		0.9464		0.9431	
S.E.	0.4673		0.4603		0.4530		0.4509		0.41418		0.42663	
AIC	1.3820		1.5800		1.3555		1.3299		1.3705		1.4297	
F	300.63				161.62		203.87		32.352		30.448	
样本	59		59		56		56		56		56	
地区数	30		30		28		28		28		28	

3. 改装车制造业

表 5-4 说明 2004—2005 年改装车 FDI 产业集聚对内资改装车制造业的溢出效应面板数据估计结果。(1) 仍是没有 FDI 参与时内资改装车制造业生产函数估计。$\alpha + \beta = 1.0308$，改装车生产仍表示出报酬递增的特征，技术水平仅在 10% 的水平上显著。用固定效应模型估计时，(2) 的技术水平的显著性提高到 5% 以上，而 $Ln(K_{ti}^n)$ 和 $Ln(L_{ti}^n)$ 的显著性水平反而下降到 5% 以下，且调节 R²、S.E. 值、AIC 值都略有上升，说明 (2) 没有明显优于 (1)。当在 (1) 中同时或分别加入 Sk、Sl 后，(3)、(4)、(5) 和 (6) 的调节 R²、S.E.、AIC 值变化不大，而 Sk 或 Sl 的系数为正，但 t 统计量值较小，在 10% 的水平上都不显著。因此，FDI 产业对内资改装车制造的集聚溢出效应不显著。

表 5-4　　2004—2005 年 FDI 产业对内资改装车制造业溢出效应面板数据估计

变量	(1) OLS	T值	(2) OLS (F.E.)	T值	(3) OLS (F.E.)	T值	(4) OLS (F.E.)	T值	(5) OLS (F.E.)	T值	(6) OLS (F.E.)	T值
LnB^n	1.4225	1.9564	3.9774	3.4330	1.6387	2.0233	1.2883	1.7484	1.6959	2.0875	3.6829	2.7984

续表

变量	(1) OLS	T值	(2) OLS (F.E.)	T值	(3) OLS (F.E.)	T值	(4) OLS (F.E.)	T值	(5) OLS (F.E.)	T值	(6) OLS (F.E.)	T值
$Ln(K_{t\,i}^n)$	0.4825	3.8502	0.3860	1.7468	0.4996	3.5887	0.5383	4.2023	0.4243	3.1378	0.3645	1.4869
$Ln(L_{t\,i}^n)$	0.5483	3.8055	0.4189	1.2682	0.4784	2.6938	0.4649	3.1126	0.6050	3.6342	0.4846	1.2494
$Sk_{t\,i}^n$					0.0282	0.1233	0.0281	0.1423			-0.1101	-0.3863
$Sl_{t\,i}^n$					0.1735	0.5870			0.0467	0.1784		
Adj. R^2	0.9676		0.9672		0.9702		0.9698		0.966971		0.9679	
S.E.	0.4351		0.4376		0.4283		0.4311		0.4388		0.4443	
AIC	1.2449		1.4510		1.2632		1.2498		1.2853		1.4359	
F	528.70		48.41		294.64		394.60		359.386		45.83	
样本	54		54		46		50		50		54	
地区数	31		31		26		30		30		31	

4. 零部件业

受跨国公司带动,世界著名汽车零部件生产商也纷纷进入我国汽车零部件产业。2005年,跨国汽车零件制造业产成品产值占我国汽车零件制造业产成品产值的36.17%,资产和就业人数分别占40.35%和27.08%,跨国汽车零件制造业已具有较高的参与集聚度。表5-5中在没有FDI集聚溢出效应下,(1)中$\alpha+\beta=1.0228$,内资汽车零部件制造业也略具有规模报酬递增的性质。当在(1)中同时加入或分别加入Sk或Sl时,其系数都不显著。仅以(3)看,调节R^2都略有上升,S.E.和AIC值有所下降,说明FDI产业集聚溢出是引起内资汽车零件制造业技术变化的一个原因。然而,(3)中Sk或Sl的集聚溢出效应并不显著。当把$(Sk+Sl)/2$和$Sk \cdot Sl$分别加入(1)后,(4)和(5)调节R^2略有上升,S.E.、AIC有所下降,其中(5)的S.E.、AIC值比较小,于是(5)优于(4)。因(5)中$(Sk+Sl)/2$在5%水平上不显著,用EGLS法再进行估计后,(6)的R^2略有上升,S.E.值有所下降,(6)比(5)优越,$(Sk+Sl)/2$在5%水平上显著,因此,(6)更有利于解释FDI产业对汽车零部件制造业的集聚溢出效应。从(6)看出,Sk与Sl的平均变量系数为正值,说明FDI产业资产与人员集聚对汽车零部件制造业有正溢出效应，而 LnB^n 却由（2）的 3.5237 下降至（6）的 2.4301，技术水平在下降。

表 5-5　2004—2005 年 FDI 产业对内资汽车零部件制造业溢出效应的面板数据估计

变量	(1) OLS	T值	(2) OLS (F.E.)	T值	(3) OLS (F.E.)	T值	(4) OLS (F.E.)	T值	(5) OLS (F.E.)	T值	(6) OLS (F.E.)	T值
LnB^n	1.9118	2.9513	3.5237	3.1325	2.7462	3.9901	2.7206	4.0117	2.7492	4.0271	2.4301	3.8867
$Ln(K_{ti}^n)$	0.3784	3.4687	0.4913	2.0659	0.3191	2.8539	0.3123	2.8288	0.3113	2.8454	0.4641	6.0447
$Ln(L_{ti}^n)$	0.6443	5.5242	0.2949	1.0121	0.6436	5.3709	0.6595	5.5994	0.6567	5.7151	0.3522	3.8789
Sk_{ti}^n					0.3903	0.5258						
Sl_{ti}^n					-0.2887	-0.3328						
$(Sk_{ti}^n + Sl_{ti}^n)/2$									0.1551	0.8343	3.9629	2.1838
$Sk_{ti}^n \cdot Sl_{ti}^n$							0.2081	0.7635				
Adj. R^2	0.9714		0.9709		0.9726		0.9730		0.9730		0.9851	
S.E.	0.3310		0.3338		0.3079		0.3057		0.3054		0.3206	
AIC	0.6923		0.9376		0.5831		0.5532		0.5510			
F	657.79		59.68		392.024		496.86		497.98		10176.32	
样本	59		59		56		56		56		56	
地区数	31		31		28		28		28		28	

可见，同样是汽车制造产业，因其内部技术水平差异较大，FDI 产业溢出效应和机制差别也比较明显。把 FDI 产业的溢出效应分为直接效应和间接效应，前者是对生产函数产出的溢出，其大小和作用方向以 FDI 产业溢出函数的系数进行判别，后者则是通过溢出函数嵌入前后的 LnA 值的变化来判别。总体上说，FDI 产业对汽车制造有集聚挤出，却不同程度地提升了技术水平；对于整车制造业主要是通过 FDI 产业人员对内资产业产生集聚挤出效应，但又提高了内资产业整车制造技术水平；而对改装车制造业，FDI 产业对内资产业的集聚溢出效应不显著，也没有明显提高内资改装车制造技术水平；对于汽车零件制造业，FDI 产业主要是资产、就业人员参与对内资产业产出有集聚溢出效应，却明显阻碍内资汽车零件制造技术水平的提高。因此，FDI 产业集聚参与对汽车产业的溢出具有两面

性，技术水平提升和集聚溢出效应难以两全其美，它取决于地区对技术水平和技术溢出效应的偏向和取舍。

四 中国汽车产业的技术缺口与 FDI 产业溢出效应分析

(一) 单要素技术缺口

技术差距 (Technological Gap)，也就是技术水平差距，可能存在于不同的产业或企业之间，其外在表现通常体现为经营效率或绩效的差异。已有文献大多采用单一指标的数值来代表技术差距，如 Blomstrom (1983)、Kokko (1994) 用来衡量技术差距的指标就是人均劳动生产率的差异。衡量产业之间技术差距的常用指标有：(1) 产业的资产贡献率，它所体现的主要是资本投入的边际报酬效率；(2) 全员劳动生产率，它所反映的主要是企业劳动生产率和管理效率的高低。

从整个汽车制造业看，FDI 产业百元资产产值略低于内资产业，而 FDI 产业人均产值明显高于内资产业，这表明两者硬技术水平差距不大，技术差距主要来自软技术差距。从细分汽车制造业看，在汽车整车制造中，FDI 产业百元资产产值略低于内资产业，而 FDI 产业人均产值明显高于内资产业；在改装汽车制造中，FDI 产业百元资产产值明显高于内资产业，FDI 产业人均产出为内资产业的 3 倍；在汽车零部件及配件制造中，FDI 产业百元资产产出明显低于内资产业，FDI 产业人均产值明显高于内资产业。这意味着，改装汽车制造业技术缺口较大，整车制造和零部件及配件制造业技术缺口相对小一些 (表 5 – 6)。

(二) 全要素技术缺口

单一指标固然在数据的可获得性以及计算的简便性方面具有很大的优势，然而，对不同细分汽车制造业的产出效率有较大的差异，难以用百元资产产值和人均产值进行比较。这也意味着不同细分汽车制造业和不同制度产业具有不同投入产出机制，客观上具有不同的技术水平。从生产函数出发，技术水平可以更准确地综合比较不同汽车制造业的投入产出效率。基于表 5 – 2 中 (1) 估计的 α 和 β 值，进行正则化处理后，技术水平计算公式：

$$A = \frac{Y}{K^{0.4241} L^{0.5759}} \tag{5.10}$$

以 (5.10) 式计算，汽车制造业的 FDI 产业与内资产业的技术缺口为 0.8726，其中改装汽车制造的技术缺口最大，为 2.7988，汽车零部件及配件制造的技术缺口最小，仅为 0.4120，汽车整车制造缺口居中，但也高于汽车制造业 0.8726 的平均水平（表 5-6）。从整体上看，内资产业和外资产业的确存在技术差距，FDI 产业技术水平普遍高于内资产业。这一事实成为 FDI 技术转移和技术溢出的基本前提。

表 5-6 2005 年 FDI 产业与内资产业产出效率、技术水平与技术 GAP

细分汽车产业	企业类型	百元资产产值（元）	人均产值（元）	A	技术差距
汽车制造业	全部企业	6.3185	32756.77	2.3121	0.8726
	FDI 企业	6.0361	51401.95	2.9395	
	内资企业	6.5236	26336.17	2.0669	
汽车整车制造业	全部企业	5.6678	60889.68	3.1553	1.0342
	FDI 企业	5.5353	86710.70	3.8291	
	内资企业	5.7857	48585.22	2.7949	
改装汽车制造业	全部企业	8.3565	35084.90	2.7081	2.7988
	FDI 企业	11.1202	85057.69	5.0907	
	内资企业	7.5772	28223.11	2.2919	
汽车零部件及配件制造业	全部企业	6.9053	21661.66	1.8920	0.4120
	FDI 企业	6.2789	30063.44	2.1947	
	内资企业	7.3148	18724.68	1.7828	

（三）技术差距与 FDI 产业技术溢出

中国细分汽车产业中 FDI 企业与内资企业具有不同的技术缺口，这导致了 FDI 技术对内资产业的溢出机制和溢出效应存在较大差异。对改装汽车制造业，FDI 企业与内资企业技术差距最大，FDI 企业对内资企业溢出效应不显著，既没有直接溢出效应，也没有间接的溢出效应。对于整车制造，FDI 企业的人均产出远高于内资企业，基于从业人数集聚的软技术挤出效应更为明显。当然，基于资产溢出和就业人数加及挤出效应更具有解释力，这说明，基于从业人数的软技术对产出挤出效应也在一定程度上依赖硬技术，FDI 资产集聚度越高，软技术对内资企业挤出效应越明显，而 FDI 企业就业人数和资产参与却极大地提高了整车制造的技术水平。对于技术差距较小的零配件领域，FDI 企业所采用的技术会与内资企业更加接近，从而便于内资企业的学习和模仿。这种情况下，如果外资企业不采用技术保护，其技术就会被内资企业学习和模仿，极大地提高了产出，相反又阻碍内资企业技术水平提高，使较小技术差距得以保持。

值得一提的是，FDI企业在零配件制造产业的集聚溢出是显而易见的。由于中国汽车产业具有较高模仿制造能力，轿车品牌和核心技术控制在跨国公司手中，但中国对汽车非核心技术国产化却具有较高的水平，一般在70%以上，高的达95%。广州标志试图利用控制零配件供应垄断技术却招致失败。FDI企业与本地企业在零件制造技术比较接近的情况下，FDI企业更加保护其关键技术，以便和内资零件制造业在技术上展开竞争，给内资零件制造业技术进步产生不利影响。Yumiko和Okamoto（1999）实证了日本汽车零件产业对美国汽车零件产业溢出效应，结果发现，日本汽车零件公司的技术没有泄露在市场上，来自日本汽车零件业的技术转移仅有少部分地改进美国汽车零件业生产率，竞争压力作用超过技术转移。这也意味着核心技术较难从跨国公司技术转移和技术溢出中获得。不过，吉利和奇瑞的零部件大多是由FDI企业提供。可以推断，没有高质量的零部件供应，吉利和奇瑞的成功仍是不可想象的。

中国汽车业的FDI溢出实证结果表明，技术差距越大，FDI的溢出效应在中国汽车业越来越不明显。以Findly（1978）、Sjoholm（1999）为代表的实证检验表明：技术差距越大，本地企业可以学习和模仿的空间越大，从技术溢出效应中获益就越多。这一点，在中国汽车制造业没有得到验证。相反，中国汽车制造支持了LaPan和Bardhna（1972）、Kokko（1996）、Imbriani和Reganati（1997）、Dimellis（2005）等的发现，即当技术差距小时，技术溢出效应才越显著。在较大的"技术缺口"下，联合设计失败后，为了缩小"技术缺口"北京吉普走了CKD道路（张平，1995）。拉美国家汽车业普遍是走CKD道路（Rhys Owen Jenkins，1976），也自然成为中国汽车业的发展道路。

FDI产业对我国内资汽车产业具有显著的集聚溢出效应。这一点不支持亓朋、许和连、艾洪山（2008）关于在行业内FDI产业对内资产业的溢出效应表现不明显的结论，却支持了国内另外两个研究观点。其一，陈涛涛（2003），通过引入"能力差距"的概念，并采用"企业规模差距"、"资本密集度差距"与"技术差距"作为影响FDI行业内溢出效应的关键要素，各种检验的结果都显示出同一种规律，即上述三种能力在两类企业之间差距较小的行业中,溢出效应是易于产生的。这一点,可从 FDI 对整车、改装车和汽车零部件制造的溢出效应中得到证实。其二,谢建国(2006)研究结果显示,相对于国内企业,外资企业具有相对较高的技术效率,FDI 企业技术普遍高于内资企业。汽车产业中的 FDI 企业技术水平高于内资企业,而且 FDI 产业对我国内资汽车产业技术水平有较大提升。这也与谢建国(2006)的结论基本相符。

除黄亚生(2007)外,还有学者把汽车产业与电子、家电产业进行比较,以说明汽车产业技术获取的低效率。周勤和陈柳(2004)认为从新中国成立后到 20 世纪 90 年代这段时间内,我国的轿车行业基本上没有积累自己技术能力,跨国公司与中国汽车企业的静态技术差距较大,直接导致跨国公司的技术转移的水平较低,速度较慢;与轿车业的情况截然相反,通过 20 世纪 80 年代至 90 年代中期的技术引进和改造,我国彩电企业已经积累了技术能力,中外企业之间的静态技术差距大幅度缩小,迫使跨国公司提高技术转移的水平和加快技术转移的速度,从 20 世纪 80 年代初我国开始彩电生产到 90 年代价格战结束,我国彩电企业已经积累了相当的技术能力。Lihui Tian(2007),认为汽车产业是受政府保护支配并且使用进入障碍和高关税促进经济规模和生产效能,中国计算机公司在一个自由放任市场环境里经营,进出口自由,因而,与计算机相比,发现汽车产业更集中但效率不高。实际上,汽车产业与电子、家电产业的技术特性不同,此外,市场准入门槛、规模垄断性均不同,FDI 企业进入方式等方面也有明显差异,两者可比性较差。更何况从电子工业看,"以市场换技术"的方法没有直接换来预期的高技术(谢晓霞,2000)。因此,通过与电子、家电产业比较,得出中国汽车产业"市场换技术"失败的观点还是难以成立的。

黄静波和付建(2004)用(5.5)式研究了 FDI 对广东的技术进步影响,结果发现,FDI 对广东劳动密集型产业和资本密集型产业的技术进步影响明显不同。对于劳动密集型产业,FDI 对技术进步的直接效应是正的,而溢出效应是负的;相反,对于资本密集型产业,FDI 对技术进步的直接效应是负的,而溢出效应是正的。这意味着,FDI 对技术进步的直接效应、溢出效应性质(方向)和强弱取决于产业的性质如技术密集型和吸引能力等。黄静波和付建(2004)认为,从技术进步的角度,最理想的 FDI 是能够同时产生积极直接效应和间接溢出的 FDI。对于中国汽车产业，直接效应和间接溢出两者不能兼得，尽管如此，FDI对中国汽车业技术进步产生了积极的效应。

第二节 中国FDI产业的集聚溢出效应
——基于产业关联面板模型

一 引言

当今世界经济全球化、一体化进程迅速发展，FDI已日益成为国际技术转移与扩散的主导力量。引进FDI通常被认为是欠发达国家获取FDI技术溢出，提高技术效率和关键技术的必要途径。发展中国家政府之所以大力吸引FDI，不仅是希望跨国公司带来资金，更希望跨国公司带来先进的技术、管理理念和价值观念，从而促进本土企业技术水平的提高。对FDI的钟爱很大程度上是由于各国政府相信FDI会对东道国的技术水平产生积极的溢出效应。因此，发展中国家纷纷采用各种优惠措施加速引进FDI，一个强烈的动机就是利用FDI的技术溢出效应。然而，现实中FDI是否具有溢出效应却具有较大分歧。FDI溢出能否帮助东道国产业提高技术效率，仍是一个具有重要学术和政策研究价值的问题。

FDI存在正向溢出，在理论上获得了一致性的认可，但对于发展中国家来说，FDI溢出效应在大多数国家的实证研究中却很难找到。大多数研究结果认为，在发展中东道国FDI溢出效应并不显著，甚至为负，而在发达国家却存在显著的正效应（Jacorcik，2004）。Gorg和Greenaway（2004）提供了一个检验FDI溢出效应假说的文献列表，包括42篇2002年前发表的学术论文，涉及世界范围内不同的国家，得到正面和负面结果的文献数量各占一半，对于绝大多数微观层面和对发展中国家的研究中没有找到FDI行业内溢出正向作用的证据，一些研究结果还表明跨国公司的存在对东道国企业生产率起负面作用。尽管国外学者克服研究上的一些限制，如选用微观层面数据、改进计量模型形式以及采用新的参数估计方法，其研究结果仍然不能令人满意。显然，文献研究并没有给发展中国家对FDI溢出效应一个确切的答案。

中国是发展中国家中累计吸收FDI最多的国家，也是外国子公司数目最多的国家。FDI主要投向中国工业特别是制造业。经过三十多年的发展，FDI产业在工业经济中占据越来越重要的地位，FDI产业在中国制造业产品的国内市场、资本形成、劳动市场上的比重越来越高。2008年，FDI产业产值占全国工业总产业的29.82%、占工业就业人数的27.60%，固定资产投资占25.05%（按表5-7计算）。2002年FDI企业高技术出口份额高达81%（UNCTAD，2002）。FDI工业对我国工业发展产生重要的作用，这一点已是没有异议了。然而，FDI对内资工业特别是制造业的技术进步是否起到了积极的促进作用？也就是说，中国是否以市场换到了FDI技术？这个问题却一直在争论之中，问题的关键是FDI产业是否具有溢出效应，因为它对中国改革开放的实践以及FDI政策取向具有特殊重要的意义。

国内学者对FDI技术溢出效应也进行了大量的研究，然而研究结论存在较大差异。我们把FDI技术溢出效应的实证研究结论分为正溢出效应论、负溢出效应论、无溢出效应论和有正有负混合论（双剑论）四种观点。正溢出效应论（沈坤荣，2001；潘文卿，2003；陈涛涛和陈娇，2006；谢建国，2006；许和连、魏颖绮、赖明勇；王晨刚，2007；傅元海、唐未兵、王展祥，2010）认为，外资有技术溢出效应，促进了国内企业技术增强。负溢出效应论（张海洋，2005，蒋殿春，张宇，2008；平新乔，2007）研究认为，外资的进入具有负面竞争效应，通过挤占国内市场，抑制了国内企业技术水平的提高。无溢出效应论，认为FDI的溢出效应不显著。这方面，蒋殿春和张宇（2008）发现FDI对内资企业全要素生产率的影响并不显著；亓朋、许和连、艾洪山（2008）以人员流动效应途径所反映的水平溢出效应并不明显；王玲、涂勤（2007）发现行业内的溢出并不显著。混合论结果显示，FDI的溢出既有正的溢出效应，同时也有负的溢出效应（陈羽，2006；王争、孙柳媚、史晋川，2008）。产生不同结论的原因可能与数据和估计方法有关，也有可能与FDI技术溢出条件有关系，有一类研究成果是在控制溢出条件下进行实证得到，如技术差距（陈涛涛，2003），外资的特征（许罗丹、谭卫红、刘民权，2004；周燕、齐中英，2005）等，所有制结构（陈琳；林珏，2009）；地理距离（刘巳洋；路江涌；陶志刚，2009）；分水平、前向和后向溢出（许和连；魏颖绮；赖明勇；王晨刚，2007）。应当说，绝大部分研究都发现FDI对中国工业技术的提高有显著的正面影响。

理论和经验研究基本可以确定，FDI的行业间溢出效应确实存在。而目前FDI对我国产业的溢出效应没有一致的观点，且后向关联溢出和前向关联溢出效应正负难以确定；行业内溢出效应（水平溢出效应）的正负同样难以确定。这除与方法、数据和时间段有关系外，我们猜测其中的原因还可能受产业异质性和内生性的影响。首先，国民经济各产业以及各产业之间相互存在广泛技术经济关联关系，而每个产业的技术水平和吸收能力也明显不同。因此，FDI进入我国的产业分布对溢出效应会产生直接的影响。其次，我国属于转型经济的国家，存在国有、集体、私有等不同所有制体系，其制度安排决定了它具有不同的技术吸收机制和FDI产业配套能力。另外，对于技术仍有以工艺设备为载体的硬技术和以人员为载体的软技术之分，其溢出的渠道和方式也明显不同（赵果庆，2010）。显然，笼统地探讨FDI对内资产业技术溢出还过于粗糙，会影响对FDI溢出效应的测定结果。Galina和Long（2007）就曾指出，有关中国的实证检验所表现的"正向"技术溢出效应实际上是由FDI变量的内生性所导致，因此结论是不可信的。

另外，由于生产过程的某些投入产出联系，就不能将产业关联产生异质性视为外生给定的。利用产业层面数据如果不考虑产业异质性，那么可能导致产业自相关产生的偏差。从计量角度来讲，忽略异质性或关联效应会使得估计结果有偏差、不一致。也就是说，产业同质性假定，忽视不同产业地位、技术差异，可能会影响FDI技术溢出的估计效果，更对结论与政策含义产生影响。

在传统经济学理论中，FDI被假设为具有同质性，以FDI作为一个同质性变量测定其溢出效应。但是，FDI在不同产业中的分布存在较大差别，技术水平也明显不同。大量研究表明，不同FDI在产出效率上存在很大区别。实际上，FDI对东道国不同产业技术进步促进作用表现出的差异，其实就是FDI在技术效率上异质性的具体表现。这种异同质性一方面体现在FDI产业技术和研发投入的使用效率不同，另一方面影响了其他企业或产业的技术效率，后者就是FDI的"技术溢出"。它可以发生在同一行业之内，也可以发生在不同行业之间；可能是正向的，也可能是反向的。FDI在产业链不同产业分布，会因不同投入产业联系的差异而影响技术溢出强度和方向。

当然，国内外学者已看到产业异质性对溢出效应的影响，也采用了一些方法处理产业异质性对FDI技术溢出效应的影响。一方面，在估计技术上采用面板数据的计量估计,但面板数据的固定效应模型也以难以解决产业异质性的根本性问题。另一方面,把 FDI 溢出分为产业内溢出和产业间溢出,再把产业间溢出分为前向溢出和后向溢出,分别就不同情况进行分类研究(陈涛涛,陈娇,2006),王争、孙柳媚、史晋川(2008)还从产业的水平和垂直产业关联(前向和后向关联)实证外资溢出的影响对不同的企业可能存在异质性,但也没有完全解决产业异质性问题。虽然,有学者用投入产业表中的直接消耗系数体现异质性影响,而在方法上还有严重的缺陷。主要是估计前向溢出和后向溢出效应时分别采用纵向和横向直接消耗系数直接累加,没用直接消耗系数矩阵从根本上体现 FDI 溢出的异质性。

显然,国内外理论界迄今仍没有充分解决产业"异质性"对 FDI 溢出效应的影响,异质性特征这一关键的溢出效应因素尚未得到充分的检验。如何衡量产业异质性?FDI 产业对中国内资产业以及不同所制下产业是否存在技术溢出?哪些是产业内溢出以及哪些是产业间溢出?FDI 溢出是基于资产还是人员?这些正是我们要着力回答的问题。

二 异质性溢出:文献评论与思路

(一)投入产出关联与溢出渠道异质性

直至 1990 年年末,真正清楚地分析关联效应与 FDI 技术溢出两者间的关系的实证研究几乎没有。部分地弥补这方面文献空白的应该是 Kugler(2000)最早用计量方法检验 FDI 行业间溢出的可能性,Kugler 表明垂直关联比水平效应更加能提供技术溢出的渠道,是 FDI 技术溢出研究中不可忽略的领域。国外学者 Blalock(2001)、Schoors 和 van der Tol(2002)、Javorcik(2004),以及 Mucchielli 和 Jabbour(2006)等研究均提供了 FDI 的后向关联溢出为正的经验证据。Wei 和 Liu(2006)对中国制造业企业面板数据进行回归,其研究认为,后向关联相比前向关联和水平联系是更为重要的溢出途径。显然,尽管 FDI 存在正向溢出在国际理论界获得了一致性认可,但是支持性的经验证据很难找到。Javorcik(2004)认为,研究者可能在错误的地方寻找 FDI 的溢出效应,溢出渠道更可能发生在行业间(即垂直方向)而不是行业内(即水平方向)上,溢出可能通过后向关联,通过当地中间品供应商和跨国公司的子公司直接的联系产生。关于 FDI 技术溢出效应的一个具有代表性的综述是 Gorg 和 Greenway(2004),

其文中列出了 40 篇研究产业内溢出效应的论文,包括最早对此问题进行研究的 Caves(1974),其中 11 篇使用截面数据做回归分析的都表明行业内存在正的溢出效应,而使用面板数据做回归分析的多是否定的答案;即使有 8 篇使用面板数据的论文支持行业内存在 FDI 技术扩散,但是他们分析的对象都是发达国家,而不是发展中国家。因此,基本的结论是对发展中国家而言,FDI 的行业内技术溢出效应仍是令人怀疑的。

国内对 FDI 技术溢出的实证研究基本上都是针对产业内的分析,最近开始关注 FDI 产业间溢出效应。陈羽(2006)使用行业外资工业总产值比重衡量外资行业内技术溢出,采用 1997 年投入产出表计算出前向联系和后向联系的指标,对 1996—2003 年 24 个制造业行业进行实证分析(以工业增加值为被解释变量),结果表明外资存在明显的后向联系效应,而行业内技术溢出为 U 形"门槛效应",在超过某一门槛值时,存在正的行业内技术溢出效应。姜瑾、朱桂龙(2007)同样采用 1997 年投入产出表,对 1999—2003 年 21 个工业行业进行实证分析,其后向联系指标与陈羽(2006)方法相同,但是前向联系指标算法略有出入,其被解释变量为人均行业工业增加值;实证结果表明,存在显著的外资行业内溢出和前向联系溢出效应,但后向联系效应为负。国内对中国工业的 FDI 行业间溢出进行了较多的实证研究,如王耀中和刘舜佳(2005)、严兵(2006)、许和连和魏颖绮等(2007)、姜瑾和朱桂龙(2007)以及亓朋和许和连等(2008),其研究结论虽然不一致,但都肯定了行业间溢出的存在。对于产业内溢出却不同,迄今为止我国学者的实证研究还不能证明我国 FDI 行业内技术溢出应为正(郑秀君,2006)。

可以看出,国内外在研究技术溢出问题方法的大多数文献没有充分考虑异质性,一般都假设不同的产业具有同质性,即使把 FDI 的产业技术溢出分为水平、前向和后向溢出三个渠道,利用投入产出表进行实证也是不自觉的、无意的,原本并非想解决产业异质性对 FDI 技术溢出的影响。

(二)所有制异质性

不同所有制类型的产业往往代表了不同产权控制结构以及创新动力机制,东道国产业的所有制类型成为 FDI 溢出效应的重要影响因素。Feinberg 和 Majumdar(2001)研究发现,不同所有制类型的东道国企业从 FDI 中获得的溢出效应有所不同。Li 等(2001)利用中国 1995 年工业普查数据,对不同所有制类型企业获得的溢出效应进行了实证研究,其研究结果表明，市场导向型的 FDI 对国有产业产生了正向溢出效应，提高了国有产业的技术水平和生产率；而其对集体和私营产业的溢出效应则为负，这是因为这些产业还不能在技术上与外资企业竞争。然而，Buckieyet 等 (2002) 则发现中国的集体企业获得的溢出效应较大，而国有企业则经历了负的溢出效应。陈琳和林珏 (2009) 应用 1566 家中国制造业企业 1999—2002 年数据研究表明，FDI 通过人员流动给国有、外商所有及合资企业都带来了正向而显著的溢出，而中国的私有和集体所有制企业并没有从中受益。从中国工业行业角度，有国有、集体、民营和 FDI 产业体系，FDI 产业体系之间的技术溢出还没有引起重视。

(三) 技术特征溢出渠道异质性

不同的技术，不同的溢出渠道对溢出效应有重要影响。FDI 产业的技术溢出效应因技术溢出异质性而不同，还可能以技术的属性和载体有关。FDI 作为资本、专门技术和技术的"一揽子"转移，其中既有硬技术转移，又有软技术转移。自然，FDI 带来的资本及其技术改变了东道国的生产函数，强化了东道国的产业增长态势。FDI 的技术可分物化技术与非物化技术，也俗称硬技术和软技术（赵果庆，2010）。物化型溢出通常指包括在中间投入品、资本品等实物流动过程中的 FDI 技术外溢；非物化型技术溢出则指主要不是通过实物流动过程，而是通过人员和信息流动而产生的 FDI 技术外溢。当然，这两种渠道可能只有一种发生，也可能是两者并存，两类技术溢出会同时发生作用，甚至会产生耦合效应。基于投入产出关联，FDI 的溢出效应有两种三个渠道，一是水平溢出，即产业内溢出；二是垂直溢出，分为前向关联溢出和后向关联溢出。

(四) 产出关联异质性的解决

Hirschman (1958) 提出后向联系和前向联系的概念。在产业间后向联系的实证方面，Blalock (2001) 采用印尼制造业 1988—1996 年企业的面板数据分析了 FDI 是否通过后向联系效应使当地的上游行业供应商获得了技术扩散。Blalock 构造了一个表示后向联系效应的指标，用垂直供应链表示这种 FDI 技术扩散的渠道，通过实证分析表明后向联系效应确实存在，但是行业内水平溢出并未得到数据的支持。Smarzynska (2004) 利用立陶宛 1996—2000 年的企业面板数据，在 Blalock (2001) 的研究基础上，构造了后向联系和前向联系两个指标，实证 FDI 的技术溢出效应。

行业角度来看，FDI 技术溢出可分为行业内横向溢出和行业间纵向溢出两种渠道,这是 FDI 技术溢出的重大进展。国内学者利用投入产出表计算各行业 FDI 后向联系和前向联系指标,试图有效地体现产业关联异质性对溢出的影响,但不能全面解决由产业关联产生的内生异质性。这可以用空间计量经济学方法(Anselin,1988)做一个简单的证明。

FDI 的前向关联效应,定义为除行 i 以外,其所有上游行业中外商投资企业所提供的份额的加权平均(杨亚平,2007;王欣、陈丽珍,2008)。计算公式:

$$F_{it} = \sum_{m, m \neq i} a_{im} \cdot H_{mt}$$

其中,a_{im} 是产出部门 i 的产品消耗各投入部门 m 的产品(货物或服务)的数量,该参数从投入产出表中的直接消耗系数表中各列取得(剔除对角线上的元素),H_{mt} 是部门 i 的所有上游行业 m 中 FDI 资企业就业人数比。

借鉴空间计量经济学方法,产业关联溢出变量由 $W \cdot H_{mt}$ 构成,即 $F_{it} = WH_{mt}$。

设一个四产业非标准化矩阵和 $H_{mt} = (x_1 \ x_2 \ x_3 \ x_4)^T$,即:

$$W = \begin{pmatrix} 0 & 1 & 1 & 1 \\ 1 & 0 & 1 & 0 \\ 1 & 1 & 0 & 1 \\ 1 & 0 & 1 & 0 \end{pmatrix}, \ \text{则} \ F_{it} = \begin{pmatrix} 3x_1 \\ 2x_2 \\ 3x_3 \\ 2x_4 \end{pmatrix}, \ Wx = \begin{pmatrix} x_2 + x_3 + x_4 \\ x_1 + x_3 \\ x_1 + x_2 + x_4 \\ x_1 + x_3 \end{pmatrix}$$

若把 W 变为标准化矩阵:

$$W = \begin{pmatrix} 0 & \frac{1}{3} & \frac{1}{3} & \frac{1}{3} \\ \frac{1}{2} & 0 & \frac{1}{2} & 0 \\ \frac{1}{3} & \frac{1}{3} & 0 & \frac{1}{3} \\ \frac{1}{2} & 0 & \frac{1}{2} & 0 \end{pmatrix}, \ \text{则} \ F_{it} = \begin{pmatrix} x_1 \\ x_2 \\ x_3 \\ x_4 \end{pmatrix}, \ Wx = \begin{pmatrix} \frac{1}{3}(x_2 + x_3 + x_4) \\ \frac{1}{2}(x_1 + x_3) \\ \frac{1}{3}(x_1 + x_2 + x_4) \\ \frac{1}{2}(x_1 + x_3) \end{pmatrix}$$

显然,对于一个标准化的关联矩阵,用传统方法并不能识别出产业异质性征。同时,与国内相似文献不同的是,我们使用的权值矩阵 W 不再是空间计量中邻接矩阵,并采用投入产出表中直接消耗系数作为具体数值度量,以更精确地处理产业之间 FDI 溢出的异质性。

再从一个广义的角度来考虑，产业异质性可以被看作是经济系统内部存在一个描述不同产业投入产出关联的函数关系。产业相关性本质就是它导致了各产业的互相依赖。它暗示着生产函数形式和参数会随着产业链位置的变化而变化，整个产业体系不是同质的，这些异质性直接表现出产业关联自相关。在这种情形下，由标准的经济计量所提供的工具就不够了，需要特定计量方法来解决，我们的具体做法是把投入产出表作为关联矩阵 W 转化为关联自相关变量，以处理产业间内生的异质性。

FDI 对东道国的溢出效应中的异质性影响问题，不仅只有空间异质问题，而且更是产业异质性。空间自相关已打破了大多数经典统计和计量分析中相互独立的基本假设，在运用计量模型进行空间回归的误差项中，存在着不同形式的类似于时间序列相关的空间自相关。在这种情况下，显然，不考虑空间自相关的传统分析，将与不考虑时间相关的传统分析一样，其结论是有偏差的。空间计量经济学成功地解决了空间的异质性问题。何兴强和王利霞（2008）、钟昌标（2010）对 FDI 空间溢出效应的研究方法对处理产业异质性问题非常有启发意义。大部分产业因投入产出关联，数据都具有一定程度的依赖性或自相关性的特征，即一个产业的某种经济属性值与关联产业相同属性值是相关的。正是基于这一点，我们借用空间计量方法，构建投入产业关联面板模型研究 FDI 溢出效应。具体地，我们主要是解决由投入产出关联产生的异质性问题，全面估计 FDI 在产业内关联、产业前向关联和后向关联溢出效应。

比较现有的文献，我们可能的贡献主要体现在以下几个方面：一是产业技术溢出可以分为产业技术内溢出（水平）、产业间前向技术溢出和后向技术溢出（垂直溢出），并分别以投入产出表中的直接消耗系数矩阵的对角关联矩阵、前向关联矩阵和后向关联矩阵体现，以多方位解决水平、前向和后向异质性，实现研究方法的创新；二是对 FDI 溢出效应的研究从内资产业扩展到国有产业、私有产业和股份制等 5 类产业；三是前期研究把 FDI 产业技术溢出分为物化技术溢出和非物化技术溢出，用 2003—2008 年 73 类产业数据和《2007 年投入产出表》构造产业关联面板数据，从技术上全面实证 FDI 产业的异质性溢出。

三 基于产业异质性的 FDI 溢出效应估计模型

(一) FDI 产业溢出效应

无论在经济理论上,还是决策者的政策构想中,FDI 的间接作用即"溢出效应"都受到高度重视。这主要是因为通过内资企业的模仿、各种渠道的技术获取、人员流动、增加市场竞争程度以及推动内资企业的出口等渠道,FDI 可能会促进内资产业的技术提升,从而获得 FDI 外部效应即"额外"利得。

为了进一步实证 FDI 产业因技术类型不同而产生的溢出效应差异,把 FDI 产业技术溢出效应分成以资产(如设备、生产工艺)为载体的硬技术溢出和以人员(技术诀窍)为载体的软技术溢出。把(5.9)式打开,面板计量模型:

$$LnY_{it} = \ln B + \eta_l Sl_{it} + \eta_k Sk_{it} + \alpha \ln K_{it} + \beta \ln L_{it} + u_{it} \quad (5.11)$$

(5.11) 式中,η 值的经济含义是很明显的。如 $\eta_k = \eta_l = 0$,则(5.11)式退化为(5.1)式的对数形式,表示 FDI 技术没有发生溢出效应。如果 η 估计值为正,说明 FDI 产业集聚对内资产业存在正的技术外溢作用;反之,如果 η 估计值为负,则表明 FDI 产业集聚对内资产业的技术进步还可能存在一定的挤出效应,FDI 对技术创新有"挤压作用"。B 为全要素生产率的影响因素的残余值,表示影响技术进步的各种其他因素,也表示某个时期的技术的固定水平。

(二) 考虑产业异质性的 FDI 产业溢出效应

与目前大多数采用投入产出表中直接消耗矩阵的用法不同,我们没有采用简单的加和得到感应系数和影响系数,而是将直接消耗矩阵 w 分为对角矩阵 w_l 和非对角矩阵 w_h 两部分:

$$\begin{bmatrix} c_{11} & c_{1i} & c_{1n} \\ c_{j1} & c_{ij} & c_{jn} \\ c_{n1} & c_{1n} & c_{nn} \end{bmatrix} = \begin{bmatrix} c_{11} & 0 & 0 \\ 0 & c_{ij} & 0 \\ 0 & 0 & c_{nn} \end{bmatrix} + \begin{bmatrix} 0 & c_{1i} & c_{1n} \\ c_{j1} & 0 & c_{jn} \\ c_{n1} & c_{1n} & 0 \end{bmatrix}$$

令 $w_l = \begin{bmatrix} c_{11} & 0 & 0 \\ 0 & c_{ij} & 0 \\ 0 & 0 & c_{nn} \end{bmatrix}$, $w_h = \begin{bmatrix} 0 & c_{1i} & c_{1n} \\ c_{j1} & 0 & c_{jn} \\ c_{n1} & c_{ni} & 0 \end{bmatrix}$

w_l 表示产业内关联即水平异质性,而 w_h 表示产业间(垂直)关联即纵向异质性，这里还需进一步把 w_h 分为前向异质性矩阵和后向异质性矩阵。

$$w_h^f = \begin{bmatrix} 0 & c_{1i} & c_{1n} \\ c_{j1} & 0 & c_{jn} \\ c_{n1} & c_{ni} & 0 \end{bmatrix}, \quad w_h^b = (w_h^b)' = \begin{bmatrix} 0 & c_{j1} & c_{n1} \\ c_{1i} & 0 & c_{ni} \\ c_{1n} & c_{jn} & 0 \end{bmatrix}$$

w_h^f 表示前向关联的异质性矩阵，w_h^b 为后向关联的异质性矩阵，它是 w_h^f 的转置。

因此，在（5.11）式基础上进行改造，得到 FDI 产业技术溢出的关联面板估计模型：

$$LnY_{it} = \ln B_{it} + \alpha \ln K_{it} + \beta \ln L_{it} + \eta_{ll} w_l Sl_{it} + \eta_{kl} w_l Sk_{it} + \eta_{lf} w_h^f Sl_{it}$$
$$+ \eta_{kf} w_h^f Sk_{it} + \eta_{lb} w_h^b Sl_{it} + \eta_{kb} w_h^b Sk_{it} + u_{it} \quad (5.12)$$

于是，我们采用空间面板计量方法，将关联面板数据与 FDI 产业溢出特征相结合，所以这里的权值矩阵 W 不再是基于横截面数据时的 N·N 方阵（N 代表产业数），而是一个（N·T）·（N·T）（$T = t_m - t_0$）的分块矩阵：

$$W = \begin{bmatrix} w_{t0} & 0 & 0 \\ 0 & \ddots & 0 \\ 0 & 0 & w_{tm} \end{bmatrix}$$

矩阵 W 中的非对角元素全部为 0，而对角线上的每个元素又是一个 N·N 方阵。因为产业关联的 W 方阵不是每年都能获得，所以，对于一个较短的时间，假定产业联系具有时间不变性且 $w_{t0} = \cdots = w_{tm}$。因此，

$$W_l = \begin{bmatrix} w_l & 0 & 0 \\ 0 & \ddots & 0 \\ 0 & 0 & w_l \end{bmatrix}, \quad W_h^f = \begin{bmatrix} w_h^f & 0 & 0 \\ 0 & \ddots & 0 \\ 0 & 0 & w_h^f \end{bmatrix}, \quad W_h^b = \begin{bmatrix} w_h^b & 0 & 0 \\ 0 & \ddots & 0 \\ 0 & 0 & w_h^b \end{bmatrix}$$

对于一个关联面板数据，估计模型：

$$LnY_{it} = \ln B_{it} + \alpha \ln K_{it} + \beta \ln L_{it} + \eta_{ll} W_l Sl_{it} + \eta_{kl} W_l Sk_{it} + \eta_{lf} W_h^f Sl_{it}$$
$$+ \eta_{kf} W_h^f Sk_{it} + \eta_{lb} W_h^b Sl_{it} + \eta_{kb} W_h^b Sk_{it} + u_{it} \quad (5.13)$$

（5.13）式中，下标 i 代表某个行业，$i = 1, \cdots, N$，下标 t 代表时间

$t = t_0, \cdots, t_m$,W_l 为产业水平关联分块矩阵,W_h^f 为产业间前向关联分块矩阵,W_h^b 为产业间后向关联分块矩阵,η_u 为 FDI 产业软技术的产业内溢出效应,η_{kl} 为 FDI 产业硬技术的产业内集聚溢出效应,η_{lf} 为 FDI 产业软技术的产业间前向集聚溢出效应,η_{kf} 为 FDI 产业硬技术的产业间前向集聚溢出效应,η_{lb} 为 FDI 产业软技术的产业间后向集聚溢出效应,η_{kb} 为 FDI 产业硬技术的产业间后前向集聚溢出效应。

(三) FDI 产业耦合集聚溢出效应

在 FDI 产业的集聚溢出效应中,可能存在不同技术的溢出渠道、不同技术的交互作用的情况。对于这种情况,用连乘变量来检验技术异质耦合集聚溢出效应的模型为:

$$LnY_{it} = \ln B_{it} + \alpha \ln K_{it} + \beta \ln L_{it} + \beta_l W_l Sl_{it} \cdot W_l Sk_{it} + \beta_f W_h^f Sl_{it} \cdot W_h^f Sk_{it}$$
$$+ \beta_b W_h^b Sl_{it} \cdot W_h^b Sk_{it} + u_{it} \qquad (5.14)$$

(5.14) 式中,β_l 表示产业内的硬技术和软技术的耦合集聚溢出效应,β_f 表示产业间的硬技术和软技术的前向耦合集聚溢出效应,β_b 表示产业间的硬技术和软技术的后向耦合集聚溢出效应。

(四) 数据来源与说明

2003—2008 年全国 73 个工业行业的面板数据,数据取自《国研网数据库》,FDI 产业数据为外商投资和港澳台投资工业产业主要经济指标,内资产业数据由工业产业和外商投资产业相应指标数值相减得来。表示产业异质性矩阵来自《2007 年中国投入产出表》的直接消耗系数。为保持两者数据对应,根据《中国 2007 年投入产出表部门分类及代码》进行调整,选取 73 个工业部门(表 5-7)。

表 5-7　　　　　　　　调整后的部门分类

序号	产业	序号	产业	序号	产业
1	煤炭开采和洗选业	5	非金属矿采选业	9	屠宰及肉类加工
2	石油和天然气开采业	6	谷物磨制	10	水产品加工
3	黑色金属矿采选业	7	饲料加工	11	方便食品制造
4	有色金属矿采选业	8	制糖	12	液体乳及乳制品制造

续表

序号	产业	序号	产业	序号	产业
13	调味品、发酵制品制造	34	涂料、油墨、颜料及类似产品制造	55	金属加工机械制造
14	酒精制造	35	合成材料制造	56	起重运输设备制造
15	软饮料制造	36	专用化学产品制造	57	泵、阀门、压缩机及类似机械的制造
16	精制茶加工	37	日用化学产品制造	58	铁路运输设备制造
17	烟草制品业	38	医药制造业	59	汽车制造
18	棉、化纤纺织及印染精加工	39	化学纤维制造业	60	船舶及浮动装置制造
19	毛纺织和染整精加工	40	橡胶制品业	61	电机制造
20	麻纺织	41	塑料制品业	62	输配电及控制设备制造
21	纺织制成品制造	42	水泥及石膏制品制造	63	电线、电缆、光缆及电工器材制造
22	纺织服装、鞋、帽制造业	43	砖瓦、石材及其他建筑材料制造	64	家用电力器具制造
23	皮革、毛皮、羽毛及其制品业	44	玻璃及玻璃制品制造	65	通信设备制造
24	木材加工及木、竹制品业	45	陶瓷制品制造	66	电子计算机制造
25	家具制造业	46	耐火材料制品制造	67	电子元件制造
26	造纸及纸制品业	47	炼铁	68	文化、办公用机械制造
27	印刷业和记录媒介的复制	48	炼钢	69	工艺品及其他制造业
28	文教体育用品制造业	49	钢压延加工	70	废弃资源和废旧材料回收加工业
29	石油加工、炼焦及核燃料加工业	50	铁合金冶炼	71	电力、热力的生产和供应业
30	炼焦	51	有色金属合金制造	72	燃气生产和供应业
31	基础化学原料制造	52	有色金属压延加工	73	水的生产和供应业
32	肥料制造	53	金属制品业		
33	农药制造	54	锅炉及原动机制造		

面板数据的横截面为 73 个，时间跨度为 6 年，有共 438 个数据。由于有的产业没有直接消耗系数，因此代表水平、前向和后向溢出的关联矩阵均为稀疏矩阵（图 5-1）。

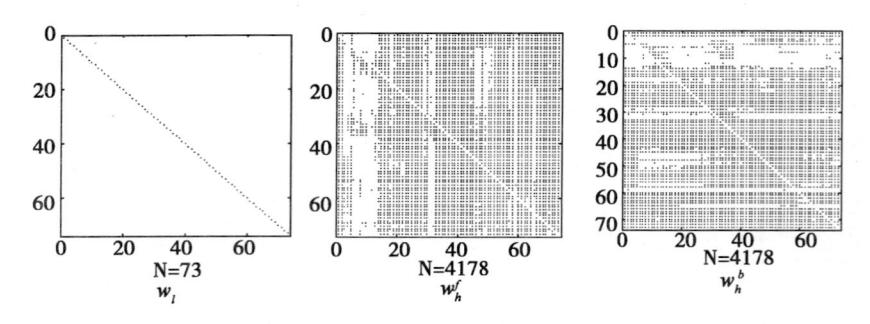

图 5-1　2007 年水平、前向和后向溢出的关联稀疏矩阵

一些研究表明，FDI 产业溢出效应与技术差有较大关系，技术差距过大、过小都不利于 FDI 技术溢出。从百元资产产值看，私营产业最高，为 182.33 元，国有产业最低，为 57.64 元，而 FDI 产业为 132.53 元，高于内资产业、股份产业、其他产业，而低于集体产业的水平。从人均产值看，股份产业产业最高，为 7278.71 元/人，最低的是集体产业，为 3112.11 元/人，FDI 产业为 4981.02 元/人，位居第二位。再进一步看，FDI 产业百元资产产值和人均产值均高于内资产业和国有产业（表 5-8）。可以推断，FDI 产业技术溢出可能出现比较复杂局面，且不会理想。

表 5-8　　　　　2003—2008 年产业产值、资产和人员平均值

产业	产值（万元）	资产（万元）	人员（万人）	产业	产值（万元）	资产（万元）	人员（万人）
FDI 产业	105000	79225.96	21.08	私营产业	68906.33	37792.22	18.01
内资产业	247000	237000	55.28	股份产业	38504.38	37738.61	5.29
国有产业	54238.21	94103.8	14.62	其他产业	59097.63	58024.97	12.84
集体产业	12323.96	7395.05	3.96				

四 估计结果

(一) 内资产业

以 (5.1) 式估计出表 5-9 中 (1),作为基础模型。在 (1) 中加入物化技术与非物化技术水平溢出效应检测项后得水平溢出检验模型 (2)。由于 (2) 的表明结果,调节 R^2 高于 (1),AIC、S.E 值低于 (1),因此,(2) 优于 (1),其表明 FDI 物化技术对内资产业有显著的溢出效应,非物化技术产生显著的负溢出效应,起到"挤出效应"。在 (1) 中加入物化技术与非物化技术前向溢出效应检测项后得前向溢出检验模型 (3)。由于 (2) 的调节 R^2 低于 (1),AIC、S.E 值高于 (1),因此,(3) 不如 (1) 优越,又由于前向溢出效应检测项系数的 t 统计值在 5% 水平上不显著,其表明 FDI 技术对我国内资产业没有显著溢出效应。同样的,在 (1) 中加入物化技术与非物化技术后项溢出效应检测项后得后向溢出检验模型 (4)。由于 (4) 的调节 R^2 高于 (1),AIC、S.E 值低于 (1),因此,(4) 优于 (1),其表明 FDI 物化技术对内资产业有显著的后向溢出效应,非物化技术产生显著的负后向溢效应。当把 FDI 的水平溢出与后项溢出效应检测项同时加入 (1) 后,以 (5.9) 式建立 (5),(5) 中仅有硬技术的水平溢出的 t 统计值在 5% 的水平显著(表 5-9)。

表 5-9　FDI 产业对内资产业溢出效应的关联面板数据估计

变量	基础模型 (1) 系数	t 值	水平溢出 (2) 系数	t 值	前向溢出 (3) 系数	t 值	后向溢出 (4) 系数	t 值	全部 (5) 系数	t 值
$\ln B_{it}$	0.9012	7.3180	0.7646	6.1917	0.9265	6.7537	0.6685	4.9922	0.7335	5.2934
$\ln K_{it}$	0.7713	26.0646	0.7917	26.5261	0.7718	25.9830	0.7768	26.5014	0.7915	26.3810
$\ln L_{it}$	0.2722	7.4760	0.2463	6.6873	0.2716	7.4367	0.2662	7.3681	0.2466	6.6692
$W_l Sl_{it}$			-0.0232	-2.6856					-0.0208	-1.3894
$W_l Sk_{it}$			0.0321	3.9294					0.0288	2.0183
$W_h^f Sl_{it}$					0.0018	0.1444				
$W_h^f Sk_{it}$					-0.0028	-0.2289				
$W_h^b Sl_{it}$							-0.0230	-3.2915	-0.0034	-0.2819
$W_h^b Sk_{it}$							0.0269	3.7743	0.0043	0.3533

续表

变量	基础模型 (1)		水平溢出 (2)		前向溢出 (3)		后向溢出 (4)		全部 (5)	
	系数	t值	系数	t值	系数	t值	系数	t值	系数	t值
2003 - $\ln B_{ti}$	-0.2889		-0.2839		-0.2897		-0.2963		-0.2845	
2004 - $\ln B_{ti}$	-0.1649		-0.1567		-0.1664		-0.1562		-0.1555	
2005 - $\ln B_{ti}$	-0.0423		-0.0425		-0.0423		-0.0400		-0.0422	
2006 - $\ln B_{ti}$	0.0587		0.0580		0.0594		0.0588		0.0577	
2007 - $\ln B_{ti}$	0.1797		0.1759		0.1803		0.1790		0.1756	
2008 - $\ln B_{ti}$	0.2579		0.2492		0.2587		0.2547		0.2488	
Adj. R^2	0.9878		0.9886		0.9878		0.9883		0.9885	
S. E.	0.4048		0.3921		0.4055		0.3976		0.3929	
AIC	1.0472		0.9881		1.0556		1.0159		0.9965	
F	5090.471		4222.806		3944.04		4105.532		3441.426	

对比表5-9中（2）—（5），（2）的调节R^2值最高，AIC、S.E值最低，（2）是解释FDI产业对内资产业溢出效应的最佳模型。其表明FDI技术在产业间溢出无论前向或后向都不显著，只有FDI产业的物化技术发生显著的溢出效应，而FDI产业非物化技术对内资产业技术发展反而起阻碍作用；在FDI技术的水平溢出下，内资产业生产函数发生了一定的变化，技术水平$\ln B_{ti}$有所下降，人员的弹性系数有所下降，资产的弹性系数有所上升；同时，2003—2008年，固定效应的$\ln B_{ti}$逐步上升，由负变正。

显然，FDI产业对内资产业溢出效应有正有负，但以正效应为主。对于内资产业，FDI技术溢出仅发生在产业内，产业间溢出无论前向或后向都不显著，即使是产业内溢出，FDI物化技术发生显著的溢出效应，而非物化技术对内资产业却是挤出效应。从计量结果看，FDI物化技术溢出边际效应大于非物化技术负溢出的边际效应。仅从这方面看，FDI产业对我国内资产业发生了溢出效应。

（二）FDI产业

FDI产业是一种新的企业种群。FDI进入我国后已形成一个相互关联产业化体系，往往是一批同类企业集聚在一个产业，而在产业上集聚，体制相近，技术差距小，产生自我溢出的可能性比较大。表 5-10 中，当没有自我溢出效应发生时，以（5.2）式建立基础模型（6）。在（6）中加入 FDI 产业水平溢出效应检测项后得（7）。从（7）看，调节 R^2 高于（6），AIC、S.E 值低于（6），因此，（7）优于（6），其表明 FDI 产业的非物化技术在体系内有显著的自我溢出效应，物化技术产生挤出效应，但在 5% 水平上不显著。在（6）中加入前向溢出效应检测项后得（8），其调节 R^2 低于（6），AIC、S.E 值高于（6），因此，（8）优于（6）。由于溢出效应检测项系数的 t 统计值在 5% 水平上显著，其表明 FDI 技术对我国 FDI 产业体系内有显著的自我溢出效应。同样的，在（6）中加入后项溢出效应检测项后得（9），调节 R^2 高于（6），AIC、S.E 值低于（6），因此，（9）优于（6），其中，FDI 的非物化技术对 FDI 产业全系内发生显著的后向自我溢出效应，物化技术产生的后向溢出效应在 5% 水平上显著。当把 FDI 的水平、前向与后项溢出效应检测项同时加入（6）后，（10）调节 R^2 高于（6），AIC、S.E 值低于（6），因此（10）优于（6）。很明显，FDI 的非物化技术在水平和前向产生了显著的自我集聚溢出效应。

表 5-10　　FDI 产业对 FDI 产业溢出效应的关联面板数据估计

变量	基础模型 (6)		水平溢出 (7)		前向溢出 (8)		后向溢出 (9)		全部 (10)	
	系数	t 值	系数	t 值	系数	t 值	系数	t 值	系数	t 值
$\ln B_{it}$	0.3538	3.4825	0.2065	1.9538	0.2797	2.7417	0.2929	2.8135	0.1957	1.8649
$\ln K_{it}$	0.9072	52.1215	0.9509	47.4115	0.9134	52.9088	0.9086	51.3355	0.9439	49.9968
$\ln L_{it}$	0.1236	6.0615	0.0660	2.7302	0.1110	5.4429	0.1187	5.6964	0.0713	3.0962
$W_l Sl_{it}$			0.0534	2.6175					0.0162	3.8409
$W_l Sk_{it}$			-0.0365	-1.8481						
$W_h^f Sl_{it}$					0.0068	2.8274			0.0061	2.5660
$W_h^f Sk_{it}$					0.0037	3.4141				
$W_h^b Sl_{it}$							0.0062	2.6008		
$W_h^b Sk_{it}$							0.0020	1.9015		
2003 - $\ln B_{it}$	-0.1239		-0.1132		-0.1025		-0.1163		-0.1101	
2004 - $\ln B_{it}$	-0.0345		-0.0292		-0.0178		-0.0280		-0.0249	
2005 - $\ln B_{it}$	-0.0164		-0.0146		-0.0103		-0.0177		-0.0168	

续表

变量	基础模型 (6)		水平溢出 (7)		前向溢出 (8)		后向溢出 (9)		全部 (10)	
	系数	t值	系数	t值	系数	t值	系数	t值	系数	t值
2006 – $\ln B_{it}$	0.0168		0.0147		0.0201		0.0131		0.0128	
2007 – $\ln B_{it}$	0.0741		0.0686		0.0267		0.0703		0.0669	
2008 – $\ln B_{it}$	0.0839		0.0737		0.0837		0.0786		0.0721	
Adj. R^2	0.9913		0.9916		0.9916		0.9914		0.9917	
S. E.	0.3702		0.3633		0.3632		0.3671		0.3619	
AIC	0.8690		0.8354		0.8351		0.8566		0.8281	
F	7155.955		5783.713		5785.466		5661.491		5826.544	

对比表5-10中（7）—（10），（10）的调节R^2值最高，AIC、S.E值最低，因此（10）是解释FDI技术对FDI产业体系内自我溢出效应的最优模型。其表明FDI非物化技术在FDI产业体系内发生水平和前向自我溢出效应，而在FDI物化技术没有发生明显的自我溢出效应，这可能是由于FDI产业设备都来自国外，水平相近，很少有模仿、租赁等现象发生，硬技术溢出效应不显著。在考虑FDI技术溢出的情况下，FDI产业生产函数发生了一定的变化，技术水平$\ln B_{ti}$有所下降，但2003—2008年，固定效应的$\ln B_{ti}$由负变正逐步上升，人员的弹性系数有所下降，资产的弹性系数有所上升。

（三）不同所有制产业

FDI产业与我国内资产业发生相互作用，但由于我国不同所有制产业的运行机制不同，与FDI产业的作用方式与强度也不同，接受FDI产业溢出效应的能力也有较大差别。以（5.1）式为基础模型，用（5.13）式检验FDI产业对不同所有制产业的集聚溢出效应（表5-11）。从（11）、（12）看，国有产业的生产函数比较特殊，$\ln B_{ti}$为负，$\ln L_{ti}$的t统计值在5%水平上不显著，属资产推动型产业，FDI产业软技术在水平和前向有负溢出效应（挤出效应）。从（13）、（14）看，FDI产业对集体产业物化技术产生负的集聚溢出效应即挤出效应。对于私有产业，表5-11中的（15）、（16）表明，FDI产业通过前项联系对私有产业非物化技术产生明显的集聚挤出效应。对于股份制产业，FDI产业技术溢出情况比较复杂，

(15)、(16) 表明，FDI 产业对于行业内的股份制产业的非物化技术产生明显的集聚溢出效应，而对通过后项关联，对股份制产业却产生的集聚挤出效应。最后，表 5-11 中的（19）、（20）表明，FDI 产业对于其他产业物化技术在 10% 的水平上产生显著的行业内集聚溢出效应，在 FDI 产业集聚溢出效应下，其他产业的技术水平有所下降，人员的弹性系数有所下降，资产的弹性系数有所上升。总体上看，表 5-11 表明，FDI 产业对不同所有制的产业都产生影响，呈现出多样化的结果，在固定效应下，不同所有制产业的技术水平都有不同幅度上升，而人员的弹性系数和资产的弹性系数也升降不一。

表 5-11　FDI 产业对不同所有制产业溢出效应的关联面板数据估计

变量	国有产业 (11) 系数	t 值	(12) 系数	t 值	集体产业 (13) 系数	t 值	(14) 系数	t 值	私有产业 (15) 系数	t 值
$\ln B_{it}$	-0.0067	-0.0662	0.1243	1.2281	1.2755	11.3698	1.3694	12.0833	1.0322	9.4620
$\ln K_{it}$	0.9741	162.4337	0.9744	166.7128	0.7245	28.3582	0.7044	27.3723	0.7527	31.2163
$\ln L_{it}$					0.3454	11.3738	0.3721	12.0982	0.3151	11.2910
$W_l Sl_{it}$			-0.0118	-2.6088						
$W_l Sk_{it}$							-0.0152	-3.7448		
$W_h^f Sl_{it}$			-0.0114	-3.9029						
$W_h^f Sk_{it}$										
$W_h^b Sl_{it}$										
$W_h^b Sk_{it}$										
2003 - $\ln B_{ti}$	-0.2030		-0.2227		-0.2478		-0.2616		-0.1860	
2004 - $\ln B_{ti}$	-0.1166		-0.1291		-0.1572		-0.1667		-0.1161	
2005 - $\ln B_{ti}$	-0.0654		-0.0614		-0.0475		-0.0470		-0.0488	
2006 - $\ln B_{ti}$	0.0300		0.0379		0.0616		0.0660		0.0315	
2007 - $\ln B_{ti}$	0.1260		0.1345		0.1383		0.1457		0.1337	
2008 - $\ln B_{ti}$	0.2290		0.2408		0.2527		0.2636		0.1856	
Adj. R^2	0.9837		0.9845		0.9879		0.9883		0.9923	
S. E.	0.4632		0.4509		0.4016		0.3957		0.3430	
AIC	1.3147		1.2655		1.0318		1.0042		0.7162	
F	4401.274		3486.133		5130.954		4627.318		8089.777	

续表

变量	私有产业 (16) 系数	t值	股份制产业 (17) 系数	t值	(18) 系数	t值	其他产业 (19) 系数	t值	(20) 系数	t值
$\ln B_{it}$	1.0980	10.0077	0.6329	4.0653	0.5467	3.4617	0.8628	7.2229	0.8134	6.6615
$\ln K_{it}$	0.7479	31.3120	0.8476	23.1260	0.8938	23.3569	0.7959	28.1532	0.8063	28.0401
$\ln L_{it}$	0.3219	11.6325	0.1746	3.8197	0.1192	2.5026	0.2436	7.0299	0.2299	6.5050
$W_l Sl_{it}$										
$W_l Sk_{it}$			0.0121	2.3447			0.0071	1.8395		
$W_h^f Sl_{it}$	−0.0072	−3.2813								
$W_h^f Sk_{it}$										
$W_h^b Sl_{it}$					−0.0087	−2.9985				
$W_h^b Sk_{it}$					−0.0044	−3.0197				
$2003-\ln B_{it}$	−0.1957		−0.2252		−0.2255		−0.2651		−0.2611	
$2004-\ln B_{it}$	−0.1222		−0.1318		−0.1334		−0.1402		−0.1373	
$2005-\ln B_{it}$	−0.0472		−0.0195		−0.0153		−0.0312		−0.0307	
$2006-\ln B_{it}$	0.0351		0.0543		0.0585		0.0543		0.0533	
$2007-\ln B_{it}$	0.1379		0.1527		0.1517		0.1551		0.1527	
$2008-\ln B_{it}$	0.1920		0.1696		0.1640		0.2271		0.2231	
Adj. R^2	0.9925		0.9861		0.9865		0.9900		0.9901	
S.E.	0.3392		0.4484		0.4423		0.3789		0.3779	
AIC	0.6960		1.2521		1.23142		0.9155		0.9122	
F	7240.684		4449.047		3202.297		6204.375		5459.348	

对于不同所有制产业，FDI产业集聚溢出效应有较大差异。在不同所的制产业中，只有其他类产业获得FDI产业的溢出效应，FDI产业对股份制产业的集聚溢出效应有正有负，以负为主，国有、集体和私有显著的集聚挤出效应，尤其是FDI产业对国有产业没有带来益处，非物化技术在水平和前向都有集聚挤出效应。这充分表明，不同所有制产业，其与FDI产业配置和作用的机理不同，FDI产业溢出效应也有明显的差异。

（四）连乘变量估计

对于同一种溢出渠道，硬技术和软技术可能会具有联动作用，产生复合溢出效应。以（5.14）式对耦合集聚溢出效应进行检测（表5-12）。对于内资产业，三个溢出渠道都发生了耦合集聚溢出效应，其中，水平、前向耦合溢出效应为正，后向耦合溢出效应为负。对FDI产业，FDI产业通过前向联系产生自我耦合溢出效应。对于国有产业、集体产业，FDI产业硬技术和软技术产生负的水平耦合溢出效应。对于股份制产业，FDI产业硬技术和软技术产生负的水平耦合溢出效应仅在10%的水平上显著。对于其他产业，FDI产业硬技术和软技术仅在10%的显著性水平上没有耦合溢出效应发生。总体上看，除FDI产业技术产生自我耦合溢出效应外，对内资产业有正有负，对国有、集体产业产生负的耦合溢出效应，对于私有产业、股份制产业和其他产业FDI产业没有产生显著的耦合溢出效应。

表5-12　FDI产业对不同产业耦合溢出效应的关联面板数据估计

变量	内资产业(21) 系数	内资产业(21) t值	FDI产业(22) 系数	FDI产业(22) 系数	国有产业(23) t值	国有产业(23) t值	集体产业(24) 系数	集体产业(24) t值
$\ln B_{it}$	0.9014	7.2376	0.3441	3.4112	0.0164	0.1640	1.3778	12.3046
$\ln K_{it}$	0.7683	25.2860	0.9093	52.5928	0.9737	163.4204	0.6972	27.1343
$\ln L_{it}$	0.2753	7.3627	0.1191	5.8660			0.3795	12.3913
$W_l Sl_{it} \cdot W_l Sk_{it}$	−0.0005	−2.7899			−0.0005	−2.6295	−0.0008	−4.5527
$W_h^f Sl_{it} \cdot W_h^f Sk_{it}$	−0.0005	−3.6905	0.0002	2.7625				
$W_h^b Sl_{it} \cdot W_h^b Sk_{it}$	0.0004	3.7735						
$2003-\ln B_{it}$	−0.2852		−0.1127		−0.2056		−0.2630	
$2004-\ln B_{it}$	−0.1623		−0.0245		−0.1182		−0.1667	
$2005-\ln B_{it}$	−0.0420		−0.0095		−0.0645		−0.0465	
$2006-\ln B_{it}$	0.0574		0.0226		0.0310		0.0661	
$2007-\ln B_{it}$	0.1774		0.0358		0.1270		0.1459	
$2008-\ln B_{it}$	0.2546		0.0883		0.2303		0.2643	
Adj. R²	0.9882		0.9914		0.9839		0.9885	
S.E.	0.3980		0.3674		0.4601		0.3927	
AIC	1.0203		0.8559		1.3033		0.9892	
F	3686.868		6358.975		3825.276		4698.146	

续表

变量	私有产业（25）系数	t 值	股份产业（26）系数	t 值	其他产业（27）系数	t 值
$\ln B_{it}$	1.0641	9.6564	0.6559	4.1965	0.8781	7.221
$\ln K_{it}$	0.7443	30.3938	0.8424	22.9034	0.7903	27.069
$\ln L_{it}$	0.3254	11.4565	0.1815	3.9544	0.2501	7.000
$W_l Sl_{it} \cdot W_l Sk_{it}$	−0.0003	−1.8214	−0.0003	−1.4438	−0.0001	−0.522
$W_h^f Sl_{it} \cdot W_h^f Sk_{it}$					0.0001	1.565
$W_h^b Sl_{it} \cdot W_h^b Sk_{it}$					0.0000	−0.343
2003 − $\ln B_{it}$	−0.1888		−0.2277		−0.2601	
2004 − $\ln B_{it}$	−0.1177		−0.1335		−0.1353	
2005 − $\ln B_{it}$	−0.0491		−0.0194		−0.0271	
2006 − $\ln B_{it}$	0.0321		0.0550		0.0586	
2007 − $\ln B_{it}$	0.1352		0.1539		0.1318	
2008 − $\ln B_{it}$	0.1884		0.1717		0.2321	
Adj. R^2	0.9923		0.9861		0.9900	
S. E.	0.3421		0.4478		0.3792	
AIC	0.7131		1.2518		0.9233	
F	7117.119		3902.99		4338.573	

FDI 产业物化技术与非物化技术是分别产生溢出效应，还是通过耦合方式产生溢出效应，还需要进一步比较。对比表 5-9 的（2）和表 5-12 的（21），（2）的调节 R^2 值较高，AIC、S. E 值较低。显然，对内资产业，（2）仍是解释 FDI 产业技术溢出效应的最佳模型。对比表 5-9 的（10）和表 5-12 的（22），由于（10）的调节 R^2 值最高，AIC、S. E 值最低，因此（10）仍是解释 FDI 产业技术对 FDI 产业体系内溢出效应的最优模型。

对于不同所有制产业，国有产业、私有产业、股份制产业的（23）、（25）、（26）和（27）都分别不如（12）、（16）、（18）和（20）优越，而对于集体产业来说，由于（24）的调节 R^2 值高于（14），（24）的 AIC、S. E 值较低（14），因此，（24）优于（14）。这说明，FDI 产业的水平耦合对集体产业产生更大的"挤压效应"。总体上说，物化技术和非物化技术以分别溢出为主，耦合溢出的效应不如分别溢出强。这意味着，物化技术和非物化技术的差别较大，FDI产业对其态度、保护措施不同，是基于人员还是基于资产溢出比较分明。

第三节　小结

FDI技术溢出作为一种外部效应，是跨国公司对当地企业的一种非自愿行为。在异质性视角下，FDI改变着我国产业生产函数，对我国内资产业产生"溢出"和"挤压"双重效应，但两者之和还是正效应。这表明，FDI产业对我国内资产业发生了集聚溢出效应。对于不同所有制产业，FDI产业溢出效应难以发生，FDI产业的耦合集聚溢出也难以发生。这表明，尽管进入我国的FDI并非是理想中的FDI，但是FDI物化技术溢出是我国产业提升硬件技术的一条重要途径，我国实施以市场换FDI技术的政策还算是成功的。这个结论也在汽车产业中得到体现。

具体来说，对汽车产业的各种检验的结果都显示出同一种结果，那就是，FDI的直接效应和技术溢出效应是两者不可兼得，一个是正效应，另一个为负效应。尽管进入中国汽车产业的FDI不是理想的FDI，但综合两种效应后看出，FDI对中国汽车业具有正的溢出效应，FDI的集聚效应还表现在提高了我国汽车产业技术水平。在一些局部环节，FDI进入直接提高了劳动生产率，增加了我国汽车产能，同时也提高了我国汽车产业国际竞争力指数，2005年我国汽车产业由净进口国转为净出口国。因此，说"市场换技术"在汽车产业完全失败是没有理由的。

技术差距存在是FDI集聚我国汽车业并产生溢出效应的重要前提。技术差距大则不利于技术溢出效应，技术差距小反而有利于技术溢出效应，这在中国汽车业中得出另一个结论。整车制造的技术缺口接近汽车制造业技术缺口水平，FDI产业对内资整车制造业的溢出效应和机制也接近汽车制造业，改装汽车制造业因FDI产业技术水平过于先进，技术缺口大，内资产业难以学习和模仿其核心技术，其溢出效应不显著。而对于技术缺口最小的汽车零件制造业，FDI产业的溢出效应较明显，却抑制了内资汽车零件制造业技术水平的提高。这表明，FDI产业对内资产业的溢出具有技术缺口效应。

由于有明显的"技术缺口"存在，又缺乏完善的制度和政策设计，

"以市场换技术"尽管没有失败,但结果已事与愿违,出现了中国轿车合资企业自主研发能力长达 20 年的停滞不前。这也是不可否认的事实。一个重要的原因是,"以市场换技术"的发展模式容易形成较强的路径依赖,在跨国公司产业控制下,合资企业的技术能力难以根本提高。FDI 对汽车产业核心技术创新能力提升的作用较小,而且在某种程度上对内资产业发明创新能力的培育存在某种"挤出效应",不愿合资搞研发来提升自身创新能力,这是由 FDI 本质属性所决定的。这也意味着中国内资产业难以通过跨国公司的技术转让和 FDI 的技术外溢途径获得核心技术。即使如此,FDI 的技术溢出对我国汽车产业发展也是很有益的。

最重要的还在于,汽车跨国公司产生了明显的溢出效应,缩小了民族汽车产业与跨国公司的技术差距,促进了民族汽车产业的发展。国内一批自主品牌汽车企业的崛起为观察技术外溢效应提供了新的视角。以奇瑞和吉利为代表的民族轿车工业,是中国汽车工业的一个里程碑。这不是偶然的,奇瑞和吉利是汽车跨国公司技术溢出的受益者。这意味着"以市场换技术"战略必须结合自主研发才能达到目的。"市场换技术"是中国汽车为缩小技术差距必须经历的一个历史过程,FDI 则是缩小技术差距的桥梁,而这个过程的长短取决于中国内资汽车业技术创新能力。

值得一提的是,FDI 软技术溢出只发生在 FDI 产业体系内。这种 FDI 产业的自我溢出机制,正是说明 FDI 产业体系是一个分工严密、技术关联密切的体系。这意味着,软技术的自我溢出效应,是 FDI 在产业和空间集聚的重要原因。自然,跨国公司对其关键技术更是采取保护措施,严防外溢,也不鼓励合资企业搞研发和技术创新,使我国企业对其核心技术形成依赖。这对我国产业安全来说已构成严重威胁。

基于以上结论,我们认为我国实施吸引 FDI 政策时值得考虑以下几点。

第一,对于我国内资产业发展,汲取 FDI 的溢出效应,即使主要来自物化技术的溢出也是重要的,我国还要一如既往地引进 FDI,积极发挥其技术溢出对我国产业装备技术有较大的提升作用,从而提高中国制造的硬件水平,通过相关的鼓励政策促使我国 FDI 产业向国内产业购买中间产品或向国内产业外包中间产品制造,为 FDI 产业的前向和后向链接溢出效应产生再造条件。

第二,提高内资产业(特别是国有企业和集体企业)员工的福利待遇，完善保障体系，增加员工归属感，改善员工的工作环境，不但要防止过多的人才流向 FDI 产业，更要吸引 FDI 产业员工到内资企业就业和工作，通过这种人员的流动来带动 FDI 软技术的溢出。

第三，软技术难以模仿和替代，溢出也有较大困难。在 FDI 产业集聚参与下，我国还得主动地、有计划地建设产业技术创新体系，尤其关注 FDI 集聚高端制造产业如汽车制造和电子技算机等核心技术构建，防止核心技术"挤压"效应的持续发生，为此，政策的要点在于支持内资企业 R&D 活动，为企业的自主创新创造良好的环境。

第四，大量 FDI 产业集聚于沿海的发达地区，这为 FDI 产业技术溢出创造了有利的条件，进一步恶化了中西部地区内资产业的发展环境。因此，促进 FDI 产业向中部地区转移，为中西部地区企业吸收 FDI "溢出效应"创造条件，分解 FDI 产业集聚体也有利于从全局上促进 FDI 软技术向内资产业溢出，同时也有利于缩小中西部与东部地区产业发展差距。

第六章　中国 FDI 产业与内资产业集聚模式

在宏观层面上，一般认为 FDI 集聚进入会促进东道国产业集聚，而东道国产业集聚也会吸引 FDI 集聚入驻。但是在微观层面上的情况并不总是如此，有些地区的产业集聚与 FDI 产业集聚存在一定关系，而有些地区的产业集聚与 FDI 产业集聚甚至没有相关关系，地区的产业集聚与 FDI 产业集聚存在多种模式。因此，我们从静态角度检验和划分地区 FDI 工业与内资工业集聚类型，在宏观上从动态角度揭示我国 FDI 产业与内资产业集聚机制与集聚模式。

第一节　中国地区 FDI 产业与内资产业集聚的静态模式

一　引言

改革开放以来，我国 FDI 分布呈现出双重集聚特征。我国 FDI 的主要部分集聚在东部沿海地区。从我国地区收入差距扩大的角度：一方面，20世纪 90 年代以来地区差距贡献的 65%—70% 是由产业向东部沿海集聚造成的（范剑勇，2008）；另一方面，改革开放以来，东部沿海地区吸引了占全国 87% 的 FDI，导致经济增长远高于其他地区，东西部增长差异的 90% 来源于 FDI（魏后凯，2002）。从这两项成果产生的一个推论就是，FDI 集聚对内资产业集聚产生重要影响。

观察表明，大量 FDI 集聚东部，加速东部地区制造业向产业链高端集聚，使东部地区成为世界制造业的大工厂，而中西部尤其西部地区加工制造业持续衰退，低端原料型产业集聚对生态与自然资源的依赖更加明显。FDI 集聚加速中国地区产业链分化与优势重组，扩大了地区工业极差与集聚差距。随着FDI在我国的深化和我国地区发展差距扩大，自然而然地产生一个问题，地区内资产业及其FDI产业集聚度显著性怎么样以及两者关系模式如何？

随着FDI的集聚显现，FDI空间分布不均衡对我国区域经济的影响随之加深，国内学术界对FDI空间集聚与产业集聚关系进行了较多的实证研究和统计研究。从实证研究角度，已有两种结论：一是FDI集聚促进产业集聚（冼国明、文东伟，2006；赵伟、张萃 2007；张宇、蒋殿春，2008；于铭，韩雪峰，2009）；二是产业集聚也吸引FDI集聚（毛新雅、王桂新，2005；刘文秀、刘丽琴，2006；张俊妮、陈玉宇，2006；肖文、林高榜，2008）；也有多篇文献发现FDI集聚与产业集聚之间具有相互影响、相互促进的因果关系（郭立伟、饶宝红，2007；段瑜琳、王华，2008；刘哲怡，2008）。从统计角度，梁琦（2003）用斯皮尔曼相关系数研究了FDI对我国部分制造业的影响。近期赵果庆（2009）应用方差统计量和构造的统计量检验了2004年FDI集聚与制造业集聚以及相关性的显著性。很明显，在研究FDI与产业集聚关系方面，计量实证是主流，相比之下，对FDI工业集聚统计研究还比较薄弱。

从目前的研究结果看出，FDI集聚促进了当地产业集聚，当地产业集聚吸引FDI入驻，这是产业集聚与FDI相互依赖的两个方面，尤其是FDI集聚东部，促进了东部产业集聚，东部产业集聚吸引FDI集聚，两者形成良性的关系。这一结论已是确信无疑的了。然而，随即产生的问题是，中部和西部地区产业是否集聚，其与FDI产业集聚有无关系？观察表明，西部地区的产业也具有较高的集聚性，只不过这种集聚与FDI产业的关系不密切。这就需要从地区角度全面考察地区产业集聚与FDI集聚的关系。

实际上，地区制造集聚强度的显著性极不平衡，集聚类型也有较大差异，中西部尤其是西部大部分地区，还是原发型低端集聚，而东部则是FDI依赖型高端集聚（马静、赵果庆，2009）。本质上讲，随着FDI当地化与产业化，FDI与当地要素结合后就形成一个FDI产业体系。显然，研究FDI产业与内资产业集聚比单纯研究FDI集聚更合理。但是，目前国内学者主要集中在以产业为对象的研究（文玫，2004；范剑勇，2004；罗勇、曹丽莉，2005；路江勇、陶志刚，2006），而以地区产业为对象的研究相对较少（林理升、王晔倩，2006；马静、赵果庆，2009），对FDI产业集聚研究实为少见。

基于上述认识和前期研究准备,我们继续沿着统计检验路线,从地区产业视角研究地区内资产业集聚与 FDI 产业集聚及相互关系显著性。与目前研究所不同的,其一,以前期研究中提出的产业集聚强度普适性指标(赵果庆,2009),计算 2003 年、2008 年内资产业集聚强度并进行显著性检验(地区 FDI 产业集聚强度计算与显著性检验已在第二章完成)。其二,从总体上研究 31 个地区 FDI 产业与内资产业集聚强度相关性。其三,把地区内资产业集聚分为 FDI 产业促进型集聚和原发型产业集聚,并通过统计进行划分。

二 我国内资产业集聚:数据、分布和显著性检验

(一) 数据

2003 年、2008 年全国内资产业产值的数据取自《国研网数据库》,由全部工业产值数据减去对应的 FDI 产业产值数据所得。内资产业数为 38 个,B 类采掘业有 5 个,C 类制造业有 30 个,D 类电水气有 3 个,地区数为 31 个。图 6-1 和图 6-2 分别表示 2003 年和 2008 年内资产业分布(纵向为地区数,以东部、中部和西部顺序排,与表 6-1 序排相同,横向为产业数,以 B 类、C 类和 D 类顺序排)。由于有的地区没有内资产业分布,2003 年和 2008 年内资产业分布有变化,2003 年总样本数为 1112 个(图 6-1),2008 年总样本数为 1119 个(图 6-2)。

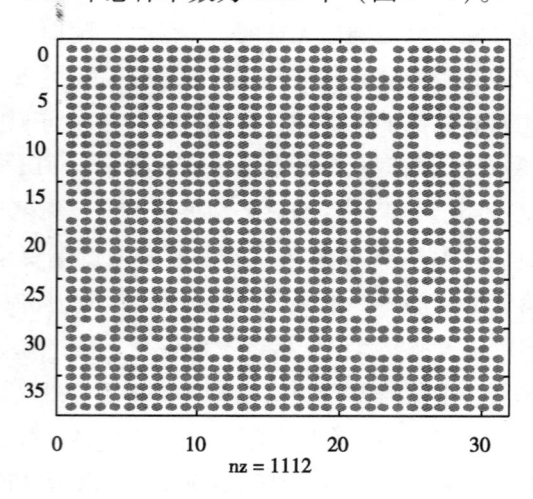

图 6-1 2003 年内资产业二维数据结构

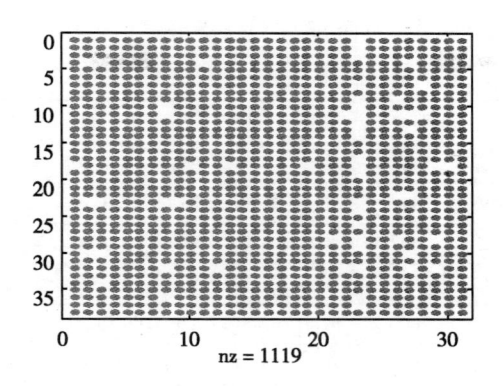

图 6-2 2008 年内资产业二维数据结构

（二）描述性统计

表 6-1 报告的是 2003 年和 2008 年 30 个地区内资产业描述性统计指标。从表中看出，2003 年和 2008 年的内资产业发展表现出不同态势。从产值增量看，2003 年、2008 年各地产业平均值的增量有较大差距，前五位分别为山东、河南、江苏、广东和浙江，其中前四位达到 5000 千万元以上，山东高达 10427 千万元，后五个地区为甘肃、贵州、宁夏、青海、海南，海南平均产值增量不足 100 千万元。从产值极差看，2003 年地区平均产值极差为 3465.72 千万元，2008 年为 13818.86 千万元，地区之间产业发展差距明显拉大。

从产业分布看，2003 年，浙江、辽宁和北京地区的 JB 值小于 5% 水平的临界值 5.99，2008 年仅有山东的 JB 值小于 5.99。这说明绝大部分地区的产业呈非正态分布。进一步计算 JB 值增量，2003—2008 年有 13 个地区 JB 值有所减小，17 个地区 JB 值有不同幅度增加。这说明地区产业分布偏正态性加强，产业分布的空间非均衡性在增加。这种演化趋势，还可从变异系数（标准差/平均值）进行说明。由表 6-1 数据计算，2003—2008 年 10 个地区产业变异系数值有所减小，20 个地区产业变异系数值有不同幅度增加。显然，2003—2008 年，我国内资产业产值都表现为较强的非正态性，地区产业离散性增强，非平均性分布在加剧。

表 6 – 1　　2003 年、2008 地区内资产业数据描述统计量

单位：亿元

地区	2003 年 平均值	标准差	峰度	偏度	JB	2008 年 平均值	标准差	峰度	偏度	JB
浙江	259.84	289.97	2.11	8.52	78.54	725.08	783.29	1.52	5.04	21.72
天津	55.11	82.25	2.50	9.39	106.98	168.99	363.03	4.00	20.19	583.87
上海	100.92	136.67	3.04	14.67	281.17	216.84	310.56	2.33	8.73	88.66
山东	329.87	315.92	1.00	3.02	6.45	1300.00	1310.00	1.07	3.05	7.46
辽宁	120.87	199.81	2.65	9.76	120.11	488.74	654.45	2.15	7.61	64.58
江苏	304.79	379.56	1.78	5.59	31.49	962.73	1240.00	1.71	5.09	26.01
河北	126.77	202.28	4.44	24.97	912.34	486.87	960.79	4.80	27.53	1127.07
海南	6.39	13.24	4.29	23.19	782.43	13.04	22.01	2.21	6.92	56.87
广东	205.74	272.69	2.60	9.90	121.18	689.38	909.19	2.18	7.16	59.10
福建	44.97	38.91	0.84	3.00	4.60	175.71	157.81	1.05	3.66	7.91
北京	55.40	80.76	2.06	6.42	46.61	146.26	228.01	2.85	11.94	182.81
山西	58.09	126.23	3.08	11.87	189.48	237.34	618.25	3.60	16.06	361.23
江西	32.56	40.81	1.81	5.91	34.99	178.28	290.69	3.74	18.91	502.28
吉林	48.56	112.59	4.54	24.64	895.58	158.56	238.19	2.54	9.91	119.40
湖南	59.13	63.26	1.10	2.82	7.94	266.08	281.95	1.29	3.94	12.24
湖北	90.44	117.43	2.42	9.73	111.71	249.70	293.16	1.65	4.90	23.51
黑龙江	69.08	153.48	4.03	20.15	583.23	171.31	359.69	3.63	17.29	417.17
河南	126.09	128.53	1.14	3.37	8.66	626.84	653.39	1.23	3.45	10.20
安徽	53.76	57.46	1.24	3.86	11.22	226.32	260.36	1.48	4.45	17.69
重庆	33.60	85.06	5.38	32.11	1564.74	117.64	245.13	4.80	27.53	1128.05
云南	36.07	86.07	4.21	22.12	709.75	122.42	228.91	2.38	7.55	70.53
新疆	27.24	66.16	3.74	16.21	374.67	105.20	257.74	3.78	17.14	417.43
四川	0.46	1.02	2.69	9.76	121.16	1.09	2.32	2.31	7.02	60.83
西藏	80.44	92.05	1.43	4.50	16.89	342.67	338.45	1.13	3.51	8.66
陕西	43.19	60.32	2.57	10.74	140.10	172.57	263.73	2.15	7.11	57.51
青海	6.16	13.17	2.85	10.63	147.49	27.42	55.15	2.26	6.86	57.51
宁夏	7.84	12.57	1.99	5.98	40.10	32.34	55.81	1.96	5.72	37.06
内蒙古	31.11	49.92	2.51	9.72	114.32	197.45	316.72	2.28	7.49	66.55
贵州	23.64	35.10	1.86	5.80	35.22	76.48	133.02	2.85	11.81	178.81
广西	28.54	37.24	1.79	6.05	36.00	118.46	172.85	2.12	6.95	54.53
甘肃	27.48	45.04	2.70	10.27	133.13	91.23	185.41	2.86	10.48	144.14

（三）地区内资产业集聚强度与显著性检验

从表6-1看出，内资产业的偏度均大于0，是左偏分布，有拖尾发生，同时，内资产业绝大多数超出峰度分布，FDI产业全部是超出峰度分布。以表6-1中内资产业分布的峰度和偏度数据，按（2.2）式计算的2003年和2008年内资产业的集聚强度指数（表6-2）。

表6-2　　　　2003年、2008年中国地区内资产业产值γ_{KS}值

区域	地区	2003年	2008年	区域	地区	2003年	2008年	区域	地区	2003年	2008年
东部	浙江	72.61	18.73	中部	山西	164.19	283.56	西部	西藏	108.49	54.56
	天津	96.82	417.56		江西	31.55	365.31		四川	12.64	3.27
	上海	219.25	80.98		吉林	598.36	106.37		陕西	121.54	52.75
	山东	0.16	0.04		湖南	1.69	7.07		青海	130.44	51.37
	辽宁	108.24	60.02		湖北	100.10	18.50		宁夏	34.76	31.12
	江苏	27.52	20.96		黑龙江	419.29	314.25		内蒙古	101.86	61.08
	河北	601.96	719.72		河南	2.20	2.95		贵州	30.68	151.93
	海南	528.66	51.45		安徽	6.16	12.63		广西	32.72	50.02
	广东	109.78	54.83		重庆	953.52	719.94		甘肃	117.49	128.36
	福建	-0.08	4.26		云南	489.29	64.28				
	北京	41.91	155.39		新疆	298.53	322.73				

表6-2显示出我国内资产业集聚的以下几方面特点。

首先，我国绝大多数地区内资产业发生了强集聚。2003年除福建、山东、湖南、河南、安徽、四川的内资产业集聚不显著外，其他26个地区的内资产业集聚显著。2008年有除山东、河南、四川、福建、湖南、安徽的25个地区内资产业发生强集聚。尽管2003年、2008年福建、山东、湖南、河南、安徽、四川的内资产业集聚度度发生了变化，但显著性却不变。

其次，我国地区内资产业集聚强度有较大差距。我国地区内资产业集聚强度极差2003年为953.60，2008年为715.68，2003—2008年我国地区内资产业集聚强度有较大差距，但差距有所缩小。

最后，内资产业集聚强度变化剧烈。2003—2008年，有13个地区的内资产业集聚强度上升，升幅最大是江西，上升333.76，升幅最小的是

河南，仅上升 0.75；有 18 个地区的内资产业集聚强度下降，降幅最大的是吉林，下降 491.99，降幅最小的是山东，仅下降 0.12。显然，2003—2008 年，地区内资产业集聚强度发生了较大变化。主要表现在，与 2003 年相比，2008 年内资产业集聚强度较低的地区更加集中，发生的概率更大，内资产业集聚强度超过 600 地区已属小概率事件（图 6 - 3）。

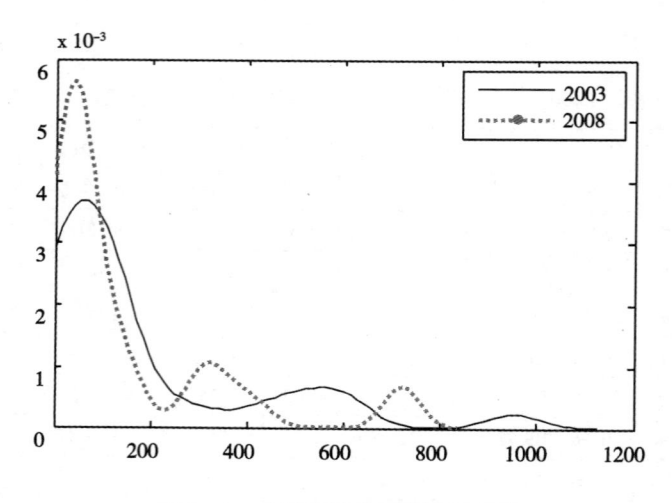

图 6 - 3　内资产业集聚强度核估计

三　地区产业集聚演化与模式

（一）产业集聚演化

产业经过一段时后可能会发生集聚状态变化。一个产业可能由不显著集聚状态变成显著集聚状态，可能由低强度集聚状态变成高强度的集聚状态，也可能是发生集聚退化，由集聚状态变成不集聚状态。以（2.2）式为基础，建立动态指标以测算产业体系内发生多种集聚演化的情况。

（1）集聚强度增强型

$$\Delta \gamma_{ks} = \gamma_{ks}(t_0 + k) - \gamma_{ks}(t_0) > 0 \qquad (6.1)$$

（6.1）式分三种情况：①如果 $\gamma_{ks}(t_0) > 13.8$，则为集聚显著且不断增加；②如果 $\gamma_{ks}(t_0) < 13.8$，$\gamma_{ks}(t_0 + k) > 13.8$，则集聚由不显著变为显著；③ $\gamma_{ks}(t_0) < 13.8$，$\gamma_{ks}(t_0 + k) < 13.8$，集聚不显著但集聚强度不断增强。

（2）集聚强度减弱型

$$\Delta\gamma_{ks} = \gamma_{ks}(t_0 + k) - \gamma_{ks}(t_0) < 0 \qquad (6.2)$$

（6.2）式也有三种情况：①如果 $\gamma_{ks}(t_0) < 13.8$，则为集聚不显著且强度不断下降；②如果 $\gamma_{ks}(t_0) > 13.8$，$\gamma_{ks}(t_0 + k) < 13.8$，集聚由显著变为不显著；③如果，$\gamma_{ks}(t_0) > 13.8$，$\gamma_{ks}(t_0 + k) > 13.8$，集聚显著且强度不断下降。

（二）地区产业集聚模式

根据内资产业集聚强度指数、FDI产业集聚强度指数以及两产业产值业相关系数（$\gamma_{KS,N}$，$\gamma_{KS,F}$，$r_{N,F}$）的显著性，我们把地区内资产业与FDI产业可能存在集聚划分为八种类型地区（表6-3）。从内资产业角度，Ⅰ类、Ⅲ类为FDI促进型集聚，Ⅱ类和Ⅴ类为原发型集聚。从FDI产业角度，Ⅰ类、Ⅳ为内资产业诱导型集聚，Ⅱ类和Ⅵ类为自发型集聚。

表6-3　　　　　　　　内资产业、FDI产业集聚分类及标准

集聚类型	$\gamma_{KS,N}$	$\gamma_{KS,F}$	$r_{N,F}$	($\gamma_{KS,N}$, $\gamma_{KS,F}$, $r_{N,F}$)	类型
相关型双集聚	>13.8	>13.8	>0.325	(+, +, +)	Ⅰ
非相关型双集聚	>13.8	>13.8	<0.325	(+, +, -)	Ⅱ
相关型单集聚	>13.8	<13.8	>0.325	(+, -, +)	Ⅲ
	<13.8	>13.8	>0.325	(-, +, +)	Ⅳ
非相关型单集聚	>13.8	<13.8	<0.325	(+, -, -)	Ⅴ
	<13.8	>13.8	<0.325	(-, +, -)	Ⅵ
相关型非集聚	<13.8	<13.8	>0.325	(-, -, +)	Ⅶ
非相关型非集聚	<13.8	<13.8	<0.325	(-, -, -)	Ⅷ

说明：$r_{N,F}$ 根据（2.3）式计算。

四　FDI产业与内资产业集聚类型

内资产业与FDI产业分布在同一地区，即使两者集聚都具有显著性，但并不说明两者之间存在相关性。也就是说，内资产业集聚可能与FDI产业不相关，FDI产业集聚也有可能与内资产业无关。只有当内资产业与FDI产业相关的情况下，两者集聚才相互促进。因此，为了探讨地区FDI产业集聚与内资产业集聚之间的关系，需要检验FDI产业与内资产业相关性。

对于（2.3）式，38个地区产业的自由度为37。当相关系数 $r_{N,F} > 0.325$（5%显著性水平的临界值），则两者为弱相关；如果 $r_{N,F} > 0.418$（1%显著性水平的临界值），则为强相关；当 $0.325 < r_{N,F} < 0.418$，则两者为中度相关。

表6-4报告的是以（2.3）式计算，2003年、2008年地区内资产业、FDI产业的产值相关系数。2003年，有12个地区内资产业与FDI产业的产值相关性不显著，18个地区相关性显著，相关系数最高的是河北，高达0.941，最低的为黑龙江，是不显著的负相关。2008年有15个地区内资产业与FDI产业的产值相关性显著相关，同时也是强相关的地区。2003—2008年，15个地区的内资产业与FDI产业的产值相关系数有不同幅度上升，15个地区的产值相关系数有不同幅度下降，升降各占一半，其中增幅最大的是湖南，上升0.272，降增幅最大的是海南，下降0.830，由强相关变为不相关。

表6-4　　　　2003年、2008年内资产业、FDI产业的
产值相关系数（ $r_{N,F}$ ）

地区	2003	2008	地区	2003	2008	地区	2003	2008	地区	2003	2008
浙江	0.778	0.729	广东	0.781	0.617	黑龙江	-0.035	0.097	青海	0.463	0.306
天津	0.019	0.025	福建	0.356	0.321	河南	0.409	0.558	宁夏	0.063	0.192
上海	0.242	0.220	北京	0.419	0.182	安徽	0.408	0.581	内蒙古	0.199	0.430
山东	0.697	0.513	山西	0.596	0.509	重庆	0.879	0.897	贵州	0.120	0.221
辽宁	0.491	0.591	江西	0.275	0.223	云南	0.059	0.231	广西	0.715	0.527
江苏	0.267	0.306	吉林	0.902	0.758	新疆	0.038	0.201	甘肃	0.375	0.226
河北	0.941	0.956	湖南	0.189	0.461	四川	0.472	0.550			
海南	0.783	-0.048	湖北	0.698	0.522	陕西	0.162	0.130			

以表2-9、表6-2、表6-4数据，以表6-3标准，对我国30地区的内资产业与FDI产业集聚进行分类（表6-5）。

表6-5　　　　2003年、2008年地区内资产业与FDI
产业集聚类型（ $\gamma_{KS,N}$, $\gamma_{KS,F}$, $r_{N,F}$ ）

地区	2003	2008	地区	2003	2008	地区	2003	2008	地区	2003	2008
浙江	+,+,+	+,+,+	广东	+,+,+	+,+,+	黑龙江	+,+,-	+,+,-	青海	+,+,+	+,+,-

续表

地区	2003	2008	地区	2003	2008	地区	2003	2008	地区	2003	2008
天津	+,+,-	+,+,-	福建	-,+,+	-,+,-	河南	-,+,+	-,+,+	宁夏	+,+,-	+,+,-
上海	+,+,-	+,+,-	北京	+,+,+	+,+,-	安徽	-,+,+	-,+,+	内蒙古	+,+,-	+,+,-
山东	-,+,+	-,+,+	山西	+,+,+	+,+,+	重庆	+,+,+	+,+,+	贵州	+,+,-	+,+,-
辽宁	+,+,+	+,+,+	江西	+,+,-	+,+,-	云南	+,+,-	+,+,-	广西	+,+,+	+,+,+
江苏	+,+,-	+,+,-	吉林	+,+,+	+,+,+	新疆	+,+,-	+,+,-	甘肃	+,+,+	+,+,-
河北	+,+,+	+,+,+	湖南	-,+,-	-,+,-	四川	-,-,+	-,-,+			
海南	+,+,+	+,+,-	湖北	+,+,-	+,+,+	陕西	+,+,-	+,+,-			

再对表6-5进行统计，结果表明，2003年，Ⅰ类地区有13个，分别为浙江、辽宁、河北、海南、广东、北京、山西、吉林、湖北、重庆、青海、广西和甘肃；Ⅱ类地区有11个，分别是天津、上海、江苏、江西、黑龙江、云南、新疆、陕西、宁夏、内蒙古、贵州，Ⅳ类地区有四个，分别是山东、福建、河南和安徽；另外，湖南为Ⅵ类，四川为Ⅶ类。2008年，Ⅰ类地区有9个，分别为浙江、辽宁、河北、广东、山西、吉林、湖北、重庆和广西；Ⅱ类地区有15个，分别是海南、北京、青海、甘肃、天津、上海、江苏、江西、黑龙江、云南、新疆、陕西、宁夏、内蒙古和贵州，Ⅳ类地区有四个，分别是山东、河南、安徽和湖南；另外，福建湖南为Ⅵ类，四川仍为Ⅶ类。进一步看，2003—2008年，地区产业集聚类型有些发生转变，有些没有转变，如浙江、辽宁、河北、广东、山西、吉林、湖北、重庆、广西保持Ⅰ类地区不变，天津、上海、江苏、江西、黑龙江、云南、新疆、陕西、宁夏、内蒙古和贵州为Ⅱ类地区不变，山东、河南、安徽和湖南保持在Ⅳ类地区，四川也不变；而海南、北京、青海和甘肃四个地区由Ⅰ类转变Ⅱ类，福建由Ⅳ类转化为Ⅵ类。总体上，地区产业集聚类型还比较稳定，明显的变化是Ⅰ类地区下降，Ⅱ类地区上升。也就是FDI产业促进型集聚下降，原发型集聚上升。

从较大范围的区域看，东部、中部和西部呈现出多样化的产业集聚类型，不同类型产业集聚都有分布。Ⅰ类、Ⅱ类、Ⅶ类和Ⅵ比例，东部2003年分别为6:3:2:0，2008年为4:5:1:1，Ⅰ类地区数量减少2个；中部2003年分别为3:2:1:0，2008年为3:2:3:0，Ⅰ类、Ⅱ类地区数不变；西部2003年分别为4:6:1:0，2008年为2:8:1:0，Ⅰ类地区数下降、Ⅱ类地区数上升。2003年东部、中部和西部Ⅰ类地区的数量比为6∶3∶4，2008年为4∶3∶2。2003年东部、中部和西部Ⅱ类地区的数量比为3∶2∶6，2008年为5∶2∶8。显然，东部仍是以Ⅰ类集聚为主导，西部则是以Ⅱ类集聚为主，中部则介于东部和西部中间。这说明，东部产业为FDI促进型集聚，而西部为原发型集聚，FDI正是通过产业集聚促进了东部高端制造业集聚，提升产业结构，扩大了东部与西部产业极差与集聚差距。

第二节 中国FDI产业与内资产业集聚的动态模式
——基于广义Lotka-Volterra模型

一 引言

从地区看，FDI产业集聚与内资产业集聚具有不同关系，不同地区FDI产业与内资产业具有不同的集聚机制。从时间维度看，FDI产业对我国内资产业的积极作用是显而易见的。FDI产业自成体系，不仅对我国产值、出口等有直接的贡献，而且通过技术转移、溢出和竞争等对我国内资产业产生影响。而内资产业集聚也为FDI产业提供配套资源和外部化资源，而因内资产业与FDI产业通过相互作用形成集聚体。随着FDI产业与内资产业相互作用的演化，自然而然地产生的一个问题，FDI产业与内资产业如何相互作用而形成我国产业集聚体？

目前，国内学术界开始探究FDI对我国产业集聚影响（梁琦，2003；冼国明，文东伟，2006；张俊妮、陈玉宇，2006；徐康宁，2006）。而这些我国工业集聚效应的研究是静态的，而且没有揭示出FDI与我国工业集聚动力机制。FDI影响了制造业集聚，制造集聚吸引FDI，这是制造业与FDI相互依赖的两个方面。事实上，FDI产业与内资（民族）产业之间的关系并不是一种简单的相关关系，而是一种互相影响、互联互动的动态集聚关系。

自20世纪80年代以来，劳特卡和瓦尔特拉（Lotka-Volterra）模型描述的生态动力系统吸引了众多数学家、数学生态学家、生态学家、经济学家从不同角度用各自熟悉的方法去研究两个种群相互作用，至今对两个种群相互作用数学模型的研究经久不衰（王顺庆，2004）。Lotka-Volterra模型也是种群动力学的核心（林振山，2006）。国内学者将Lotka-Volterra模型描述的生态动力系统方法广泛应用于两个产业关系的研究，其中包括两个产业集聚机理的探讨（周浩，2003；徐强，2004；徐强、陈涌军，2004；郭莉、苏敬勤，2005）。陈继祥等（2005）以 Lotka-Volterra 模型着重讨论了产业集群中互利、竞争与掠食三种不同的产业互动集聚关系。

FDI 工业产业（Foreign Direct Investment Industries，FDIIs）与内资工业产业（Domestic Investment Industries，DIIs）是两个不同的产业种群。FDI 产业作为外来企业新种群，改变了我国内资工业生存环境，引起我国工业群结构变化，共同构成一个集聚生态系统。近年来，集群生态动力系统方法也适用于研究 FDI 产业与内资产业相互作用关系。赵果庆（2007）应用广义 Lotka-Volterra 模型研究了 FDI 产业出口与内资产业的非线性动力关系，从实证中发生相互催化的超循环动力机制。值得一提的是，祝波（2007）应用 Lotka-Volterra 模型讨论了 FDI 的溢出动力机制，探求竞争演化与 FDI 对东道国发生溢出效应的途径。但是，国内外运用 Lotka-Volterra 模型研究 FDI 工业产业与内资工业产业的集聚关系实证成果尚未出现。

产业集聚效应，是指特定产业集聚对产业本身带来的影响以及对其他产业产生的影响。这种集聚效应是在当期难以观测到的，它是一种滞后效应。许罗丹和谭卫红（2003）以前期 FDI 通过"示范效应"和"推动效应"引起在华 FDI 的增加，这种"跟进效应"就是集聚效应，并以 FDI 滞后一期（FDI_{t-1}）系数代表 FDI 的集聚效应。如果（FDI_{t-1}）系数为正，则表示 FDI 有正集聚效应。如果 FDI 存在正集聚效应，那么 FDI 的规模就会越来越大，有的学者将其解释为自增强效应（Self-reinforcing effect）（Leonard K. Cheng，Yum K. Kwan，2000）。Canfei He（2003）用中国香港、日本和美国 FDI 存量前期（previous FDI stocks）在 5% 水平检验 FDI 对我国地区制造业集聚效应。显然，在动力系统分析中，集聚效应是滞后期对当期的作用即动态效应。以广义 Lotka-Volterra 模型基础，我们以 1981—2008 年数据，建立中国内资工业与 FDI 工业的 Lotka-Volterra 模型（简称"CILa-Va 模型"），以全面揭示我国内资产业与 FDI 产业的集聚效应、集聚机制及敏感性特点。

二　Lotka-Volterra 模型

（一）邓宁波特集聚模型

在波特"钻石"模型中，产业国际竞争力的决定因素被分成 7 类，其中，一国的特定产业是否具有国际竞争力取决于要素条件、需求条件、相关和辅助产业的状况、企业策略和结构竞争四个因素，机遇和政府也起着外生决定作用。这六个要素相互之间及其与产业国际竞争力关系绘制成"钻石"图，形成产业国际竞争力的"国家钻石"学说。产业国际竞争力来源于产业集聚。在波特产业国际竞争力的"钻石"模型也就是产业集聚的"钻石"模型。

为了使波特"钻石"模型更适应分析跨国公司对一国产业集聚竞争力所起的作用，英国跨国公司理论家邓宁（J. Dunning）对波特"钻石"模型进行了扩展。他认为跨国公司的技术和组织受到"国家钻石"影响的同时，跨国公司会对国家的自然资源和生产力的竞争力给予冲击。鉴于跨国公司的国际商务活动影响国家产业竞争力的来源、力度和构成，邓宁1993年将"跨国公司商务活动"（MBA）作为一个外生变量引入波特"钻石"模型中，后来被学术界称为 Porter-Dunning 理论模型。邓宁2003年将"跨国公司商务活动"改成"外国直接投资"（图6-4）。

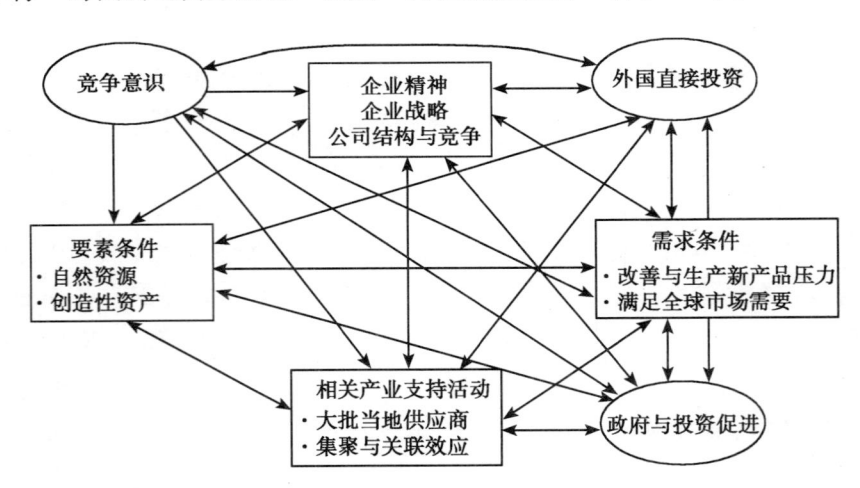

图6-4 Porter-Dunning 模型

产业集聚是产业发展过程中出现的一种自然现象。然而，产业集聚不是轻易可以出现的，它需要有比较系统的条件。波特认为，产业竞争优势的关键要素会组成一个完整的系统，它也是形成产业集聚现象的主要原因（波特，2002）。如果一个国家或区域产业集聚不明显，反映出专业化水平低，分工优势较弱，竞争力低。产业因集聚而产生竞争力，"钻石"模型解释了产业集聚的产生条件。波特—邓宁"钻石"模型也是 FDI 影响下的产业集聚模型。

DIIs 与 FDIIs 集聚既是市场激烈竞争的结果，也是市场竞争的反映。随着社会分工的深化和竞争的加剧，任何一个公司都无法仅依靠自己的力量在价值链的每个环节取得优势地位。相反，竞争促使各跨国公司将自身的资源逐渐集聚于其最具优势的环节而将其不具竞争优势或优势较小的业务部分外包给内资企业。这是一种相互依赖的集聚化生存关系。这种关系的不断演化、延伸的关系形成了 FDI 产业与内资产业之间的集聚关系。从 DIIs-FDIIs 系统来看是一个相互耦合的超循环（图 6-5）。集体化生存使内资产业和 FDI 产业均获得了一种仅靠自集聚而无法得到的一种集聚效应。FDI 产业与当地产业之间的产业链这种聚合关系同自然界中各种生物物种之间生存发展的关系一样，也是一种生态系统。

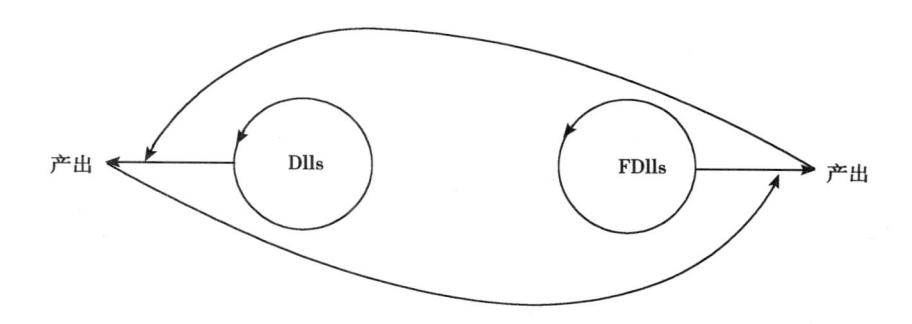

图 6-5 DIIs-FDIIs 集聚系统

（二）广义工业 Lotka-Volterra 模型

基于群体生态理论，DIIEs 和 FDIIEs 是两个工业企业种群，像自然界生物种群之间的关系一样，两个工业企业种群之间存在复杂的动态博弈关系，可能有竞争关系、捕食关系、互助关系等。从宏观上看，两个工业企业群的集聚成 FDI 工业（FDIIs）与内资工业（DIIs）。DIIs 和 FDIIs 集聚关系通过 DIIs 产出与 FDIIs 产出的关系表现出来，其存在于微分程组的结构与系数符号之中。

当 FDIIs 参与的情况下，一国工业系统分为内资工业子系统（DIIs，x）与 FDI 工业子系统（FDIIs，y）。假设两个子系统之间没有相互作用，各自集聚发展，其动力学方程为：

$$\begin{cases} dx/dt = f_1(x) \\ dy/dt = f_2(y) \end{cases} \quad (6.3)$$

在一定的生存环境中，DIIs 和 FDIIs 除自集聚外还有相互作用的耦合集聚，获得耦合集聚效应。形成简单的动力系统：

$$\begin{cases} dx/dt = f_1(x) + g_1(xy) \\ dy/dt = f_2(y) + g_2(xy) \end{cases} \quad (6.4)$$

(6.4) 式中，xy 为耦合变量或称连乘变量，$g_1(xy)$ 表示 DIIs 产业在产业系统的耦合作用中获得的集聚效应即耦合集聚效应，$g_2(xy)$ 表示 FDI-Is 产业获得的耦合集聚效应。仅从第四章、第五章实证结果看出，确实发生了耦合集聚或溢出效应。如果不是在增长方程中估计耦合效应，单独估计其效应，那么耦合效应显著性会更明显。这里我们要进一步在 Lotka – Volterra（DFIIIa – Va）模型中估计耦合集聚效应。肖恩（2003）给出的广义 Lotka – Volterra 模型的标准式：

$$\begin{cases} dx/dt = ax + cx^2 + exy \\ dy/dt = by + dy^2 + fxy \end{cases} \quad (6.5)$$

(6.5) 式中，a 和 b 是一次变量反馈系数，表示集聚体 x 和 y 的内生增长率或下降率，也就是在资源和环境不受限制的条件下的产业集聚体自然增长率，其正负由它们的资源来源决定。c、d 二次变量反馈系数，表示集聚速度的变化快慢程度，为逻辑增长方程式。如果 c 和 d 是正数，则自集聚规模会加速扩张，有二阶正反馈机制。如果 c 和 d 是负数，则表示集聚体内部发生拥塞现象，而产业内部竞争对增长速度产生不利影响，有二阶负反馈机制发生。一般情况下，产业集聚中存在竞争关系，自集聚具有增长的极限，受 Logistic 规律支配，c 和 d 是负数。e、f 是耦合集聚项 xy 的系数。如果 e、f 是正数，则 FDI 产业和内资产业集聚增长率都依赖双方规模，都会从对方的增长中增益，形成互利型集聚体。如果 e、f 是负数，则 FDI 产业和内资产业都为有限的资源进行竞争，集聚体规模越大，竞争越激烈，两种产业都会从对方的增长中损益。而如果 e、f 是一正一负，则两个产业种群之间为捕食与被捕食关系，正系数为捕食者，负系数为被捕食。显然，当 $e = f = 0$，则表示两个种群没有耦合机制，为两种产业都是自集聚演化的系统。

（三）集聚类型

进一步看，FDI 产业和内资产业体系中的集聚可能有三类力量，一是自集聚力，二是互集聚力，三是混合集聚力。当考虑集聚类型时，我们主要考虑互集聚情况，也就是说集聚来自相互作用。在 DFIILa-Va 系统中，集聚效应是可能存在的相互作用中共同引起的或他者引起的效应。因而，不同集聚类型由 DIIs 与 FDIIs 耦合集聚效应来决定。当用（6.4）式研究两个产业相互关系时，根据耦合集聚项系数 e、f 正负，两个产业可能有 9 种集聚关系（徐强，2004），再整理出 6 种集聚类型（表 6-6）。每项又可以有不同的情况，就其中的竞争情况而言，有九种可能的集聚结果和三种退化的竞争结果（金祥荣、朱希伟，2003）。

表6-6　　　　　　　FDIIs 与 DIIs 耦合集聚类型与特征

项目	(e, f)	耦合关系特征	耦合集聚类型
1	(0, 0)	X 与 Y 互不影响，各自独立	自集聚（零耦合）
2	(+, +)	X 与 Y 互惠互利，共同存在	共赢（互利）集聚
3	(-, -)	X 与 Y 互相抑制	互损（竞争）集聚
4	(+, -)	X 获利，Y 受损	赢损（捕食）集聚
5	(-, +)	X 受损，Y 获利	
6	(+, 0)	X 获利，Y 无影响	单赢（共栖）集聚
7	(0, +)	X 无影响，Y 获利	
8	(-, 0)	X 受损，Y 无影响	单损（偏害）集聚
9	(0, -)	X 无影响，Y 受损	

DFIILa-Va 集聚体内部可能存在着多种耦合集聚方式存在。孤立的 FDI 产业与内资产业仍然难以完善地发挥各自优势并形成持续的竞争优势，所以耦合成集聚体是一种自发的战略选择。在耦合机制的作用下，推动竞争优势在两个产业群间相互转移，DIIs 和 FDIIs 表现出耦合集聚的群体优势，双方在合作中互惠互利、协同发展；并在一定的条件下还能产生新的竞争优势，从而大大提高核心竞争力，形成双赢局面，互利集聚。这是一种比较理想的情况。但是，如果 DIIs 和 FDIIs 之间不是分工关系，没有形成优势互补，而所消耗的资源一样，产品功能类似，那么，在市场制约下会产生争取资源与市场竞争。这种竞争对 DIIs 和 FDIIs 双方都产生不利的影响。一般而言，FDIIs 比 DIIs 有更强的竞争力，内资工业产业处于竞争不力的地位，FDI 工业对内资工业产生了替代或挤出，由跨国公司控制工业，并进一步在政治等诸方面产生影响。

（四） Lotka-Volterra 的解

Lotka-Volterra 系统的非线性动力学行为由控制参数 a、b、c、d、e、f 共同决定。作为二维系统，较复杂的运动情况是周期运动，系统存在一个极限环吸引子，相图为一条闭合的曲线。以双 Logistic 的二次耦合而形成 Lotka-Volterra 系统，在一定的情况下属于混沌运动，其存在混沌吸引子（王兴元，2003）。由于 Lotka-Volterra 系统是非线性动力学系统，难以求得显示解，而只能求得数值解或图形解。

在不考虑自身集聚的情况下，DIIs 和 FDIIs 规模扩张完全由耦合集聚效应所推动。这种纯耦合集聚主要是通过耦合效应发生间接的相互作用。这种间接的相互作用是通过外溢效应发生的，主要通过双方资源的溢出效应、示范效应和竞争效应提高双方的过程竞争力。纯耦合集聚模型：

$$\begin{cases} dx/dt = exy \\ dy/dt = fxy \end{cases}$$

由于 $dy/dx = f/e$，则 $ey - fx = k$。若以 x_0、y_0 分别为 x 与 y 初期值，则，$k = ey_0 - fx_0$。由于 y_0 很小，其表示初期条件 $k = -fx_0$，系统相图是一族平行线。取参数：$g = 2$，$h = 2$，相轨线向平行于 $x = y$ 线即 45°线（图 6 - 4）。

图 6 - 6 表明，FDIIs 与 DIIs 初始状态对互赢效应的利用具有重要影响。以不同初始状态为起点，FDIIs 与 DIIs 沿各自轨线运动，FDIIs 与 DIIs 集聚力量悬殊太大则不利于溢出效应的利用，双方力量比较匹配时，集聚效应比较理想。事实上，FDIIs 进入时比较弱小，DIIs 和 FDIIs 对集聚效应的利用也比较有限。也就是说，在初始阶段耦合集聚效应很少发生，随着双方规模（x 与 y）增大而日益增强。

三 中国工业 Lotka-Volterra 模型、解及敏感性

（一） 数据与单整检验

在我国，工业产业系统由 DIIs 群和 FDIIs 集聚而组成。也就是说，我国工业由 CDIIs 和 FDIIs 两个子系统构成。理论上说，我国内资产业与 FDI 工业产业集聚关系可以通过两者产出规模总量如产值序列的关系表现出来。

1984—2008 年的 FDIIs 产值来自《中国统计年鉴》各年。由于近年《中国统计年鉴》只统计到全部国有及规模以上非国有工业总产值，导致

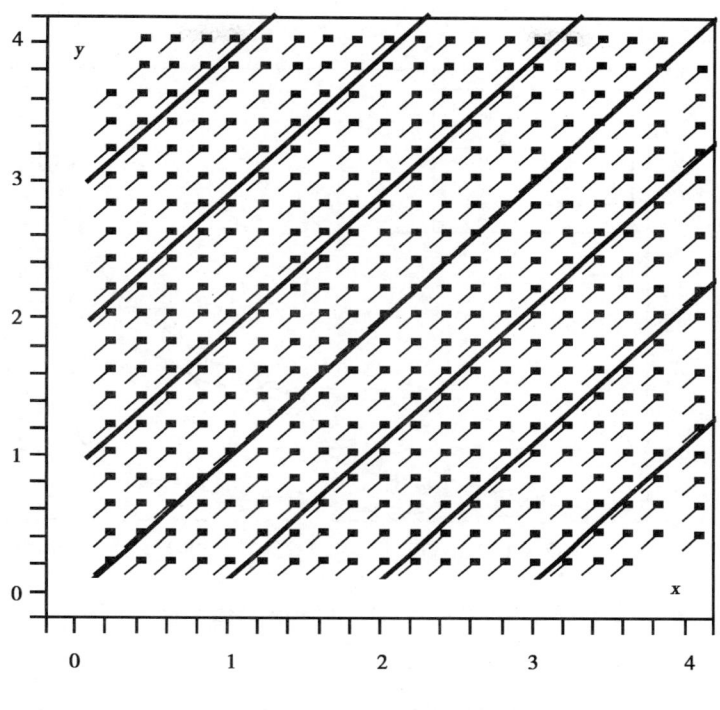

图 6-6　DIIs—FDIIs 正耦合集聚相图

全国工业总产值序列发生结构性变化，而工业增加值是持续递增的，为了更准确地反映工业总产值变化情况，以我国《中国工业统计年鉴》（2000）中 1984—1999 年的工业总产值序列与《中国统计年鉴》（2009）中对应年份的工业增加值做回归模型①，再用 2000—2008 年的工业增加值推算工业总产值，扣除 FDIIs 产值后得到中 DIIs 产值。我国 DIIs 产值与 FDIIs 产值速度变化结构也有明显的不同，但其都是非平稳性和非线性增长（图 6-7）。

我国内资产业与 FDI 产业耦合的 DFIILa-Va 模型变量涉及 x、y、x^2、y^2、xy，这些非平稳变量之间线性组合存在一个协整关系，还取决于其单整阶数，一般要求变量之间具有相同的单整阶数。从表 6-7 看出，原变

---

① 工业总产值 = -2239.69 + 3.6348 × 工业增加值
　　　　　　　（-3.7279）　　　（105.63）
Adj. R^2 = 0.9983　F = 11159.34　DW = 1.8496
2004 年经济普查的工业部产值为 222316 亿元，预测值为 234786 亿元，误差为 1.6652%。

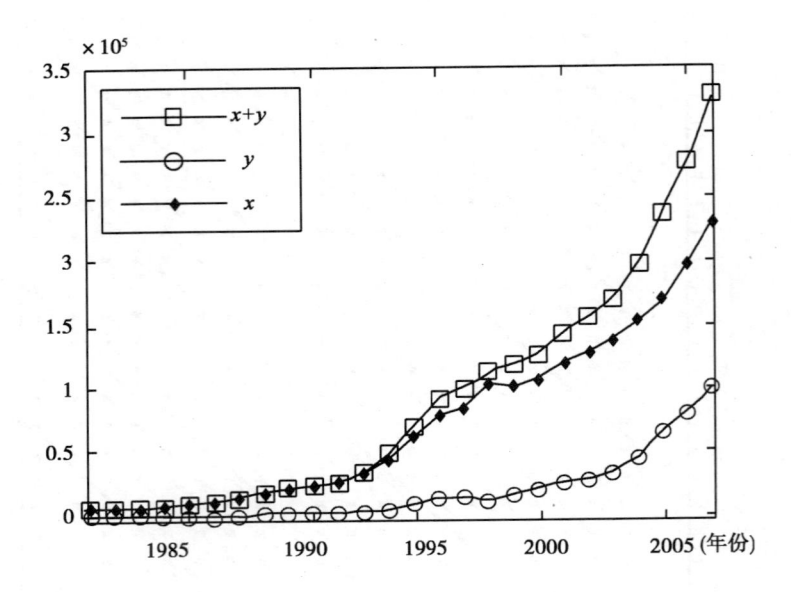

图 6-7 DIIs 产值 $x(t)$ 和 FDIIs 产值 $y(t)$ 序列

量 x，y 是一个单位根过程，x_t^2、y_t^2、$x_t y_t$ 也是非平稳变量，原变量的一阶差分变量 Δx_t、Δy_t、Δx_t^2、Δy_t^2、$\Delta x_t y_t$，也是非平稳变量，而原变量的二阶差分变量 $\Delta^2 x_t$、$\Delta^2 y_t$、$\Delta^2 x_t^2$、$\Delta^2 y_t^2$、$\Delta^2 x_t y_t$，是平稳变量，因此，x，y，x_t^2、y_t^2、$x_t y_t$ 都是二阶单整变量。

表 6-7 DFIILa-Va 的变量单整检验

阶数	变量	ADF 检验方程	Adj. R^2	DW	ADF	MacKinnon 临界值（5%）
零阶单整	x_t	$\Delta x_t = 2279.430 + 0.0934 x_{t-1}$ (1.2529) (4.1567)	0.4144	1.5086	4.1567	-2.9907
	y_t	$\Delta y_t = 118.0247 + 0.26874 y_{t-1}$ (0.1392) (6.4449)	0.6380	2.1043	6.4449	
	x_t^2	$\Delta x_t^2 = 2554574 + 0.2473 x_{t-1}^2$ (0.0077) (7.8626)	0.7256	1.6238	7.8626	
	y_t^2	$\Delta y_t^2 = 2453620 + 0.5839 y_{t-1}^2$ (0.3644) (8.8711)	0.7715	2.1938	8.8711	
	$x_t y_t$	$\Delta x_t y_t = -44005746 + 0.4582 x_{t-1} y_{t-1}$ (-0.4584) (14.5096)	0.9010	1.8761	14.5096	

（续表）

阶数	变量	ADF 检验方程	Adj. R^2	DW	ADF	MacKinnon 临界值 (5%)
一阶单整	Δx_t	$\Delta^2 x_t = 3887.064 - 0.37404\Delta x_{t-1}$ $(1.8484)\quad(-1.6785)$	0.0763	2.1336	-1.6785	-2.9969
	Δy_t	$\Delta^2 y_t = 1305.714 - 0.2452\Delta y_{t-1}$ $(1.3134)\quad(-1.4458)$	0.0472	2.1298	-1.4458	
	Δx_t^2	$\Delta^2 x_t^2 = 2.22\times 10^8 + 0.1897\Delta x_{t-1}^2$ $(0.5001)\quad(0.8420)$	0.0326	2.4480	0.8421	
	Δy_t^2	$\Delta^2 y_t^2 = 79972114 + 0.0420\Delta y_{t-1}^2$ $(1.0145)\quad(0.2891)$	0.0039	1.9100	0.2891	
	$\Delta x_t y_t$	$\Delta^2 x_t y_t = 96592232 + 0.2162\Delta x_{t-1}y_{t-1}$ $(0.8093)\quad(1.9741)$	0.1163	2.0220	1.9741	
二阶单整	$\Delta^2 x_t$	$\Delta^3 x_t = 1615.029 - 1.4910\Delta^2 x_{t-1}$ $(1.1691)\quad(-6.9596)$	0.6931	2.0046	-6.9596	-3.0038
	$\Delta^2 y_t$	$\Delta^3 y_t = 1006.437 - 1.3831\Delta^2 y_{t-1}$ $(1.0918)\quad(-5.9603)$	0.6217	2.0198	-5.9603	
	$\Delta^2 x_t^2$	$\Delta^3 x_t^2 = 5.75\times 10^8 - 1.4261\Delta^2 x_{t-1}^2$ $(1.6284)\quad(-5.0367)$	0.5371	1.4715	-5.0367	
	$\Delta^2 y_t^2$	$\Delta^3 y_t^2 = 86491471 - 0.9499\Delta^2 y_{t-1}^2$ $(1.0630)\quad(-4.0831)$	0.4273	1.8932	-4.0831	
	$\Delta^2 x_t y_t$	$\Delta^3 x_t y_t = 1.48\times 10^9 - 0.6837\Delta^2 x_{t-1}y_{t-1}$ $(1.2065)\quad(-3.2328)$	0.3103	1.9652	-3.2328	

（二）模型

在理论上，DIIs 与 FDIIs 之间存在各种相互作用关系，但实际上有些关系是不显著的，需要进行实证分析。这样，以 1984—2008 年我国 DIIs 产值和 FDIIs 产值建立 DFIILa-Va 模型（表 6 - 8）。

表 6 - 8　　　　　　　　DFIILa-Va 差分模型及统计量

变量	x_{t+1} (1) 参数估计	x_{t+1} (1) t 统计量	y_{t+1} (2) 参数估计	y_{t+1} (2) t 统计量	y_{t+1} (3) 参数估计	y_{t+1} (3) t 统计量
x_t	1.3694	24.4625				
x_t^2	-3.75×10^{-6}	-5.2978				
y_t						
y_t^2			-2.12×10^{-5}	-9.8235	-2.03×10^{-5}	-7.3316
$x_t y_t$	6.70×10^{-6}	5.8442	1.51×10^{-5}	18.7333	1.48×10^{-5}	13.2390
MA (1)					0.3535	2.3192

（续表）

变量	x_{t+1} (1) 参数估计	t统计量	y_{t+1} (2) 参数估计	t统计量	(3) 参数估计	t统计量
MA（4）					0.7344	3.5567
u	u_1		u_2		u_3	
Adj. R^2	0.9965		0.9870		0.9897	
F	5423.775		1371.779		370.1472	
AIC	19.4921		18.9822		18.8152	
CRDW	1.9052		1.1812		1.7733	

表 6-8 中看出，(1)、(2) 两个方程 F 值以及变量 t 值在 5% 水平上显著，调节 R^2 较高，模型已有较好的解释能力，可把计量模型看成函数关系。由于 x 与 y 是非平稳变量，它们之间是否存在协整关系对 DFIILa-Va 模型至关重要，还需对 u_1 和 u_2 进行 EG 平稳性检验。

EG 方程为有一个滞后项和常数项模型（表 6-9）。由于 EG 值小于麦金龙 5% 的临界值，u_1 通过 EG 检验。而 u_2 的 ADF 值小于 5% 水平的 MacKinnon 临界值 -2.9969，是一个平稳过程，但 ADF 值大于 5% 水平的 $C_{0.05}$ 值，未能通过 EG 检验。进一步经过 MA 过程修正后，u_3 的 ADF 值小于 EG 临界值，同时，x、y、x_t^2、y_t^2、$x_t y_t$ —I（2），因此，经 MA 过程修正后，(3) 的变量之间存在协整关系。

表 6-9   DFIILa-Va 模型 EG 性检验

变量	EG 检验方程	Adj. R^2	DW	ADF	EG 临界值* $C_{0.05}$
u_1	$\Delta u_{1,t} = -288.5300 - 0.9632 u_{1,t-1}$ (-0.3626) (-4.5298)	0.4590	1.9978	-4.5298	-4.1142
u_2	$\Delta u_{2,t} = 437.8386 - 0.6398 u_{2,t-1}$ (0.7142) (-3.0786)	0.2693	1.7041	-3.0786	-3.6019
u_3	$\Delta u_{3,t} = 466.5596 - 0.9285 u_{3,t-1}$ (0.8539) (-4.3395)	0.43671	1.9781	-4.3395	

说明：$C(0.05) = \Phi_\infty + \Phi_1 T^{-1} + \Phi_2 T^{-2}$ 查表计算（T=24），参见张晓峒《计量经济分析》，经济科学出版社 2000 年版，第 348 页。

对表 6-8 所列的 (3) 中的 MA 过程修正了 u_2，并使 u_2 变成更成严格的平稳过程。如果忽略 MA 过程对集聚的微小变化，那么 (1)、(3)

计量模型进行数学变形,得 DFIIIa-Va 模型：

$$\begin{cases} dx/dt = 0.3694x - 3.75 \times 10^{-6}x^2 + 6.70 \times 10^{-6}xy \\ dy/dt = -y - 2.03 \times 10^{-5}y^2 + 1.48 \times 10^{-5}xy \end{cases} \quad (6.6)$$

（6.6）式中有四个非线性项,因此,DFIIIa-Va 系统是一个非线性动力系统。两个方程表现出不同特点是,dx/dt 方程具有一阶自我集聚机制,表示 DIIs 具有自集聚增强效应,dy/dt 方程具有一阶负反馈作用,表示 FDIIs 高度依赖内资工业产业资源。两个方程式都有负的二次方项,说明 DIIs 与 FDIIs 内部产业存在竞争,有拥塞现象发生,自集聚受到市场容量约束。xy 项系数大于零,表示两个产业种群存在互助互利关系,耦合集聚产生了双赢效应。进一步看出,FDIIs 从耦合集聚中得到的利益是 DIIs 的 2 倍,FDIIs 增长则主要由耦合集聚效应所驱动。显然,耦合集聚效应克服了市场容量约束,修改了自集聚机制,形成耦合集聚体。进一步从（6.5）式得,$\partial(dx/dt)/\partial y = 6.07 \times 10^{-6}x$,$\partial(dy/dt)/\partial x = 1.48 \times 10^{-5}y$,因此,DFIIIa-Va 系统是一个 DIIs 与 FDIIs 相互加速的系统。

进一步从（6.5）式看出,DIIs 和 FDIIs 具有不同的增长机制,DIIs 除耦合集聚的增益作用外还有一个 Logistic 机制,没有 FDIIs,DIIs 也能自我集聚增长,而 FDIIs 则不同,一次方项与二次方项系数均为负数,不能形成自集聚,必须依赖内资产业的配合。显然,如果没有 DIIs,那么 FDIIs 将无法获得增长。FDIIs 增长完全由耦合集聚效应所推动,这种解释可信吗？这里还需要进行实证。如果没有 DIIs 参与,FDIIs 演化方程（常数项、二次方项和三次方项在 5% 水平上不显著）：

$$y_{t+1} = 1.2646 y_t \quad (6.7)$$

Adj. $R^2 = 0.9858$,t = 50.0265,DW = 2.1094,AIC = 19.0354。

从（6.7）式看出,FDIIs 具有自我集聚机制,以年平均 26.46% 的速度增长。然而对比表 6 - 8 则不难发现,表 6 - 8 中（3）的 Adj. R^2 比较高,AIC 值比较低。根据 AIC 准则,表 6 - 8 中（3）比（6.7）式较优。显然,以（6.6）式中 dy/dt 方程对 FDIIs 增长的描述是可信的。这意味着,内资产业才是我国产业体系发展的基础。

（三）图形解与动力学特性

由于 DFIIIa-Va 模型具有非线性项,难以求出显示解,因而只能通过数值解求得到一个图形解。由于表 6 - 8 中 y_{t+1} 方程中还有一个 MA 过程起正的作用①，而 MA（1）+ MA（4）是波动的（图 6-6），其平均值为 365.0531，以 MA = 365 代替 MA 过程的平均作用。图 6-8 为 DFIIILa-Va 系统以（5400，31）为初始状态的一个图形解，x 与 y 呈现出不同的集聚增长结构，x 呈现出更复杂的集聚增长路径，有一个两个加速发展期，而 FDIIs 有一段较长的低速增长期，当集聚超过一定规模时开始加速集聚。

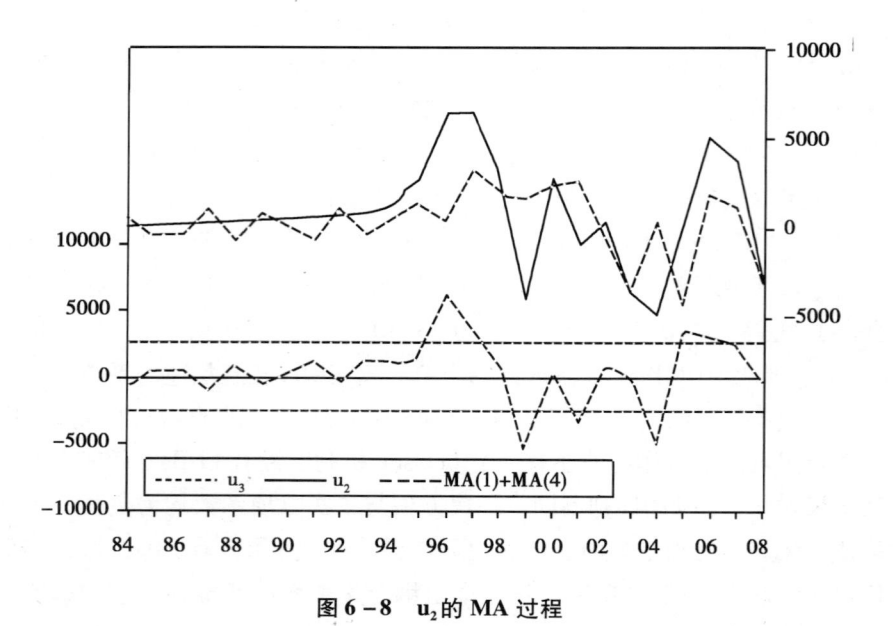

图 6-8　u_2 的 MA 过程

解 $dx/dt = dy/dt = 0$，DFIIILa-Va 系统模型有四个均衡解，分别为 [0, 0]，[0, -60975.60]，[98031.91, 0]，[24182.34, -40774.50]。显然，这四个平衡点对 DFIIILa-Va 系统都没有实质性意义，因此，DFIIILa-Va 系统没有均衡点存在。从相图中看出，x 与 y 具有同向演化关系，一方集聚增长促进另一方集聚增长，但相轨线为一条曲线。相轨线可粗略地看成由斜率不同的两条直线组成，初期阶段的斜率较小，后续阶段的斜率较高，而且拟线性关系更明显（图 6-9）。进一步，DFIIILa-Va 系统的速度场趋向相轨线，因而是发散的（图 6-10）。这说明，DFIIILa-Va 系统是一个远离平衡的非线性集聚系统。

---

① $u_{2,t} = 0.3683 MA(1) + 0.7255 MA(4) + u_{3,t}$
　　(3.1099)　　　(6.1174)
Adj. $R^2 = 0.1892$，DW = 1.7457，AIC = 18.6670

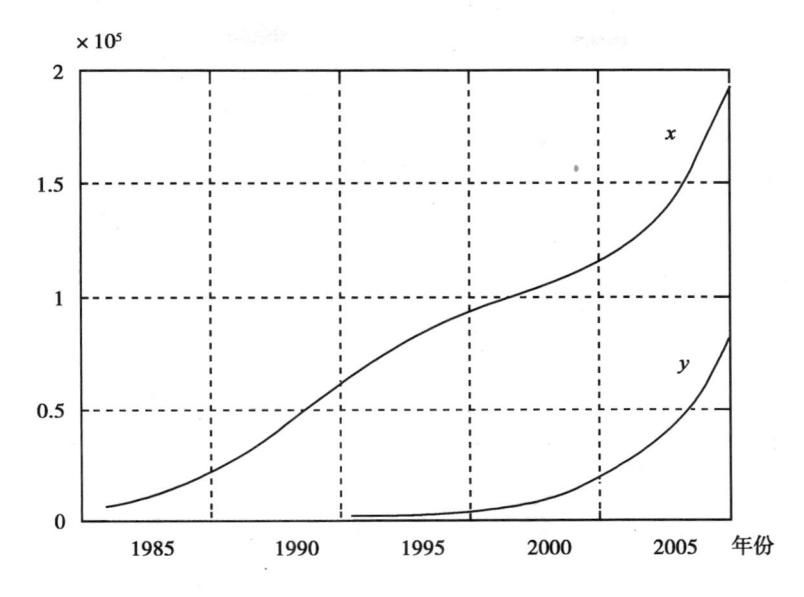

图 6-9　DFIILa-Va 系统的仿真

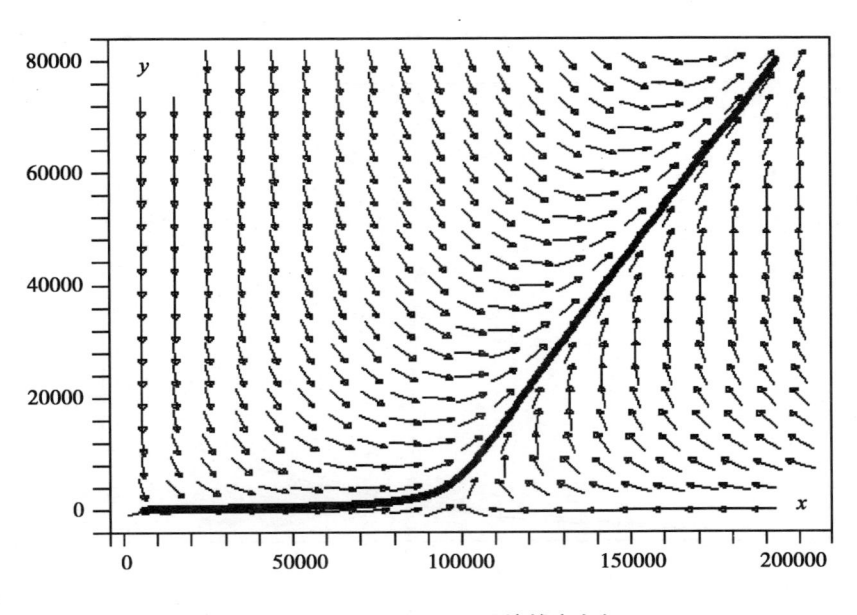

图 6-10　DFIILa-Va 系统的方向场

（四）敏感性实验

由于 DFIILa-Va 系统是一个远离平衡的非线性动力系统。在此情况下,难以对 DFIILa-Va 系统进行均衡点稳定性分析,只能做外生脉冲响应的敏感性分析。敏感性分析是对变量微分方程施加外生脉冲时,通过数值计算,一方面考察一个变量对自身变化和另一个变量变化的响应,另一方面考察耦合项系数微小变化的响应。

1. 单变量脉冲

当 dx/dt 方程施加一个单位(1亿元)新息(innovation)脉冲时,DFIILa-Va 系统没有明显响应。图 6-11 是 DFIILa-Va 系统对 dx/dt 方程施加 20 亿新息时的响应,其中 x 的响应日益明显(见 x' 线),y 的响应也日益明显(见 y' 线),两者的敏感性相当。同样地,当对 dy/dt 方程施加一个单位(1亿元)脉冲时,DFIILa-Va 系统没有明显响应,当新息增加 20 亿时,DFIILa-Va 系统的响应日益明显,y 的响应也日益明显,两者的敏感性相当(图 6-12 的 x' 线和 y' 线)。比较看出,DFIILa-Va 系统对外生冲击的响应随 x、y 规模增大而日益显现,而且 DFIILa-Va 系统对 FDI 工业的外生脉冲的响应更敏感。这说明,通过耦合机制,FDI 产业比内资产业更多地获得集聚增长。

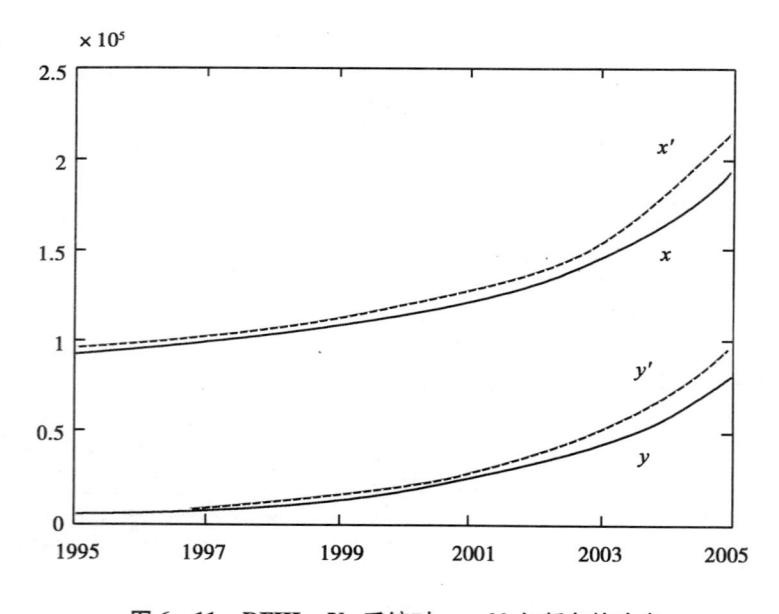

图 6-11 DFIILa-Va 系统对 u_1 + 20 亿新息的响应

2. 耦合集聚效应

从(6.5)式看,耦合集聚对 FDI 工业的效应高于对内资工业效应。

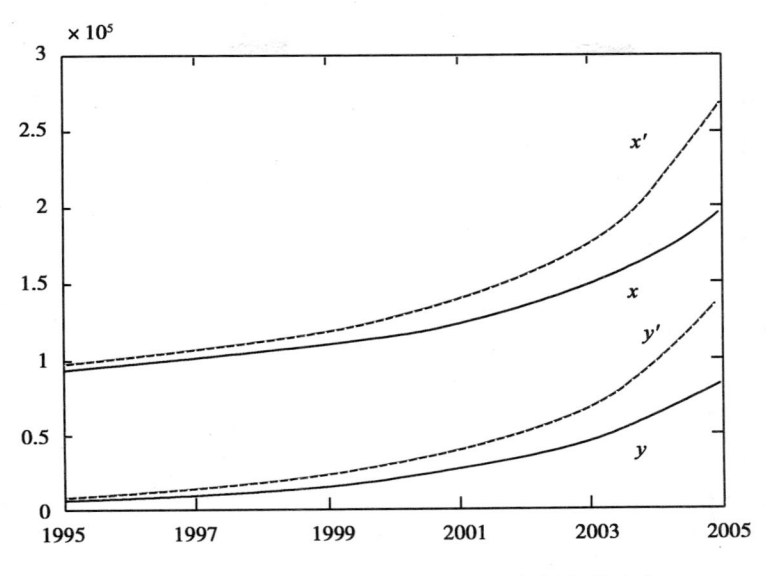

图 6-12　DFIILa-Va 系统对 $u_{22}+20$ 亿新息的响应

当对 dx/dt 的耦合系数扩大 1.1 倍时，从 2002 年开始 x 的响应日益明显（见 x' 线），y 从 2001 年开始响应也日益明显（见 y' 线），x 敏感性高于 y 的敏感性（图 6-13）。当 dy/dt 方程 t 的耦合系数扩大 1.05 倍时，DFIILa-Va 系统没有响应更强烈，y 与 x 分别于 2000 年、1998 年开始日益明显，x 敏感性略高于 y 的敏感性（图 6-14 的 x' 线和 y' 线）。对比图 6-13 与图 6-14，DFIILa-Va 系统对 FDI 工业的集聚效应更敏感。也就是说，FDI 工业与内资产业的耦合集聚效应是 DFIILa-Va 系统演化的重要推动力。

第三节　小结

从地区角度，FDI 产业集聚与内资产业集聚有何关系，我们以前期研究提出的普适性集聚强度指标为基础，提出了八种产业集聚类型，并以 2003 年、2008 年的中国 31 个地区 FDI 产业和内资产业产值数据再进行测算、检验和分类。主要结论：其一，2003 年、2008 年，我国地区内资产业绝大多数呈现出显著的集聚分布状态，但总体上从 2003 年到 2008 年集聚强度有减弱趋势。其二，东部地区 FDI 产业与内资产业相关性较高，内资产业以 FDI 促进型集聚为主，但这种状况正在发生变化，FDI 促进作用

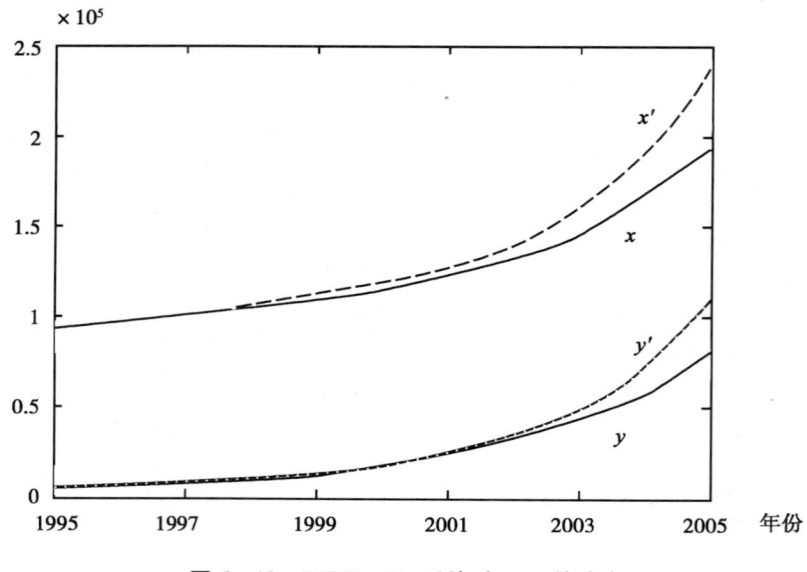

图 6-13　DFIILa-Va 系统对 1.1e 的响应

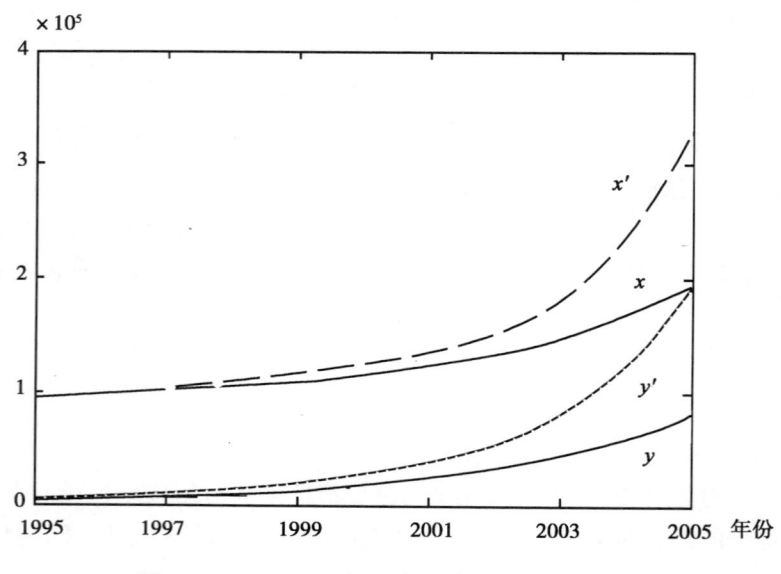

图 6-14　DFIILa-Va 系统对 1.05f 的响应

在东部已减弱，而西部则 FDI 产业与内资产业相关较弱，内资产业多数是原发型集聚，FDI 促进作用不明显，中部则介于东部和西部之间。其次，我国地区内资产业集聚和 FDI 产业集聚的相关性在下降。

原来我国以内资产业集聚吸引 FDI 产业集聚，以 FDI 产业集聚促进内资产业集聚的状态正在发生变化，内资产业与 FDI 产业相关性正在减弱。这意味着 FDI 产业的分布正在发生变化。我国采取各种政策促进 FDI 产业向中部与西部转移，但效果不理想。原因在于，FDI 在东部可以分享到东部内资产业集聚效应和外部效应，而西部地区内资产业主要是原发型集聚，FDI 产业分布与内资产业分布相反，FDI 不集聚西部强大产业。在目前的情况下，FDI 产业正在向中部与西部参与度低的产业转移，在东部 FDI 可能向低端产业转移，而在西部却向高端制造业转移。为此，我国要根据这种动向，调整中西部外商产业指导目录，吸引 FDI 产业向西部高端制造业转移，在西部建立起现代制造业体系。

从全国角度，FDI 工业与内资工业并驾齐驱，相互作用，双方均能从对方集聚效应中得到益处，实现互利双赢。相比较而言，FDI 工业从耦合集聚效应中受益更多。尽管 FDI 工业与内资工业自我集聚中有制约因素存在，但耦合集聚效应能克服制约因素而使双方获得发展。也就是说，耦合集聚效应修改了我国内资工业与 FDI 工业的集聚增长机制。正是耦合集聚机制，我国内资工业发展与 FDI 工业才相互促进，而且还表现出加速度发展的特征。

FDI 产业是开放条件下引进强竞争合作对手，它增加了我国内资工业发展动力。尽管内资产业是我国产业发展的原动力，或者说是基础，但进一步促进 FDI 工业发展对我国工业持续发展具有重要意义。同时，我国作为一个发展中的大国，对 FDI 工业集聚的过分依赖会面临较大风险。因此，我国发展具有自主知识产权品牌，提升民族工业核心竞争力是刻不容缓的，同时也要积极调整内部结构，减少内部阻塞，也是应有之义。

第七章　中国 FDI 双重集聚与非线性转化效应

FDI 的双重集聚是 FDI 在地区和产业分布双重异质性的表现。FDI 集聚在高端产业导致产业极差扩大，FDI 集聚东部地区，扩大了地区差距。但是，FDI 集聚效应是突变式还是渐进式地扩大双重差距仍需进一步识别。FDI 的这种转化是否存在门槛，是否是非线性平滑转化？我们应用非线性平滑转化面板（PSTR）模型对 FDI 双重集聚转化机制进行研究，以揭示 FDI 双重集聚效应。

第一节　引言

1991 年，张培刚《发展经济学通论》一书中对工业化概念及工业化的基本特征作了进一步补充和发展。他将工业化重新定义为："国民经济中一系列基要的生产函数（或生产要素结合方式）连续由低级到高级的突破性变化（或变革）的过程。"这里强调了两个方面内容：一个方面是强调这种生产函数的变化过程必须是由低级到高级的，是不断前进的，是动态的；它既不是往返循环的，更不是可逆的；另一方面是强调这种变化过程必须是突破性的，是一种社会生产力（包括一定的生产组织形式）的革命或变革。

东部以区位优势和政策先发优势吸收大规模 FDI，承接了 FDI 产业，而中西部地区 FDI 产业分布较少。在 FDI 产业的参与和溢出效应下，东部产业实现了工业组织结构和技术结构转变，而中西部，尤其是西部产业没有实现增长模式的转变，FDI 产业参与度较低，落后的、僵化的国有工业经济还占有西部经济的较大份额。东部产业的集聚增长，使其成为中心区，而西部工业却日益边缘化，处在最外围。客观上，在 FDI 产业影响下，我国地区内资产业存在多种增长模式。如何识别我国不同内资产业、地区产业不同增长模式,以及如何估计FDI产业对不同增长模式形成中的转化作用,这对识别FDI双重集聚效应机制具有重要意义。

从目前国外文献看,FDI对经济增长的作用并不明确。Borensztein等(1998)指出,一个国家要体验到FDI对经济增长的促进作用,需要达到人力资本量的一个最低门槛——以获得对先进技术的必要吸收能力。王志鹏、李子奈(2004)根据内生经济增长理论中知识与技术的外溢性等特点,构建了一个新的非线性模型考虑FDI外溢效应的准内生经济增长,从该模型发现东道国的长期经济增长取决于国外资本与国内资本的比例(FDI集聚强度),并且FDI对经济增长的作用具有鲜明的人力资本特征,必须跨越一定的人力资本门槛后各地区才能从FDI中获益。

从模型来看,关于FDI对中国(区域)经济影响的研究,目前广泛应用面板数据的固定效应模型以及动态面板效应模型等。一般假定了各横截面单元(个体)参数的同质性或时间维度上不变性,但基于这种假设的面板数据模型不足以描述所有横截单元的参数对应于某一变量具有非线性转换以及转换渐进性的行为特征。如前研究,我们采用了固定效应面板模型在一定程度上解决了FDI在产业和地区分布的异质性问题,也用了虚拟变量(dummy variable),根据FDI产业集聚不同行为模式。但是,虚拟变量只取"0"或"1",只识别两个极端情况,进行非此即彼选择。至于"0"或"1"是突变,还是连续的平滑过渡仍没有解决。在计量模型中,Hansen(1999)提出了面板门限回归(PTR)模型,其示性函数也是"0"或"1"之间的选择。在FDI集聚效应是否只是两个极端体制之间"有"或"无"的选择?有没有中间过渡状态或多体制极端共存?显然这些问题对探讨FDI双重集聚的极化效应是至关重要的。

鉴于此,我们选择的面板平滑转换(Panel Smooth Transition Regression Model,PSTR)模型进一步研究FDI双重集聚的非线性转化效应。原因在于,相对截面数据和时间序列数据来说,面板数据中的变量同时含有横截面和时间序列的信息,既考虑了横截面模型中不变的不可观测的异质性,又考虑了横截面数据存在的共性,可以广泛地研究横截面总体的动态性;但与线性方法相比,非线性方法更能丰富地刻画经济主体的行为特征。并且面板平滑转换(PSTR)模型是光滑转换模型STR(Smooth Transition Regression)中的一种,这类模型具有丰富的经济学意义,能够从数据中揭示出一些线性模型所无法发现的经济学含义。例如Terasvirta和

Anderson（1992）应用 STR 类模型研究发现，美国等工业国家经济周期表现出明显的非对称性，非线性模型能够很好地刻画经济严重衰退后内生性的强劲复苏，却不能相应地发现经济从扩张走向衰退的内部决定机制。从而说明，经济系统中存在内在机制使经济从萧条中迅速走向复苏，而经济从繁荣走向衰退则往往是由于外部冲击造成的。

在 FDI 产业双重集聚的影响下，我国产业结构及地区结构得到进一步的极化，产业结构得以升级，而地区产业极差扩大，地区发区差距更加明显。因此，用面板平滑转换（PSTR）模型可以很好地刻画中国 FDI 产业集聚的非线性极化效应，揭示由 FDI 集聚引起的产业结构变化与地区结构变化的不同决定机制及平滑转换效应。

第二节 中国 FDI 集聚的平滑转换面板(PSTR)模型

一 平滑转换面板（PSTR）模型

面板平滑转换模型（PSTR）是由 A. Gonzalez、T. Terasvirta 和 D. Van Dijk（2004，2005）提出的。它是 Hansen（1999）提出的阈值面板数据模型（PTR）的进一步拓展，该模型能够比较好地刻画面板数据的截面异质性。

对于面板数据分析来说，目前应用广泛的有固定和随机效应模型，以及动态面板效应模型等，这些模型一般假定了各横截面主体（产业、地区）的参数的同质性或时点不变性，但当主体（产业、地区）差异相对较大时，基于这种假设的面板数据模型不足以描述所有横截主体（产业、地区）的参数对应于某一主体（产业、地区）具有非线性转换以及转换渐进性或突变性的行为特征。而在一般面板模型中加入平滑转换变量后的平滑转换面板模型可以较好地解决这个问题。

首先，平滑转换面板（PSTR）模型是一个非线性面板数据模型。非线性表现为两种含义，一是模型中参数的非线性；二是变量的非线性。而 PSTR 模型所指的非线性，是指模型参数的非线性，参数的非线性生动地刻画了面板数据的异质性。其次，平滑转换面板模型具有平滑转换回归（STR）类模型的性质，平滑转换的特性。

基于利用面板数据，建立非线性模型成为解决数据量不足的一个很好的选择是 Hansen（1999）提出的面板门限回归（PTR）模型：

$$y_{it} = \mu_i + \beta_0 x_{it} I(q_{it} < c) + \beta_1 x_{it} I(q_{it} \geq c) + u_{it} \qquad (7.1)$$

（7.1）式中，μ_i 为个体效应，$I(\cdot)$ 为示性函数，当括号中条件满足时，则为1，否则为0，相当于虚拟变量设定。

面板门限回归（PTR）模型暗含了一个假定，就是对于某一特定的临界点（阈值），变量从一种机制跳跃到了另一种机制，同时这种跳跃是离散的。但在实际生活中，有些机制的转换却并不是离散跳跃的，而是一个连续的、逐渐变化的过程。进一步讲，由 Gonazlez、Teräsvirta、van Dijk（2004，2005）提出平滑转换面板（PSTR）模型。实际上，平滑转换面板（PSTR）模型是面板门限回归（PTR）模型的一般形式。这个模型的参数可以随着一个含有外生变量的函数平滑转变。对于面板数据，基于此研究的模型随着某一外生变量可能光滑转换，由此体现所分析问题的非线性特征以及转换渐进性的行为特征。

一般的面板平滑转换（PSTR）模型：

$$y_{it} = \mu_i + \beta_0 x_{it} + \sum_{j=1}^{r} \beta_j x_{it} g_j(q_{it}^j; \gamma_j, c_j) + u_{it} \qquad (7.2)$$

（7.2）式中，把 $g_j(q_{it}^j; \gamma_j, c_j)$ 设定为逻辑函数（logical function）：

（$c_1^j \leq c_2^j \leq \cdots \leq c_m^j, \gamma_j > 0$）

（7.2）式中，r 为转换函数个数，当 $r=1$，即只有一个转换函数时，当 $r=1$，$q_{it}^j = q_{it}$，$\gamma_j = \gamma$，$c_j = c$ 时 $g_j(q_{it}^j; \gamma_j, c_j)$ 为 $g(q_{it}; \gamma, c)$，取值介于 0 至 1 之间连续变化，可观测变量 q_{it} 为转换变量，参数 γ 决定着转换的速度，参数 c 为转换发生的位置。$g(q_{it}; \gamma, c)$ 的逻辑函数形式：

$$g(q_{it}; \gamma, c) = \left(1 + \exp\left(-\gamma \prod_{k=1}^{m}(q_{it} - c_k)\right)\right)^{-1} \qquad (7.3)$$

（$c_1 \leq c_2 \leq \cdots \leq c_m, \gamma > 0$）

（7.3）式中 m 为体制数，当 $m=1$ 为二体制即高体制和低体制。（7.3）式中，当 $m=1$，且当转换函数 $g=0$ 时，对应的模型（7.2）称为低体制（Low Regime）；当 $g=1$ 时称为高体制（High Regime）；$g(q_{it}; \gamma, c)$ 值在 0 与 1 之间平滑转换，从而体现了模型（7.2）的系数以 c 为中心随着 q_{it} 的变化在 β_0 至 $\beta_0 + \beta_1$ 单调转换，也就是变量在高低两种不同体制间的平滑转换。（7.2）式中，若 $\gamma \to \infty$，且 $q_{it} \neq c$，则 $\lim_{\gamma \to \infty}(-\gamma(q_{it} - c)) = \infty$，$g(q_{it}; \gamma, c)$ 变成示性函数 $I(\cdot)$，PSTR 模型转变为面板门限回归（PTR）模型。因此，PSTR 模型可以看作是 PTR 模型的一种扩展。

(7.3) 式中，对于 $m > 1$ 时，如 $m = 2$，当转换函数值为 1 时，称为外体制，当 $q_{it} = c_1 + c_2$ 时，转换函数值达到最小值，称对应的体制为中间体制。此时，$\gamma \to \infty$，模型 (7.2) 式变为一个三体制门限模型，两外体制是一致而与中间体制不同，所以一般情况下，当 $m > 1$，$\gamma \to \infty$，模型的不同体制仍然是 2 个；对于任意 m 值，若 $q_{it} = c$ 或 $\gamma \to 0$，$g(q_{it}; \gamma, c)$ 取值为 0.5，PSTR 模型退化为线性固定效应模型。从 (7.2) 式和 (7.3) 式的设定可看出，PSTR 模型的最大特点是转换变量随着个体 i 与时间 t 的变化，因变量 y_{it} 在不同体制间进行非线性平滑转换。

当 (7.2) 式中的 $r = 1$，且 (7.3) 式中的 $m = 3$ 时，LSTR 成为含 1 个转移函数的四体制模型。其中，$\gamma > 0$，$c_1 < c_2 < c_3$。$g(q_t; \gamma, c_1, c_2, c_3)$ 的函数值关于 $(c_1 + c_2 + c_3)/3$ 对称，$\lim\limits_{q_t \to \pm\infty} g(q_t; \gamma, c_1, c_2, c_3) = 1$ 与此极限状态对应的体制称为外体制。在 $q_t = (c_1 + c_2 + c_3)/3$ 处，$g(q_t; \gamma, c_1, c_1)$ 达到最小值，对应中间体制。若 $\gamma \to +\infty$，该 LSTR 就变成含 2 个相同的外体制、2 个不同的中间体制的四体制 PTR。

二 非线性的检验

对于 PSTR 模型估计，第一步是不同转换变量模型非线性的检验。借鉴 Hansen (1996)、Gonzalez, Terasvirta & van Dijk (2004, 2005) 的做法，选原假设为 $H_0: \gamma = 0$，对模型 (7.2) 在 $\gamma = 0$ 处进行一阶泰勒展开，重新参数化后，得到如下辅助回归模型：

$$y_{it} = \mu + \beta_0^* x_{it} + \beta_1^{*'} x_{it} q_t + \cdots + \beta_m^{*'} x_{it} q_t^m + \xi_t^* \quad (7.4)$$

基于 (7.4) 式，检验等同于检验原假设 $H_0: \gamma = 0$。显然，必须确定逻辑转换函数中合适的阶数 m，基于 (7.4) 式实现模型的非线性检验。Granger 和 Teräsvirta (1993)，Teräsvirta (1994) 建议选取 m 的初始值为 3，对辅助模型 (7.4) 式用序贯检验排除 $m = 3$ 并确定 $m = 1$ 或 $m = 2$，同时实现非线性检验。提出四个原假设：

$H_0^*: \beta_1^* = \beta_2^* = \beta_3^* = 0$，$H_{03}^*: \beta_3^* = 0$，$H_{02}^*: \beta_2^* = 0, \beta_3^* = 0$，$H_{01}^*: \beta_1^* = 0, \beta_3^* = \beta_2^* = 0, 0$

若原假设 H_0^* 被拒绝，则说明 $\gamma \neq 0$，模型 (7.2) 为非线性模型，为确定 m 值，继续检验 H_{03}^*、H_{02}^*、H_{01}^*，如果 H_{02}^* 被最强拒绝，对应的 P 值最小，则选取 $m = 2$，否则选取 $m = 1$。

根据两个模型的残差平方和 SSR_0、SSR_1，构造服从 χ^2 分布的 LM 检验统计量对线性原假设进行检验：$LM = TN(SSR_0 - SSR_1)/SSR_0$，并用序贯检验等方法确定模型的 m 值。其中，T 为时间序列长度，N 为截面数。

三 FDI 产业集聚变量

FDI 产业集聚是 FDI 产业在一些特定地理区域或产业内高度集中，并以集中度初步测度 FDI 产业在特定空间范围汇聚。基于（2.1）式以结构系数来表示集聚变量。集聚变量计算公式为：

$$CA_{it} = x_{it} / \sum_{i=1}^{N} x_{it} \qquad (7.5)$$

（7.5）式中，t 表示时间，N 为 FDI 产业或地区数，CA_{it} 表示 i 产业或地区第 t 年 FDI 产业集聚强度，x_{it} 为产业或地区 i 第 t 年 FDI 产业产值。CA 值越大，FDI 产业发生集聚的可能性越大；反之，CA 值越小，表明产业或地区 FDI 产业规模越小，发生集聚的可能性越小。

四 FDI 产业集聚效应的非线性平滑转换

引进 FDI 就是引进一个先进的生产函数。FDI 产业与内资产业之间存在分工与合作、竞争与协同性。这种情况下，在内资产业增长方程中，FDI 产业集聚溢出会改变内资产业生产函数，进而改变内资产业结构及地区分布。于是，基于 FDI 产业集聚溢出效应的 LPSTR 模型为：

$$LnYn_{it} = c_0 + \alpha_0 LnKn_{it} + \beta_0 LnLn_{it}$$
$$+ \sum_{j=1}^{r} g_j(CR_{it}^j; \gamma_j, c_j)(\alpha_j LnKn_{it} + \beta_j LnLn_{it}) + u_{it} \qquad (7.6)$$

（7.6）式中，CA_{it} 为 FDI 产业规模集聚指数；$g_j(CA_{it}^j; \gamma_j, c_j)$ 是第 j 个 CA_{it} 的转换函数；$i = 1, 2, \cdots, 31$；$t = 2003, \cdots, 2008$。在（7.6）式中，$g_j(CA_{it}; \gamma_j, c_j)$ 设定为逻辑函数：

$$g_j(CA_{it}^j; \gamma_j, c_j) = \{1 + \exp[-\gamma_j \prod_{k=1}^{m}(CA_{it}^j - c_j^k)]\}^{-1}$$
$$(c_1^j \leq c_2^j \leq \cdots \leq c_m^j, \gamma_j > 0) \qquad (7.7)$$

FDI 产业的集聚溢出转化效应是 FDI 产业的集聚效应的一种形式。它是指跨国公司通过较大规模的 FDI 进入某些产业时，对于东道国的上下游产业、顾客、供应商以及当地市场等都带来了额外的利益，而这种利益跨国公司并没有得到额外的补偿，所以被称作集聚溢出效应。同时，由于这种外部性的作用，FDI 能够引起东道国产业要素配置方式产生变化，使生产函数发生转化，导致产业体系内除极端生产函数（$g = 0$ 和 $g = 1$）外，中间还存在不同的生产函数，因此，它又是转化效应。也就是说有不同体制存在，而产业不同体制转化可能就是由 FDI 产业集聚溢出效应引起。具体来说，FDI 集聚对内资产业的溢出效应可以分为三类。第一类是发生于产业内部，通常是通过示范效应、竞争效应以及劳动市场效应来实现的，FDI 集聚越多，溢出效应越明显。第二种类型发生于产业间，主要通过产业的前后向联系发挥 FDI 的集聚效应。第三种类型的空间溢出效应，其产生的原因在于内资产业在地理上相邻于 FDI 产业。集聚中心的 FDI 产业由于集聚产生的外部性，正是 FDI 产业集聚租金（agglomeration rent）的主要来源。

第三节 中国 FDI 集聚的非线性平滑转换效应
——基于产业视角

一 FDI 产业的产业集聚效应

FDI 在产业中的非均衡分布，导致 FDI 产业分布也极不平衡。从平均值分布看，FDI 产业产值结构系小于 1% 的产业有 13 个，合计比重还不到 4%，其中 B 类产业 5 个全部位列其中，D 类产业的 D45 和 D46 也位列其中，还有五个低端制造业，有一个高制造业即废弃资源和废旧材料回收加工业。可以看出，FDI 在低端不可分性产业分布较小；相反，FDI 产业集聚在 C37、C39、C40 三个高端制造业，三者集中度为 42.89%。从结构系数的变化看，2003—2008 年有 20 个产业的结构系数有不同幅度下降，20 个产业结构系数有不同幅度上升，C37、C39、C40 三个高端制造业的集中度由 2003 年的 43.60% 下降到 2008 年的 41.19%。这表明，FDI 产业集聚幅度下降。即使如此，FDI 在我国的产业分布仍集聚在高端产业（表 7-1）。

表 7-1　　2003 年、2008 年及 2003—2008 年 FDI 产业值结构系数

产业	2003	2008	平均	产业	2003	2008	平均
B6	0.0535	0.0999	0.0737	C27	1.4585	1.3734	1.2939
B7	0.0208	0.1601	0.0951	C28	0.6731	0.7519	0.8499
B8	0.5836	0.5735	0.4920	C29	1.1468	1.0255	1.0212
B9	0.0060	0.0564	0.0339	C30	2.8568	2.4113	2.5716
B10	0.0112	0.0529	0.0338	C31	2.2435	2.2844	2.1784
C13	3.7900	4.3344	3.9075	C32	1.9621	4.1572	3.5667
C14	2.0464	1.8704	1.7857	C33	1.0636	2.1973	1.9012
C15	1.6180	1.5056	1.4342	C34	3.0523	3.0310	3.0382
C16	0.0244	0.0049	0.0089	C35	3.1317	4.0905	3.7783
C17	4.1485	3.2588	3.6368	C36	1.8127	2.4529	2.0628
C18	3.6240	2.6150	2.8671	C37	9.9488	9.7589	9.4340
C19	2.6516	1.9603	2.1684	C39	6.3576	7.1332	6.8248
C20	0.6070	0.4950	0.5284	C40	27.2953	24.3024	26.6329
C21	0.7418	0.8135	0.8736	C41	2.5811	2.0563	2.2887
C22	1.8267	1.7771	1.7668	C42	1.2717	1.0203	1.0584
C23	0.7490	0.4810	0.5519	C43	0.0294	0.1371	0.1049
C24	1.2607	0.9497	1.0625	D44	2.6561	1.6196	1.9930
C25	1.4433	2.2575	1.8309	D45	0.2879	0.6996	0.5129
C26	4.9275	6.1392	5.6602	D46	0.0369	0.0921	0.0768

二　LPSTR 模型参数估计

1. 非线性检验

非线性检验分两步进行。(1) H_0 为线性模型，H_1 为 LPSTR 模型至少有一个转化变量 ($r=1$)。由于，$R_0 = 26.2604$，$SSR_1 = 22.2071$，则 LM = 35.191，$p = 0.000$。因此，至少存在非线性关系。(2) H_0 为 LPSTR 有 $r=1$，否则 H_1：LPSTR 至少 $r=2$。$r=1$ 和 $3=2$ 模型估计，$R_{SS} = 21.655$，H_1 下的 $R_{SS} = 20.711$，于是 LM = 9.939，$p = 0.127$。显然，$r=2$ 没通过检验，转移函数只有一个，即 $r=1$。

2. 转化参数估计

转换函数中的 γ, c 用网格搜索法确定。网格搜索法的思想是：根据条

件线性参数的特点，确定条件线性参数存在的可能区间，然后确定适当的步长，将不同条件线性参数所有可能的取值形成组合，代入目标函数中，然后根据特定的准则，筛选出最合适的参数组合作为最终结果。在简单的一维网格搜索中，Hansen（1999）给出了条件参数估计值置信区间的构造方法。其中 γ、c 最优初值的确定用网格搜索法，最大的迭代次数设为 20000 次。在 $r=1$ 和 $m=1$ 的参数下最优初值 $\gamma=1.2332$，$c=1.4314$（图 7-1）。在 $r=1$ 和 $m=3$ 的参数下最优初值 $\gamma=4.6155$，$c_1=1.4850$，$c_2=2.3052$，$c_3=2.7815$（图 7-2）。

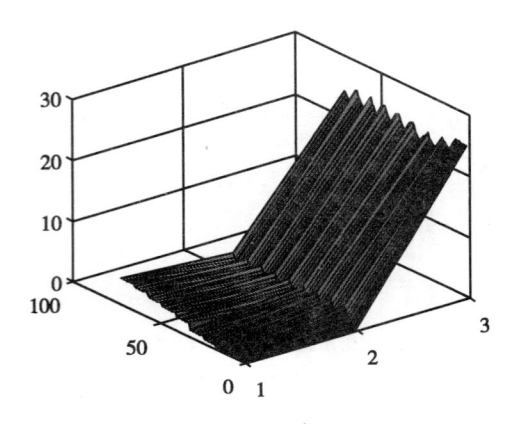

图 7-1　$m=1$ 网络搜索图

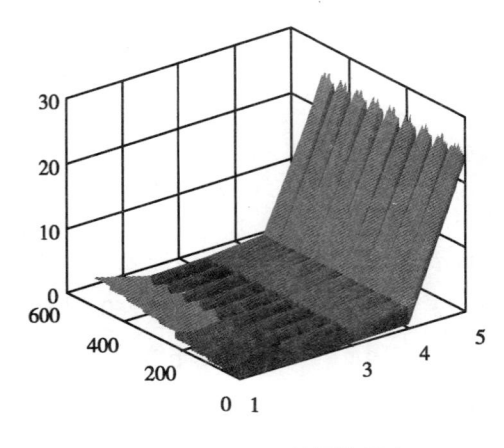

图 7-2　$m=3$ 的网络搜索

3. LPSTR

从表 7-2 看出，当 $m=1$ 时，非线性部分系数的 t 值在 5% 的水平上不显著，而当 $m=3$ 时，非线性部分系数的 t 值在 5% 的水平上显著。进一步说，对于 $m=3$ 和 $m=1$ 的两个 LPSTR 模型，$m=3$ 的 LPSTR 模型的 Adj. R^2 比较高，AIC 值比较低，因此，$m=3$ 的 LPSTR 模型较优。在 FDI 产业集聚效应转化下，内资产业的 α_0、β_0 为正值，而 α_1、β_1 值一正一负，参数 c 有三个取值，FDI 产业集聚效应具有很复杂的转化机制。

表 7-2　FDI 产业集聚的内资产业固定效应 LPSTR 模型参数估计

	\multicolumn{11}{c	}{$LnYn_{i,t}$}
	\multicolumn{5}{c	}{$m=1$}	\multicolumn{6}{c	}{$m=3$}
	\multicolumn{2}{c	}{线性部分}	\multicolumn{3}{c	}{非线性部分}	\multicolumn{3}{c	}{线性部分}	\multicolumn{3}{c	}{非线性部分}
参数	数值	t 值	参数	数值	t 值	参数	数值	t 值	参数	数值	t 值
c_0	5.6132	271.1569				c_0	5.8159	284.9481			
α_0	0.576	8.9435	α_1	0.1887	1.6569	α_0	0.5746	12.6987	α_1	0.2094	2.4977
β_0	0.1677	2.0037	β_1	-0.2123	-1.3496	β_0	0.1686	2.9405	β_1	-0.2551	-2.1936
γ	\multicolumn{5}{c	}{1.2332}	\multicolumn{6}{c	}{4.6155}
c_1	\multicolumn{5}{c	}{1.4314}	\multicolumn{6}{c	}{1.485}
c_2	\multicolumn{5}{c	}{}	\multicolumn{6}{c	}{2.3052}
c_3	\multicolumn{5}{c	}{}	\multicolumn{6}{c	}{2.7815}
R^2	\multicolumn{5}{c	}{0.9299}	\multicolumn{6}{c	}{0.9319}
AIC	\multicolumn{5}{c	}{-2.2420}	\multicolumn{6}{c	}{-2.2436}
r_{ss}	\multicolumn{5}{c	}{22.2765}	\multicolumn{6}{c	}{21.6552}

4. 转化函数

表 7-2 中，当 $m=3$ 时，LPSTR 模型参数 c 和 γ 值代入 (7.7) 式，得到转化函数：

$$g(CA_{it};\gamma,c) = \{1 + \exp[-4.6155(CA_{it} - 1.4850)$$
$$(CA_{it} - 2.3052)(CA_{it} - 2.7815)]\}^{-1} \quad (7.8)$$

(7.8) 式表明，FDI 产业集聚具有一个四体制的转化函数（图 7-3）。当 FDI 产业的 CA 小于 1 时，g 值为零；当 CA 大于 1 时，g 值开始逐步上升；当 $CA = (c_1 + c_2)/2 = 1.89$ 时，g 值达到 0.67 的最大值；当 CA 大于 1.89 时，g 值开始逐步下降，当 $CA = (c_2 + c_3)/2 = 2.543$ 时，g 值达到 0.43 的极小值；当 CA 大于 1 时，g 值开始逐步上升；当 CA 大于 2.63 时，g 值又开始逐步上升，直到最大值（图 7-3）。很明显，g 函数有一个最小值区间，一个最大值区间，具有一个极大值和极小值，发生了两次对称转化。可见，当 γ 值比较小时，g 是平滑转化。

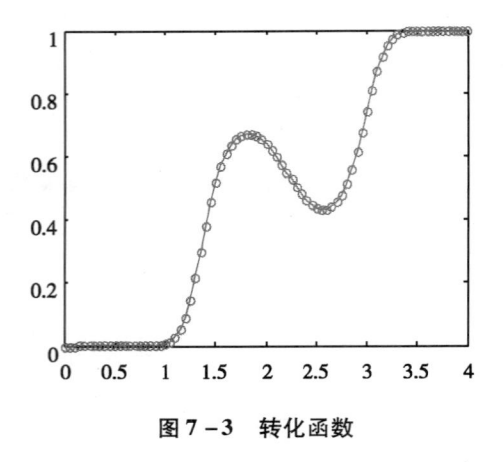

图 7-3　转化函数

图 7-4 进一步显示的是 2003—2008 年 FDI 产业集聚溢出的转化效应。可以看出，38 个 FDI 产业的转化函数值在 0—1 变化，其函数值处于 0 的低体制产业占最多数，函数值处于 1 高体制产业次之，中间体制产业占数量在两体制之间。由于 FDI 产业的转化效应，2003—2008 年的不同年份 FDI 产业分布有所不同。从 2008 年看，低体制产业有 12 个，高体制产业有 7 个，以 g 值 =0.5 为界，g 值 0—0.5 的产业有 20 个，0.5—1 的产业有 18 个，排除高低制与低体制，$0<g<0.5$ 的产业有 8 个，$0.5<g<1$ 的产业有 11 个（图 7-5）。

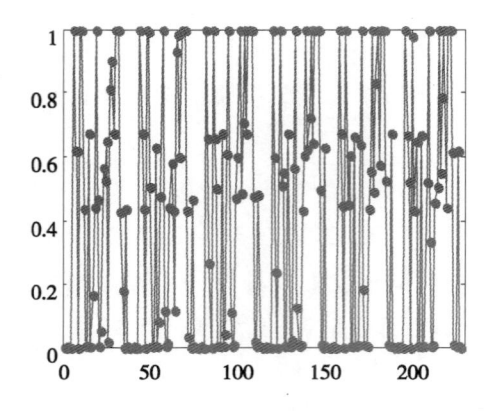

图 7-4　2003—2008 年转化函数值

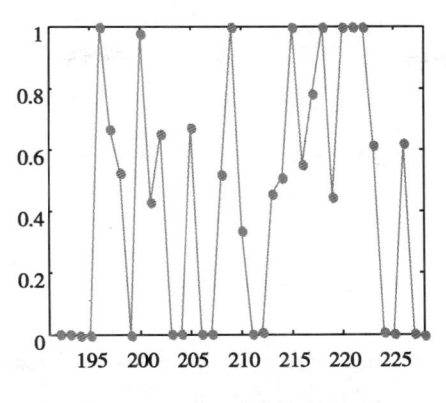

图 7-5 2008 年转化函数值

5. 弹性系数

在 FDI 产业的集聚溢出转化效应下，2003—2008 年内资产业弹性系数与劳动力弹性系数在不同体制之间呈现出明显的波动（图 7-6）。对于资产弹性系数，内资产业资产弹性系数在 0.5747—0.7841，低体制产业为 0.5747，高体制产业为 0.7841，平均为 0.6601。再从劳动力弹性系数看，内资产业劳动力弹性系数在 -0.0865—0.1686，高体制产业为 -0.0865，低体制产业为 0.1686，平均为 0.0644。

不难看出，高体制内资产业劳动力弹性系数为负数，但绝对值很小，若四舍五入的话，劳动力可以忽略不计，从低体制向高体制，内资产业的劳动力作用却不断减少。从 2008 年看，低体制内资产业与高体制内资产业的弹性系数、劳动力弹性系数相反，高体制内资产业的资产弹性系数高，而劳动力弹性系数低；相反地，低体制内资产业的资产弹性系数低，而劳动力弹性系数高（图 7-7）。

三 不同体制的产业构成

以（7.8）式中转化位置区间对表 7-1 中产业结构系数的平均值划分得到表 7-3。可以看出，低体制内资产业主要是全部 B 类产业，D 类产业的 D45 和 D46，还有 C16、C20、C23、C28、C21、C29、C42、C24、C27、C15 等 9 个产业，高制造业只有 C42、C43。进一步看，高体制内资产业全部是制造业，其中低端制造业有 C18、C34、C32、C17、C35、C13、C26，高端制造业有 C39、C37、C40。2003—2008 年高体制产业中的 FDI 产业比重接近 70%。显然，FDI 产业主要集聚在高体制的高端内资

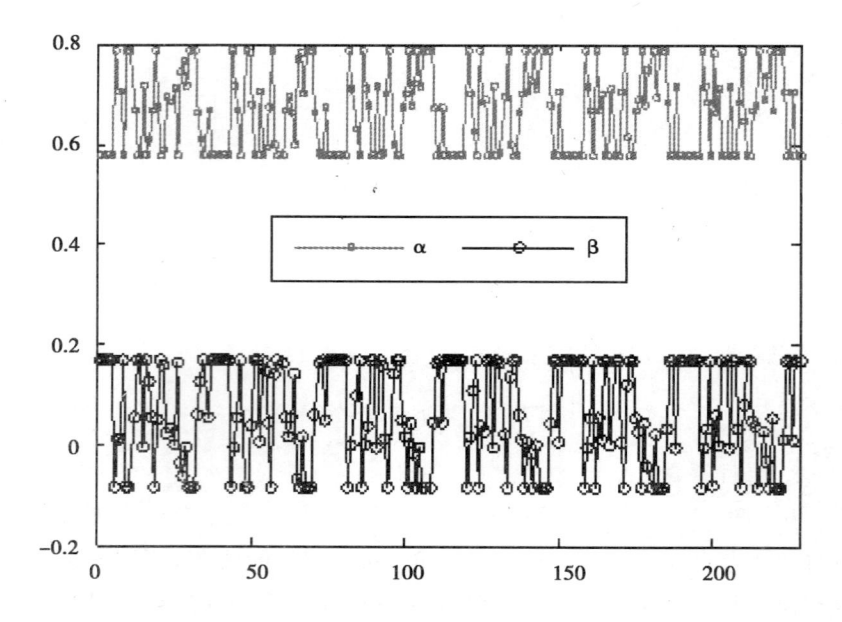

图 7-6 2003—2008 年资本与人员偏弹性系数

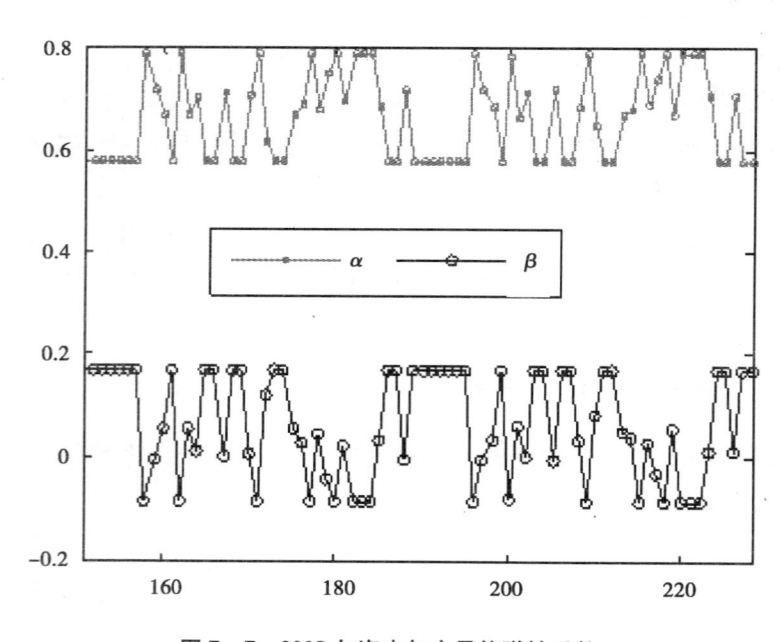

图 7-7 2008 年资本与人员偏弹性系数

产业。FDI 产业的这种集聚导致了内资产业分化,提升内资产业结构,增加了高端制造产业集聚竞争力。

表 7 – 3　FDI 产业集聚溢出转换下不同体制的内资产业构成

产业	c 值	产业	比重
低体制	$c < 1.4850$	C16、B8、B9、B10、D46、B6、C43、B7、D45、C20、C23、C28、C21、C29、C42、C24、C27、C15	10.11
中下体制	$1.4850 < c < 2.3052$	C22、C14、C25、C33、D44、C36、C19、C31、C41	2.57
中上体制	$2.3052 < c < 2.7815$	C30	17.98
高体制	$c > 2.7815$	C18、C34、C32、C17、C35、C13、C26、C39、C37、C40	69.35

四　不同体制的增长模式

以表 7 – 2 参数计算，得到两个高低极端体制下的内资产业增长机制：
（1）低体制。若 $g = 0$，则为低体制。其增长方程：

$$LnYn_{it} = 5.8159 + 0.5746 LnKn_{it} + 0.1686 LnLn_{it} \qquad (7.9)$$

（2）高体制。若 $g = 1$，则为高体制。其增长方程：

$$LnYn_{it} = 5.8159 + 0.7840 LnKn_{it} - 0.0865 LnLn_{it} \qquad (7.10)$$

（7.9）式、（7.10）式明显表明，在高体制与低体制下内资产业增长机制具有较大差异。高体制产业的资本弹性较高，人员弹性较小，产业增长几乎是由资产推动的，劳动力增长反而对内资产业增长起阻碍作用；而低体制产业的资本弹性较低，人员弹性较高，产业增长中人员也是重要的推动力。从 2008 年看，低体制产业分别为 B6、B7、B8、B9、B10、C16、C20、C23、C28、C43、D45、D46、C21、C24、C42、C29，高体产业分别为 C13、C26、C32、C35、C37、C39、C40。进一步看，低体制内资产业的 $\alpha + \beta$ 为 0.7432，高体制内资产业的 $\alpha + \beta$ 为 0.6975。这表明，高体制内资产业的内生增长性更强。显然，FDI 产业集聚溢出提升了高端制造业技术水平，增强产业生产内生增长能力，从而提升我国内资产业的产业结构。

第四节　中国FDI集聚的非线性平滑转换效应
——基于空间视角

一　FDI产业的空间集聚

FDI在地区呈现出高度的非均衡分布。这同样导致FDI产业在地区的分布也极不平衡。从平均值分布看，FDI产业产值的结构系数小于1%的有19个地区，比重合计7.254%，西部12地区全部在其中；结构系数大于1%的有12个地区，FDI产业主要集聚在江苏、上海和广东三地，集中度为57.06%。从结构系数的变化看，2003—2008年有10个地区的FDI产业产值比重有不同幅度的下降，前三位为上海、广东和福建，它们降幅分别为4.35、4.19和1.77个百分点；有21个地区的FDI产业产业比重有不同幅度上升，前三位为江苏、山东和浙江，升幅分别为4.37、2.44和1.37个百分点，江苏、上海和广东三地FDI产业产值集中度由2003年的59.03%下降2008年的54.86%。这表明，FDI产业在地区分布集聚幅度下降，有空间转移与扩散趋势（表7-4）。

表7-4　2003年、2008年及2003—2008年FDI产业产值结构系数

产业	2003	2008	平均	产业	2003	2008	平均
浙江	5.8776	7.2553	6.9083	黑龙江	0.3973	0.4645	0.4137
天津	4.3804	3.7163	4.1829	河南	0.8290	1.2179	0.9265
上海	14.8724	10.5203	12.4899	安徽	1.0094	1.1424	0.9801
山东	5.6302	8.0763	6.8621	重庆	0.6548	0.7255	0.6788
辽宁	2.9674	3.1985	3.0781	云南	0.2092	0.2087	0.2024
江苏	13.9140	18.2822	16.5793	新疆	0.0499	0.0571	0.0522
河北	1.6732	2.7072	2.1636	西藏	0.0000	0.0022	0.0018
海南	0.1302	0.3745	0.2315	四川	0.6538	0.7585	0.6515
广东	30.2479	26.0541	27.9863	陕西	0.3908	0.4147	0.3322
福建	7.1097	5.3324	6.0624	青海	0.0174	0.0225	0.0192
北京	3.4325	2.8543	3.4654	宁夏	0.0796	0.0688	0.0789
山西	0.2757	0.3615	0.2615	内蒙古	0.3522	0.5225	0.4099
江西	0.4215	0.8546	0.6011	贵州	0.0809	0.0651	0.0668

续表

产业	2003	2008	平均	产业	2003	2008	平均
吉林	1.8088	1.4837	1.4115	广西	0.6963	0.8786	0.7503
湖南	0.5161	0.5707	0.5254	甘肃	0.0929	0.0588	0.0680
湖北	1.2289	1.7503	1.5587				

二 LPSTR 模型参数估计

1. 非线性检验和网络参数估计

非线性检验仍分两步进行：（1）H_0 为线性模型，H_1 为 LSTR 模型是至少有一个转化变量（$r=1$）。由于，$R_0=6.1925$，$SSR_1=6.1320$，则 $LM=1.819$，$p=0.403$。因此，$r=1$ 至少存在非线性关系。（2）H_0 为 LSTR 有 $r=1$，否则 H_1：PSTR 至少 $r=2$。$r=1$ 和 $m=1$ 模型估计，$R_{SS}=3.947$，H_1 下的 $R_{SS}=3.354$，于是 $LM=32.514$，$p=0.000$。在 r 最大值 =2 和 1 选择，平滑转移函数有最优数量为一个。在 $r=1$ 和 $m=2$ 的参数下最优初值 γ 为 62.5780，$c_1=0.0152$，$c_2=7.1117$（图 7-8）。

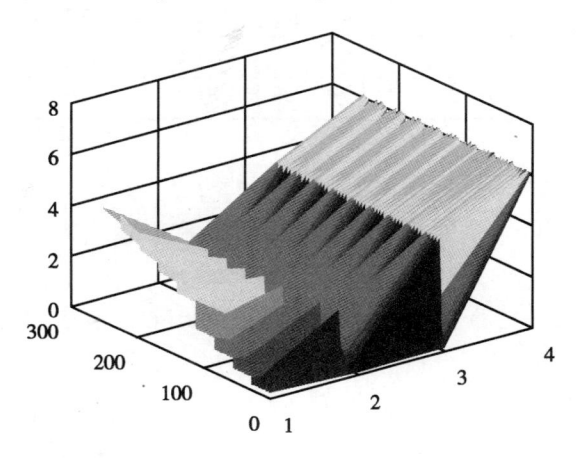

图 7-8 $m=3$ 的网络搜索

2. LPSTR

从表 7-5 可以看出，当 $m=1$ 时，α_0、α_1 系数的 t 值在 5% 的水平上不显著，β_0、β_1 的 t 值不存在，显然，$m=1$ 的 LPSTR 模型不存在。当 $m=2$ 时，线性部分系数 α_0、β_0 的 t 值在 5% 的水平上显著，α_1、β_1 值一正一负，其 t 值在 5% 的水平上显著。显然，当 $m=2$ 时的 LPSTR 模型是较优

的模型。在 FDI 产业集聚溢出效应转化下，地区内资产业的 α_0、β_0 为正值，而 α_1、β_1 值一正一负。参数 c 有两个取值，FDI 产业集聚效应转化函数具有三体制。

表 7-5　FDI 产业规模集聚的内资产业固定效应 LPSTR 模型参数估计

$LnYn_{it}$

	m = 1					m = 2				
	线性部分		非线性部分			线性部分		非线性部分		
参数	数值	t 值	参数	数值	t 值	参数	数值	t 值	参数	数值	t 值
c_0	5.6132	271.1569				c_0	2.3865	220.1808			
α_0	-2.7792×10^9	-0.0348	α_1	2.7792×10^9	0.0431	α_0	0.4964	10.0997	α_1	-0.3369	-9.5591
β_0	4.159×10^9	Inf	β_1	-4.1590×10^9	-Inf	β_0	0.5359	13.851	β_1	0.4809	9.5612
γ		111.2685					62.5780				
c_1		-0.2001					0.0152				
c_2							7.1117				
R^2		0.9299					0.9888				
AIC		-3.7766					-3.7043				
r_{ss}		3.8430					0.9888				
样本		228					186				

3. 转化函数

把表 7-5 中 $m=2$ 的 LPSTR 模型参数 c 和 γ 值代入（7.11）式，得到转化函数：

$$g(CA_{it};\gamma,c) = \{1 + \exp[-62.5780(CA_{it} - 0.0152)(CA_{it} - 7.1117)]\}^{-1} \quad (7.11)$$

（7.11）式表明，FDI 产业集聚的三体制转化制（图 7-9）。当地区 FDI 产业产值的 CA 值小于 0.0152 时，g 值为 1；当 CA 值大于 0.0152 而小于 7.1117 时，g 值为零；当 CA 值大于 7.1117 时，g 值达到 1 的最大值（图 7-9）。由于，γ 值比较大，g 值不是平滑转化而是在低体制与高体制之间非此即彼突变式转化，中间体制很少；又由于 CA 值小于 0.0152 的体制外样本只有一个即西藏，因此，实际上内资产业只是两体制结构（图 7-10）。

在图 7-11 中，2008 年对应 $g=1$ 的是浙江、上海、山东、江苏和广东，青海的 g 值为 0.0373，西藏为 0.997，FDI 产业对西藏没有影响，属体制外地区。

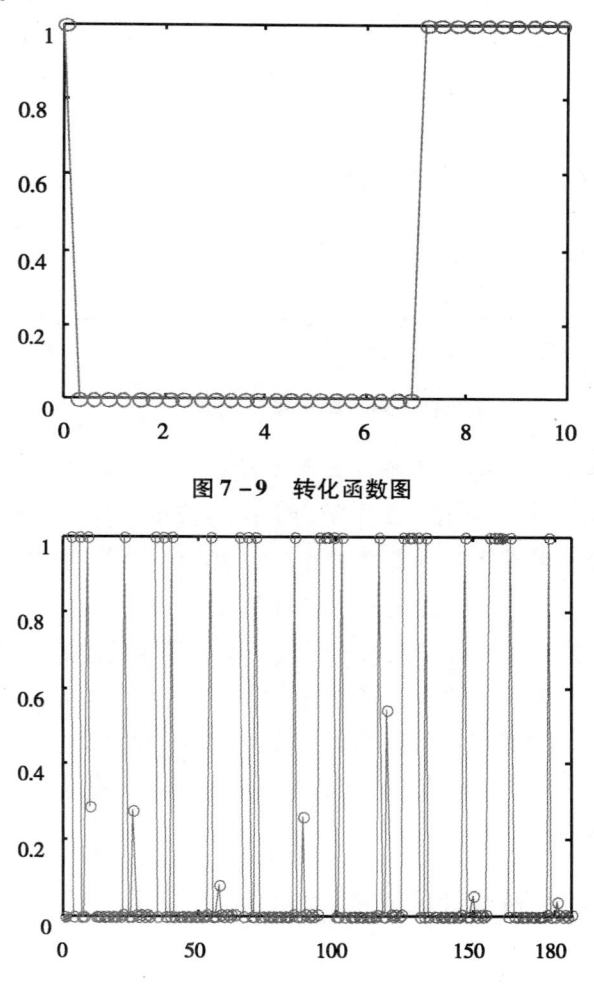

图 7-9 转化函数图

图 7-10 2003—2008 年转化函数值

4. 弹性系数

在 FDI 产业的集聚溢出效应转化下，2003—2008 年地区内资产业弹性系数与劳动力弹性系数在高低体制之间呈现出强烈波动，中间体制的地区数量很少，且随时间推移而减少（图 7-12）。对于资产弹性系数，内资产业资产弹性系数在 0.1594—0.4964，低体制产业为 0.4964，高体制产业为 0.1594。再从劳动力弹性系数看，内资产业的劳动力弹性系数在 0.5359—1.0169，低体制产业为 0.5359，高体制产业为 1.0169。地区内

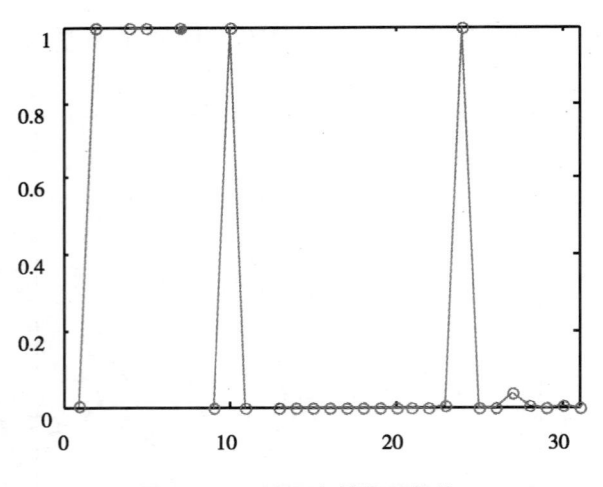

图 7 - 11 2008 年转化函数值

资产业的弹性系数与劳动力弹性系数平均值分为 0.4393、0.6174，两者之和为 1.0567。不难看出，高体制内资产业劳动力弹性系数较高，而低体制内资产业的劳动力弹性系数较高。从 2008 年看，低体制地区、高体制地区内资产业的资产弹性系数与劳动力弹性系数相反。具体表现为，低体制地区内资产业资产弹性系数高，而劳动力弹性系数低；相反，低体制内资产业的资产弹性系数低，而劳动力弹性系数高。这充分表明低体制地区与高体制地区内资产业的生产具有明显不同的增长模式（图 7 - 13）。也就是说，高体制地区内资产业劳动力约束较强，而低体制地区内资产业的资金约束较为明显。

三 不同体制的地区构成

以 ($c_1 + c_2$)/2（3.5635）为中界，把 31 个地区分为四个体制地区（表 7 - 6）。从表 7 - 6 中看出，在 FDI 产业集聚溢出效应下，低外体制地区仅有西藏一个地区，低内体制地区全部是中部与西部地区，高内体制和高外体制地区全部是东部地区。从平均水平看，上海、江苏、广东占 FDI 产业产值集中度为 57.05%，2008 年浙江、山东已进入高外体制地区。2003 年上海、江苏、广东的 FDI 产业产值集中度为 59.03%，2008 年为 54.85%，集中度有所下降，但山东、浙江 FDI 产业产值大幅提升，比重超过 7.1117%，进入高外体制地区，五地区 FDI 产业集度高达 70.18%，属于高度集中型分布。总体上看，FDI 产业集聚效应下，地区分化比较明

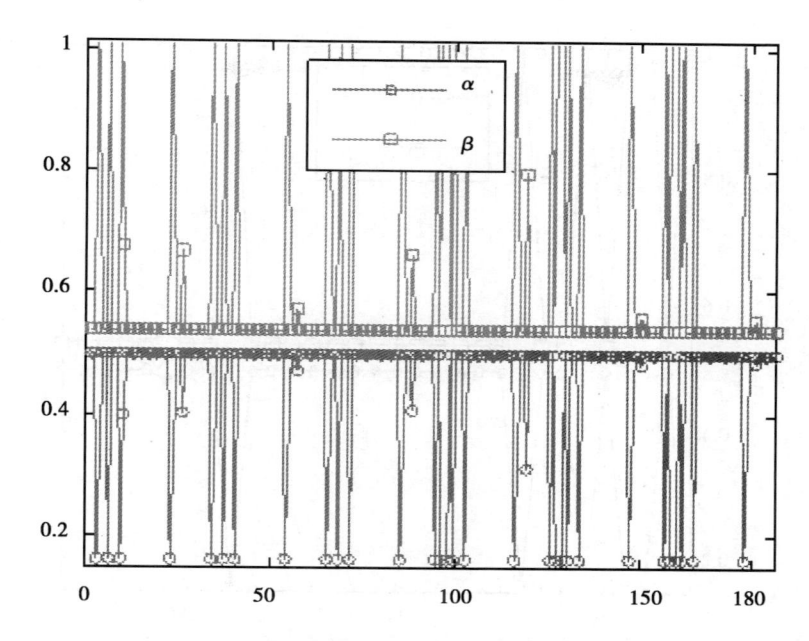

图 7-12　2003—2008 年资本与人员偏弹性系数

显，FDI 产业集聚具有明显的极化效应。

表 7-6　FDI 产业参与下六类内资产业高低体制的地区构成

产业	转化区间	地区构成
外低体制	$c < 0.0152$	西藏
次低体制	$0.0152 < c < 3.5635$	青海、新疆、贵州、甘肃、宁夏、云南、海南、山西、陕西、内蒙古、黑龙江、湖南、江西、四川、重庆、广西、河南、安徽、吉林、湖北、河北、辽宁、北京
次高体制	$3.5635 < c < 7.1117$	天津、福建、山东、浙江
外高体制	$c > 7.1117$	上海、江苏、广东

四　不同体制的增长模式

从 g 函数看，FDI 产业集聚的转化速率值很高，转化速度较快，几乎是一种突变机制，g 的不同取值产生两种体制。

（1）低体制。若 $g = 0$，则为低体制。其增长方程：

$$LnYn_{it} = 2.3865 + 0.4964 LnKn_{it} + 0.5359 LnLn_{it}$$

（2）高体制。若 $g = 1$，则为高体制。其增长方程：

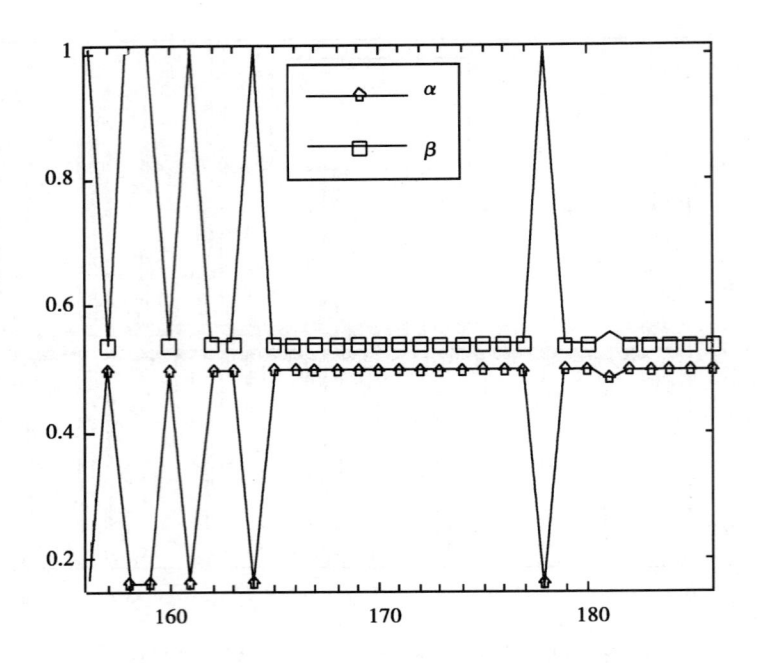

图 7-13　2008 年资本与人员偏弹性系数

$$LnYn_{it} = 2.3865 + 0.1595LnKn_{it} + 1.0168LnLn_{it}$$

2003 年高体制地区分别为上海、江苏和广东，2008 年为浙江、山东、上海、江苏和广东。2003—2008 年浙江、山东进入高体制行列。在低体制下，$\alpha+\beta$ 为 1.0323，而高体制下 $\alpha+\beta$ 为 1.1763，高体制地区内资产业的规模报酬递增性质更加突出。再从弹性系数看，高体制下的内资产业的劳动力弹性系数明显升高，资本弹性系数明显下降。这说明，在 FDI 产业集聚溢出效应下，高体制地区内资产业的劳动密集型增强，劳动力约束更突出。很明显，在高体制与低体制下内资产业增长机制具有较大差异。高体制地区的资本弹性较高，劳动力弹性较小，产业增长几乎是由资本投入所推动，而低体制地区内资产业的资本弹性较低，劳动力弹性较高，人员也是内资产业增长的重要推动力。

第五节　小结

20 世纪 80 年代，我国各省区产业结构趋同，产业地方化程度较低，然而，进入 90 年代之后，随着对外开放程度扩大，FDI 大量涌入我国，且集聚在东部，这导致中国各省份以及东部、中部、西部的产业结构差异扩大；大部分 FDI 集聚在制造业，随着地方化程度加深，FDI 制造业越来越集中在沿海有限的几个省份。这意味着，FDI 在我国空间分布的非均衡性是导致中国内资产业空间分布非均衡性的重要原因。我们的实证分析表明以下几方面。

1. 内资产业增长中 FDI 产业集聚具有显著的非线性转化效应，且 FDI 双重集聚对中国产业结构和地区内资产业增长具有明显的极化效应，增长极转化功能很强。同时，FDI 产业集聚对内资产业结构提升和地区内资产业增长方式具有明显的转化效应，高端制造业和少数东部地区的 FDI 产业集聚力量对内资产业产生函数具有重要改造作用。

2. 目前，我国中部与西部地区内资产业增长处在低体制下运行，FDI 产业集聚溢出效应严重不足，其主要原因是中西部产业仍以低端产业为主导。也就是说从地区和产业视角看，西部处在 FDI 产业低体制集聚区，也就是集聚的外围地区，其产业在低体制下运行，相对来说是资本约束型增长，而东部少数地区在 FDI 产业高体制集聚区，也就是集聚的中心区，其他产业在高体制下运行，相对来说是劳动力约束型增长，其他东部和中部地区处在中间体制上。特别是在一些高体制地区，FDI 的流入已经对当地产业发展和技术进步起到积极的溢出作用。但就全国来看，低体制产业和地区的 FDI 集聚溢出效应仍难以发生。

3. FDI 产业在沿海地区的集聚是推动中国制造业向沿海地区集聚的重要力量，而且这一力量很强大，使我国促进东部 FDI 及其产业、东部内资产业向中西部转移等政策效果不明显。值得注意的是，FDI 在促进我国制造业空间集聚和推动东部产业增长的同时，明显会导致地区间产业极差的进一步扩大，结构趋同的地区产业结构被打破，产业分工更明显。因此，在充分发挥 FDI 制造业集聚效应的同时，建立高体制地区与低体制地区之间产业增长的协调机制，兼顾集聚效应与空间公平，这已成为我国区域协调发展中的政策创新问题。从产业角度看，对 FDI 产业空间集聚效应的分析，无疑从产业与地区因素通盘考虑，分析产业结构升级与区域产业差异之间的联系建立了基础。

FDI 产业集聚是影响区域内资产业增长方式的最主要原因，更是引起东中西部产业增长差异的重要因素。东部沿海地区由于区位条件优越，投资软硬环境好，今后仍将是 FDI 的首选区位。为了促进中西部吸引更多的

FDI，充分发挥 FDI 在中西部地区产业增长中的推动作用，缩小区域经济增长差异，我国政府应根据 FDI 集聚效应，调整和完善我国区域引资政策，促进中部、西部地区更加积极合理有效地利用 FDI，加快内资产业增长方式的创新。这对我国实施西部大开发战略、促进中部地区崛起取得实质性进展具有十分重要的战略意义。同时，我国还要建设高端制造业创新体系，培育核心技术能力，减少作为我国产业升级的引擎——高端制造业对 FDI 的过度依附，总揽我国产业核心技术能力。

第八章 结论与含义

第一节 中国FDI双重集聚：检验与发现

改革开放以来，特别是20世纪90年代初市场化改革以来，我国吸引FDI的进程明显加快，东部各省的FDI依存度不断上升，同时，东部交通、通信等基础设施的快速发展也大大推进了FDI向我国东部集聚，FDI的产业化集聚进程加快。FDI在我国分布呈现很强的不均衡性，这主要表现在两个方面，一是FDI的空间分布极不均衡；二是FDI的产业分布也极不均衡，呈现出双重集聚融合状态。这种双重聚合效应给我国产业升级和地区差距扩大产生长远而深刻的影响。我们发现以下几点。

1. 地区内资产业集聚与FDI产业集聚已在大部分地区比较显著，并呈现出上升趋势。总体上看，内资产业集聚指数与FDI产业集聚指数已具有显著的相关性，地区内资产业对FDI产业有较高的依赖性，对FDI产业的需求增大。同时，FDI集聚对我国产业布局和集聚的影响作用日益增大，并呈现出显著性。

2. FDI产业集聚差距扩大，但在空间有扩散趋势。FDI入驻目标要在不同地区和不同产业之间进行双重选择，一方面，FDI集聚在制造业尤其是高端制造业，另一方面是FDI向东部优势区位集聚。这两个方面积聚力量导致东部在高端制造业具有吸引FDI集聚的比较优势，形成FDI依赖型高端产业集聚，中西部更多的则是原发型低端产业集聚，导致大部分西部地区的产业集聚与FDI没有显著的相关关系。这意味着，受FDI集聚的影响，我国区域一体化的产业链断裂，产业极差扩大。这给东西部产业合作、东部产业转移和FDI区域分布调节带来日益增大的困难。

3. FDI双重集聚对我国内资产业与地区内资产业存在显著的非线性转化效应，对我国产业结构和地区内资产业集聚具有明显分化效应。主要表现在，一方面，FDI产业集聚提升了内资产业结构，但高体制产业（高端制造业）对FDI产业依赖较强，这日益约束着我国产业结构升级和增长动力；另一方面，高体制地区（少数东部地区）FDI产业集聚对其产业增长具有重要支撑作用，而低体制地区（主要是西部地区）内资产业增长因FDI产业效应不足而规模较小，增长质量低，增长方式粗放。这是FDI双重集聚扩大我国东西差距机理所在。

4. FDI通过在制造业集聚而扩大地区发展模式。东部地区受FDI高端制造业集聚作用，已转变成外向型产业经济，而中西部尤其是西部仍以内向型产业为主导，对原始增长路径有较强的依赖性，低附加值的自然资源显得比已往更加重要。然而，FDI对东西发展差距的影响远不只是在增长率方面，其深刻影响还体现在，FDI使东部发展出口导向型经济，而西部经济的进出口依存度低，因而是内向型经济；FDI主要集聚在东部能源节约型工业，基本上摆脱对能源消耗的过度依赖，而西部比较优势工业仍是能源密集型工业，FDI很少参与；FDI介入使东西区域一体化工业链断裂，东部两头在外，日益摆脱对西部的依附，而西部高端制造业发生大面积衰退，工业在产业链的低端集聚，难以与东部配套，对自然资源依赖更加紧密，对传统经济增长路径依赖更加突出。显然，FDI产业集聚不仅转变了东部与西部发展模式，而且更主要的是西部低端产业对比较脆弱的西部生态环境造成更大的压力，直接威胁我国的生态安全和地缘经济安全。

5. FDI加速工业结构失衡。我国的对外开放是率先从沿海地区开始的，沿海地区因区位条件、基础设施和经济技术基础较好，吸引了进入中国的大部分FDI。FDI大规模进入，将通过加快资本形成、扩大出口和创造就业等途径推动沿海经济的高速发展，也提升了沿海地区工业结构，加快高端工业向沿海地区集聚。同时，沿海经济的快速增长，又将提高地区居民的收入水平，扩大市场的容量，并有利于改善外部条件和产业配套能力的形成，产生集聚经济效益，从而进一步扩大FDI的入驻，形成良性循环。这样，就在FDI和沿海地区经济增长之间形成了一种良性因果循环的累积效应。不同于传统的那种单纯由出口导向型增长所产生的循环累积因果效应，这种由FDI集聚作用促成的循环累积因果效应，是一种经济集聚与FDI集聚的联动效应。而中部和西部尤其是西部地区，由于没有区位优势，工业结构水平低，配套能力低，吸收的FDI十分有限，以制造业为代表的高端产业集聚普遍衰退，形成了与 FDI 工业失衡较大的工业结构，使沿西部地区与沿海省区工业的两极分化更严重。

6. FDI 软技术溢出只发生在 FDI 产业体系内。这种 FDI 产业的自我溢出，正说明 FDI 产业体系是一个分工严密、技术关联密切的体系。这也意味着，软技术溢出效应，是 FDI 产业在产业和空间发生双重集聚的重要原因。自然，跨国公司对其关键技术更是采取保护措施，严防外溢，也不鼓励合资企业搞研发和技术创新，使我国企业对 FDI 产业核心技术形成依赖，这对我国产业安全构成严重威胁。

7. 宏观层面上，FDI 工业与内资工业通过耦合集聚，实现共同增长。尽管 FDI 工业与内资工业已形成耦合集聚体，但两者集聚机制也有重要差别。这主要表现在，我国内资工业具有自我集聚机制，同时还有与 FDI 工业的耦合集聚机制，因而它有复合集聚机制，而 FDI 工业没有自我集聚机制，只有与内资工业的耦合集聚机制。这意味着，FDI 工业不能离开内资工业而独自增长，内资工业是 FDI 产业集聚的载体，是我国工业发展基础动力。

8. 从大的方面看，中央政府政策是影响地区 FDI 集聚的原始动力因素。改革开放以来，中国首先推行区域导向型开放政策，率先在沿海地区实行对外开放战略。1979 年，中国在广东省的深圳、汕头和珠海以及福建的厦门设立经济特区；1984 年，中国又开放了大连、秦皇岛、天津、烟台、青岛、连云港、南通、上海、宁波、温州、福州、广州、湛江以及北海 14 个沿海港口城市；1985 年，中国进一步开放长江三角洲、珠江三角洲和闽南的厦门、漳州、泉州三角地带；1988 年，建立了山东半岛经济开放区和辽东半岛经济开放区，并成立海南省，建立海南经济特区；1990 年；中国决定开发上海浦东新区，同年决定在福建设立台商投资区。截至 20 世纪 90 年代初，中国的沿海省区已经全部实现对外开放。"沿海发展战略"实质是使沿海省区拥有更大的政策支持，在获取 FDI 方面处于优势地位，再加上其优越的地理位置、健全的基础设施条件，吸引了大量的 FDI 的流入。FDI 的流入，实现制造业尤其是高端制造业集聚体形成，促进和带动了当地产业集聚，获得集聚效应，从而有效地参与了国际分工，扩大东西部发展差距。

第二节 中国FDI双重集聚：挑战与问题

1. FDI双重集聚给相对落后的西部地区产业发展带来更严峻的问题

实证表明，中国FDI产业集聚格局与地区产业发展格局之间具有较高的一致性。伴随着大多数FDI向东部地区集聚，东部地区产业总量、对外贸易占全国份额远远高于中西部地区。研究表明，地区差距的90%是由FDI造成的。这意味着，FDI双重集聚是地区差距扩大的重要推手。它是FDI产业集聚促进东部比较动态优势提升的直接结果。从而我国区域间初始的不平衡通过后来FDI集聚效应进行放大，产生了极化效应，更加剧了我国区域间发展的不平衡。

从理论上看，FDI产业集聚与当地产业集聚是可以相互促进的。从实证结果看，这一理论假设在大部分东部地区得到检验，而西部大部分地区却拒绝这个假设。这说明，FDI进入产业链环节与西部地区产业优势环节相反，也就是西部优势产业对FDI吸收能力较弱。对于西部地区来说，其处在FDI空间集聚的外围区，不仅FDI集聚条件恶化，未能从FDI产业集聚得到技术溢出，陷入"粗放化增长"，而且西部的高端资源（人才、资本和技术等）被集聚中心吸引而流失，资源贫化，高端产业难以生存。此外，由于受中部拦截，FDI转移及东部产业难以转移到西部。显然，FDI双重集聚加剧了西部地区产业发展恶劣环境，给西部产业发展产生了高端产业集聚不足，产业升级困难、市场份额萎缩等诸多问题。

2. FDI双重集聚直接威胁我国的生态安全和地缘经济安全

FDI产业集聚引起空间结构演化与重构，极化效应扩大了地区发展差距。东部地区受高端制造业集聚作用，已转变成外向型经济，对FDI产生更大的依赖，而中西部尤其是西部仍以内向型产业为主导，对原始增长路径有较强的依赖，低附加值的自然资源显得比已往更加重要。很明显，FDI集聚与地区差距扩大是一对矛盾，地区FDI产业集聚不仅扩大了东部与西部的发展差距，更重要的是空间不公平给比较脆弱的西部生态环境造成更大的压力，直接威胁我国的生态安全和地缘经济安全。这种状况对建立资源节约型、环境友好型社会和生态文化建设带来严重挑战。

3. FDI双重集聚给缩小沿海和内地发展差距扩大带来挑战

中国改革开放以来，地区差距总体上是处于不断扩大的趋势之中，而

FDI 的空间与产业集聚是导致沿海和内地产业结构差异扩大的重要原因。这就是说，要缩小沿海和内地的差距，就必须降低 FDI 空间分布的非均衡性，缩小沿海和内地的产业极差。从这一思路出发，中国地区差距的缩小主要是依靠 FDI 促使中西部地区制造业的发展，改变制造业主要集中于东部沿海地区的状况。自然的一个政策含义，就是调节地区 FDI 分布，促进 FDI 向中西部转移。然而，FDI 不集聚西部是多种因素联合作用的结果，一方面是由于 FDI 难以从中西部低端制造业集聚中得到外部利益、配套能力和价值提升空间；另一方面还受东部、中部和西部对 FDI 竞争力机制有关，西部 FDI 还有进一步边缘化倾向，而且受政策溢出效应影响，仅靠调节 FDI 缩小东西差距没有现实可能（赵果庆，2004）。事实表明，促进 FDI 向中西部地区转移，是一件极难的事情，问题在于要在 FDI 集聚溢出效应与地区差距效应之间难以实现均衡。因此，FDI 集聚对我国经济效率与空间公平均衡带来极大挑战。

4. FDI 双重集聚对区域发展政策带来挑战

为抑制地区差距扩大，我国先后实施了西部大开发和中部崛起战略，东部与中西部差距扩大受到一定程度的有抑制，但地区发展收敛仍不明显。在我国高端制造业集聚中心（增长极）过度受 FDI 工业集聚影响的情况下，调节 FDI 的产业分布和空间分布，这对我国促进区域协调发展是十分必要的。FDI 不集聚西部，一方面是因为 FDI 难以从中部和西部低端工业集聚中得到外部性利益，另一方面是因为 FDI 产业二次西进又失去东部制造业集聚利益、高额租金和配套能力。这是中部崛起和西部大开发战略实施也没有促进 FDI 工业向中部和西部有较大规模转移的主要原因所在。

在目前条件下，我国西部地区在一定程度上进入了 FDI 的集聚陷阱。继续推进中部崛起与西部大开发战略，有力地促进 FDI 向西部集聚，促进区域差距缩小，这已证明是难以实现的。其原因是多种多样的，重要的是 FDI 双重集聚的产业结构与空间结构对中部崛起与西部大开发战略效应产生了抵御和消减。可以预见，如果不改变制造业集聚的空间格局，FDI 难以成规模向中西部转移，区域尤其是东西差距扩大趋势也难以从根本上得到抑制，区域发展协调发展也仅仅是一种难以成真的梦想。

5. FDI 对我国工业结构升级带来挑战

改革开放以来，在 FDI 集聚效应下，我国工业化加速，经济增长高速增长，经济总量跃升。同时，我国资源、能源消耗严重，环境污染日益突出。于是，我国提出了提升产业结构，转变增长方式，实现可持续发展。但是，从近几年情况看，难度仍是很大的，产业结构升级不明显。其部分原因也来自 FDI 双重集聚。一方面，FDI 集聚在高端制造业，非线性转化效应提升了我国产业结构，这已是不争的事实。但这也使我国高端制造对 FDI 核心技术有较大的依赖，技术创新受 FDI 产业压制，核心技术大部分被 FDI 产业控制，甚至 FDI 产业还控制话语权。这使我国产业升级发动机功率不足。另一方面，在 FDI 集聚非线性转化下，中西部地区高端产业优势逐步衰退，低端产业比较优势日益增强，更多的是原发型低端产业集聚，FDI 的主体是缺位的。这导致中西部区产业升级与转变增长方式的难度更大，挑战不断凸显。

6. FDI 双重集聚给东西部产业合作带来严峻挑战

中国产业地区非均衡分布格局的成因是多面的，有历史因素，有地理因素，有工业初始水平和政策因素影响等，但是 FDI 集聚东部无论如何也是一个重要因素。FDI 在东部地区和高端产业集聚，推动东部地区产业高速增长。这是因为东部高端制造业具有比较优势，形成了 FDI 依赖型高端集聚，中西部更多的则是原发型低端集聚，FDI 的集聚效应严重不足。这也意味着，我国东部与西部产业优势日益分化，区域一体化的产业链断裂，产业比较优势发生空间重构。FDI 的空间与产业集聚的极化效应，是导致东部与中西部产业极差扩大的重要原因。东部与西部产业极差扩大对东西部产业合作带来严峻挑战。

第三节　中国 FDI 双重集聚：对策与措施

1. 加强中西部地区产业集聚发展

FDI 空间集聚不仅对 FDI 产业转移提出了挑战，而且对东部内资产业转移也产生较大阻力。按照产业转移理论，传统的劳动密集型产业如轻工、纺织等产业将逐渐由东部地区向低劳动力成本的中西部地区转移，但是中国的此类产业仍然集聚东部地区，甚至集聚强度有所增加，并未出现较大规模转移的倾向。虽然我国政府加大了东部 FDI 向西部转移的政策引力度，但由于 FDI 集聚租金和集聚效应存在，FDI 产业集聚却制约了 FDI 产业的跨区域合理转移；同时，由于东部作为内资产业的高体制地区，内资产业与 FDI 产业存在紧密的关系，FDI 产业难转移也给内资产业转移增加了较大阻力。其原因在于：FDI 产业集聚会形成产业要素尤其是高级要素的循环累积机制，增强了集聚租金和外部性，加上优越的地理区位，使东部 FDI 产业更进一步根植于当地内资产业集聚体之中，极不愿失去集聚租金和溢出效应而向外转移，当地产业集聚也成为 FDI 产业转移的壁垒；相反，FDI 产业在中西部明显处于不利的地位，而 FDI 产业集聚与当地产业集聚相关性不密切，中西部地区产业集聚发展不能主要寄托在东部地区的 FDI 产业转移与国际产业转移上。

为此，政府必须采取强有力干预，促进西部比较优势显现化和动态化，加速高端产业要素集聚，以吸引 FDI。更为重要的是，政府能够正确把握好西部产业结构演进趋势和方向，通过规划高端制造业发展序列并辅之以财政、税收和信贷等产业政策干预手段，强化高端制造业集群的培育和形成，为承接 FDI 创造有利条件。此外，还必须加大中西部地区 FDI 集聚要素改善，一方面推动我国中西部地区产业升级与制造发展，另一方面更重要的是推动我国中西部要素禀赋转变及其升级，以资本和技术密集型产业作为起点，在国际产业转移中实现中西部地区 FDI 产业集聚发展，有效参与国际分工，建立国际化的制造业体系，创造对外贸易增长点，增强西部竞争优势。

2. 调节 FDI 双重集聚结构

FDI 产业集聚在促进地区产业发展的同时，也加剧了地区产业发展的多极分化，具有明显的极化效应。目前，中国 FDI 产业的绝大部分集中在东部沿海地区，仅有部分 B 类和 D 类（资源密集型）FDI 产业集中在部分中西部地区，西部地区是 FDI 产业集聚的"穷人俱乐部"成员，是高端 FDI 产业沙漠地带，而 FDI 产业特别是高端制造业仍向东部沿海少数地区的过度集中，造成了中国产业布局呈现出"过密"和"过疏"的状况，"中心—外围"结构已明显。这方面，制造业包括汽车制造业已明显。其原因，一方面，由于东部沿海地区的 FDI 产业发展得益于国际市场需求、规模庞大的本地市场、优越的区位与开放政策等有利条件的支持，FDI 产业集聚促进东部产业结构不断升级，而中西部地区低端的资源密集型产业和初级加工方式制约了产业链的延伸，造成产业分工层次低，产品附加值低，产业集群式集聚发展能力弱化，导致 FDI 难以在西部集聚，集聚效应较弱，技术溢出进展缓慢。如果这种状态长期维持下去，势必进一步拉大地区间的产业极差和收入差距。另一方面，由于能源、矿产资源和劳动力主要集中在中西部地区，FDI 产业在东部沿海少数地区的过度集聚，既不利于区域经济的协调发展，也加剧了产业发展与能源、原材料产地、劳动力丰富地区之间的脱节，造成运力紧张状况和大规模的民工流动。FDI 产业集聚导致产业分布严重失衡最终会影响全国经济发展的整体效率和空间公平。

因此，在强调 FDI 产业集聚增长极效应的同时，应加大力度解决由于 FDI 产业分布扩大与缩小地区经济发展差距之间产生较大矛盾，调和这个矛盾已成为区域政策创新的灵魂。鉴于此，我国要进一步消除体制和政策障碍，不仅通过对中西部进行政策倾斜，诱导 FDI 向中西部地区流动，而且更重要的是通过实施中部崛起和西部大开发战略，以带动东部制造业向中西部扩散，以制造业集聚吸引 FDI（如上海通用五菱模式）西进，建立国际性生产体系，参与国际化分工，促进制造业集聚发展。

3. 加强中西部地区生态文明建设

FDI 产业集聚使集聚体中心区域的内资产业得到较多的 FDI 外部效应、溢出效应，而对于外围区域的西部地区来说，FDI 产业集聚效应是缺失，迫使西部产业对低端资源的依赖更加突出。而当低端产业集聚达到一定规模后就会出现资源枯竭、环境污染等问题。这些问题不但使西部发展结构空间发生变化，生态环境恶化对西部经济发展产生较大约束力。这主要表现在，一是西部生态环境恶化通常会发生"劣币驱逐良币"效应，并使资金、人才和技术高级资源也随着流失，向 FDI 中心区集聚，最终造成外围区域外部性消失，加剧 FDI 集聚效应边缘化，外置式产业集群难以产生，产业发展环境恶化。二是由于我国东部与西部 FDI 产业存在较大差异，东部开放依存度大，贸易比较优势强，而西部产业贸易依存度小，开放度不足，对国际化资源不足，增长路径难以改变，而目前我国的西部产业增长方式还是一种粗放型的资源消耗经济，产业能耗、物耗高，土地利用效率低，单位产出的"三废"排放量大，环境污染问题日益突出。不言而喻，在 FDI 集聚效应下，必须大力推进中西部进行生态文明建设，以实现区域可持续发展。

4. 加大我国产业尤其是高端产业的自主创新力度

FDI 产业集聚促进内资产业增长的一个机制就是，通过 FDI 产业与内资产业合资合作以及溢出效应促进内资产业结构转化、技术进步以及配套产业发展，进而使 FDI 集聚在更高层次上发挥作用，最终带动内资产业生产函数转变，使内资产业在更高的水平上运行。显然，运用 FDI 集聚解说一个地区产业增长的促进机制就在于解释 FDI 集聚溢出是否促进内资产业结构转换和地区内资产业集聚效应产生。

中国改革开放以来，实施"以市场换技术"战略对提高我国制造业技术效率具有不同替代的作用。然而，真正的核心技术是换不来的。实证表明，FDI 对核心技术的溢出效应很有限，对软技术的溢出限于 FDI 产业体系内发生。在我国工业对 FDI 工业形成过度依赖情况下，我国应当对进入高端制造业的 FDI 有所限制，更主要的是要加强我国高端制造业的自主创新体系建设，构造核心竞争力，尤其是营造促进高端制造业的核心技术突破的长效机制，不仅切实推进产业技术发展方式转变，而且增强产业技术创新后劲，实现中国由制造大国向制造强国转变。

为此，在我国内资产业发展中，创造条件以发挥 FDI 的集聚溢效应仍然是十分必要的，但更主要的是要构建我国产业自主创新体系。从空间上，东部地区必须通过自主创新，多方位突破对 FDI 核心技术过度依赖格局，实现自主集聚增长，而对于大部分中西部地区，在产业发展中应当注意 FDI 产业发展的平衡性以及产业结构的合理搭配和升级调整，促进低体制地区产业增长方式转变，还需要在基础设施建设和教育方面加大投入力度。

5. 科学地制定 FDI 产业空间集聚布局与空间管制政策

FDI 产业集聚是一个复杂的自组织系统，它的产生需要有一定条件。FDI 主体要在一个地区与产业面临一致性选择。如果某地区域不具备某个 FDI 产业集聚的区位优势条件，强行推进 FDI 集聚则效果不佳。FDI 集聚是产业与区域资源的有机结合，它是通过与本地特有的、不可移动的比较优势结合，从而形成 FDI 有效配置与集聚。不同地区适合 FDI 集聚发展的产业并不相同，不同地区所拥有的配套优势也不相同。因此，政府应结合当地的具体情况，制定具有 FDI 产业化及集聚空间规划，并尽可能地创造一些本地不可移动生产要素，在刺激 FDI 产业集聚不断形成的同时还要大力发展当地配套产业集群。

应当看到，由于 FDI 集聚的空间效应存在，我国产业布局客观存在四类地区结构，制造业已形成中心—外围的空间结构。应当承认，自然禀赋对 FDI 产业集聚存在着一定的影响，但是必须明确的是在我国自然禀赋并非是决定某一地域 FDI 产业空间布局的关键因素。目前，在我国制造业空间结构的远外围区域，FDI 产业集聚不足恰恰就是因为高端资源稀缺，更多的只能发展低端产业集聚。专业化分工与协作是高端产业集聚的本质特征与内在要求。实证分析已经表明，欠发达地区的专业化分工与协作程度较弱，低端产业（如石油化工、冶金、电力等）可分性较差，产业关联度不高，创新能力较弱，导致地方承接 FDI 集聚效应的能力较弱。所以，远外围地区在产业集聚的过程中必须加强区域专业化分工，优化产业生产协作，围绕各地特色资源，以专业化开发区为载体，改善产业空间布局，通过深层次的生产协作，促进产业共享基础设施和公共服务，加快高端生产要素的集聚和资源的优化配置，以吸引 FDI 入驻。

6. 突出政府在西部 FDI 产业集聚形成与发展中的地位

从理论上讲，政府仍是 FDI 产业形成比较优势因素，也是 FDI 集聚实现的关键因素。邓宁—波模型表明，FDI 对当地产业集聚的影响是由环境因素、需求条件、生产要素、相关与支持性产业共同作用的结果，同时还受政府和机会的影响。从我国情况看，地方政府在 FDI 产业集群的产生和发展过程中起到了非常重要的作用。主要体现在：（1）FDI 产业集聚的产生需要政府的间接参与。根据市场规律，政府不应该直接参与 FDI 产业集聚发展。但是，在 FDI 集聚产生的初期，其各方面的优势还没有体现出来。在激烈的市场竞争中，如果没有政府的有效帮助，外围、低体制地区的 FDI 集聚难以形成。（2）FDI 集聚氛围的改善需要政府。FDI 集聚的社会化服务体系的完善、产业的升级以及 FDI 产业集聚体外部的市场环境建设均离不开政府的参与。以此推断，地方政府的政策创新是实现 FDI 产业向外围地区集聚的重要因素。（3）政府主要的任务是通过制度创新，帮助 FDI 产业由规模集聚向专业化集聚转变，降低要素交易费用，降低 FDI 产业转移成本，促进 FDI 产业间的劳动分工和提高产业竞争力。

显然，在目前空间格局下，中央政府仍是继续促进 FDI 向中西部集聚，缩小东西产业集聚差距的重要因素。后发集聚是一种潜在集聚，它不可能自发地产生，需要一定的政府促进和历史机遇。这就说，中央政府为中西部后发地区创造使后 FDI 集聚得以形成的政治、制度和文化条件，以及一套符合客观规律的产业发展战略与政策。一是加强中西部区域承接 FDI 的系统建设。FDI 集聚的参与会加速形成当地内资产业集群和空间集聚，产生集聚外部经济性，为创造中西部的加速 FDI 产业集聚必要条件。二是培育促进 FDI 产业集聚的中西部区域文化。FDI 产业集群具有根植

参 考 文 献

[1] Anas, A., Arnott, R. and Small, A., 1998, "Urban spatial structure", Journal of Economic Literature, 36: 1436—1464.

[2] Anselin, L., 1988, "Spatial econometrics: methods and models", London: Kluwer.

[3] Amsden, A., 1989, "Asia's Next Giant: SouthKoreaandLateIndustrialisation", oxford University Press New York.

[4] Arrow, K., 1971, "Essays in the Theory of Risk-Bearing", Amsterdam. North-Holland.

[5] Beata Smarzynska Jacorcik, 2004, "Does Foreign Direct Investment Increase the Productivity of Domestic Firms? In Search of Spillovers through Backward Linkages", The American Economic Review, 94: 605—627.

[6] Blalock, G., 2001, "Technology from Foreign Direct Investment: Strategic Transfer through Supply Chains", Part of Doctoral Research at Haas School of Business, University of California, Berkeley.

[7] Boschma, R. A., 1999, "The rise of clusters of innovative industries in Belgium during the industrial epoch", Research Policy, 28: 853—871.

[8] Borensztein B GregorioJ. d and LeeJ-W, "How Does Foreign Direct Inveslrrmnt Affect Economic Growth", Journal of International Econcmic, 1998: 36—41.

[9] Buckley, P. J., Clegg, J. and Wang, C, 2002, "The Impact of Inward FDI on the Performance of Chinese Manufacturing Firms", Journal of International Business Studies, 33: 637—655.

[10] Caves, R., 1974, "Multinational Firms, Competition and Productivity in Host-country Markets", Economica, 41: 176—193.

[11] nfei He, 2003, "Location of foreign manufacturers in China: Ag-

glomeration economies and country of origin effects", Reginal Science, 82: 351—372.

[12] Chyan Tuan, Linda F. Y. Ng, 2003, "FDI facilitated by agglomeration economies: evidence from manufacturing and services joint ventures in China", Journal of Asian Economics, 13: 746—765.

[13] Claus Steinle, Holger Schiele, 2002, "When do industries cluster cluster? A proposal on how to assess an industry's propensity to concentrate at single region or nation", Research Policy, 31: 849—858.

[14] Coughlin C., Segev E., 2000, "Foreign direct investment in China: a spatial econometric study", The World Economy, 1: 1—23.

[15] Cole, 1970, "A Trend Surface Technique", Review of the International Statistical Institute, 38 (1): 12—18.

[16] Chorley, P. Haggett, 1965, Trend-Surface Mapping in Geographical Research, Transactions of the Institute of British Geographers, 37: 47—67.

[17] Criliches, Z., 1992, "The Search for R&D Spillovers", Scandinavian Journal of Economics, 94: 29—47.

[18] Duranton, G., Overman, H., 2002, "Testingforlocalisationusingmicro-geographicdata", CEPR discussionpaperno, 33—79.

[19] Ellison, G. and Glaeser, E. L., 1997, "Geographic Concentration in U. S. Manufacturing Industries: A Dartboard Approach", Journal of Political Economy, 105 (5): 889—927.

[20] Feinberg, S. E. and Majumdar, S. K., 2001, "Technology Spillovers from Foreign Direet Investment in the Indian Phannaeeutieal Industry", Journal of International Business Studies, 32: 421—437.

[21] Findlay, R., 1978, "Some Aspects of Technology Transfer and Direct Foreign Investment", American Economic Review, 68 (2): 275—279.

[22] Galina H. and C. Long, 2007, "What Determines Technological Spillovers of Foreign Direct Investment: Evidence from China", Federal Reserve Bank of San Francisco Working Paper Series, No. 2006—2013.

[23] Gonzalez A., Terasvirta T., Dijk van D., 2004, "Panel Smooth Tran-

sition Regression Model and an Application to Investment under Credit Constraint", NBER Working Paper.

[24] Gonzalez A., Terasvirta T., Dijk van D., 2005a, "Panel Smooth Transition Regression Models", Research Paper Series 165, Quantitative Finance Research Centre, University of Technologyl, Sydney, ISSN 1441—8010.

[25] Gonzalez A., Terasvirta T., Dijk van D., 2005b, "Panel Smooth Transition Regression Models", Working Paper Series in Economics and Finance, No. 6041.

[26] Gorg, H., and D. Greenaway, 2004, "Much Ado about Nothing? Do Domestic Firms Really Benefit from Foreign Direct Investment", World Bank Research Observer, 19: 171—197.

[27] Granger, C. W. J. and Teräsvirta, T., 1993, "Modelling Nonlinear Economic Relationship", Oxford University Press, Oxford.

[28] Hirschman, A. O., 1958, "He Strategy of Economic Development", New Haven: Yale University Press.

[29] Hinloopen & Marrewijk, "Dynamies of Chinese Com Parative Advantage", Tinbergen Institute Discussion PaPer, 2004.

[30] Hansen, Bruce E., 1999, "Threshold effects in non-dynamic panels: Estimation, testing and inference", Journal of Econometrics, 93 (2): 345—368.

[31] Kim, S., "Expansion of Markets and the Geographic Distribution of Economic ctivities: The Trends in U. S. Regional Manufacturing Structure, 1860—1967", Quarterly Journal of Economics, 1995, 110 (4): 881—908.

[32] Krugman, P., 1991a., "History and Industry Location: The Case of-the US Manufacturing Belt", American Economic Review.

[33] Krugman, P., 1991b, "Increasing Returns and Economic Geography", Journal of Political Economy.

[34] Kugler M., 2000, "Essays on International Productivity Growth and Technological Diffusion", Doctoral Dissertation, University of California, Berkeley.

[35] Linda F. Y. Ng, Chyau Tuan, 2003, "Location decisions of manufacturing FDI in China: implications of China's WTO accession", Journal of Asian Economics, 14: 51—72.

[36] Linda F. Y. Ng, Chyau Tuan, 2006, "Spatial agglomeration, FDI and regional growth in China: Locality of local and foreign manufacturing investments", Journal of Asian Economics, 17: 691—713.

[37] Levin, A. and L. K. Raut, 1999, "Complementarities between export and human capital in economic growth: evidence from the semi-industrialized countries", Economic Development and Cultural Change, 46: 155—174.

[38] Li, X., Liu, X. & parker, D, 2001, "Foreign Direct Investment and productivity Spillovers in the Chinese Manufacturing Seetor", Economic Systems, 25: 305—321.

[39] Leonard K. Cheng,, Yum K. Kwan, 2000, "What are the determinants of the location of foreign direct investment? The Chinese experience", Journal of International Economics, 51: 379—400.

[40] Mei Wen, 2004, "Relocation and agglomeration of Chinese industry", Journal of Development Economics, 73: 329—347.

[41] Maurel, F., Se'dillot, B., 1999, "A measure of the geographic concentration in French manufacturing industries", Regional Scienceand Urban Economics, 29 (5): 575—604.

[42] Maurel, Francoise & Sedillot, Beatrice, 1999, "A measure of the geographic concentration in French manufacturing industries", Regional Science and Urban Economics, Elsevier, 29 (5): 575—604.

[43] Michael P. Devereux and Helen Simpson, 2004, "The geographic distribution of product activity in the UK", Regional Science and Urban Economics, 34: 533—564.

[44] Mucchielli, J. and Jabbour, L., 2006, "Technology Transfer through Backward Linkages: The Case of the Spanish Manufacturing Industry", Working Paper, University of Paris I Pantheon-Sorbonne and TEAM-CNRS.

[45] Ng, L. F. Y. and Tuan, C., 2003, "Location decisions of manufactur-

ing FDI in China: implications of China's WTO accession", Journal of Asian Economics, 14: 51—72.

[46] René Belderbos, Martin Carree, 2002, "The Location of Japanese Investments in China: Agglomeration Effects, Keiretsu and Firm Heterogeneity", Journal of the Japanese and International Economies, 16: 194—211.

[47] Schoors, K, and B van der Tol, 2002, "Foreign direct investment spillovers within and between sectors: evidence from Hungary data", Working Papers of Faculty of Economics and Business Administration No. 02/157, Ghent University.

[48] Sit and Weidong Liu, 2000, "Restructuring and Spatial Change of China's Auto Industry under Institutional Reform and Globalization", Annals of the Association of American Geographers, 90 (4): 653-673.

[49] Steinle, C., Schiele, H., 2002, "When do industries cluster? A proposal on how to awes an industry's propensity to concentrate at a single region or nation", Research Policy, 31: 849—858.

[50] Tuan, C. and Ng, L. F. Y., 2003, "FDI facilitated by agglomeration economies: evidence from manufacturing and services joint ventures in China", Journal of Asian Economics, 13: 749—765.

[51] Thompson, E., 2002, "Clustering of Foreign Direct Investment and Enhanced Technology Transfer: Evidence from Hong Kong Garment Firms in China", World Development, 5: 873—889.

[52] Wei Y. and X. Liu, 2006, "Productivity Spillovers from R&D, Exports and FDI in China's Manufacturing Sector", Journal of International Business Studies, 37: 544—557.

[53] Woodard, et. al., 2000, "Agglomeration and the Location of Foreign Direct Investment in Portugal", Journal of Urban Economics, 47: 115—135.

[54] Wde, R., 1990, "Governing the Market: Eeonomie Theory and the Role of Government in East Asian industrialization", Prineeton University Press, Prineeton.

[55] 陈涛涛：《影响中国外商直接投资溢出效应的行业特征》，《中国社会科学》2003年第4期。

[56] 陈涛涛、陈娇：《行业增长因素与我国FDI行业内溢出效应》，《经济研究》2006年第6期。

[57] 陈琳、林珏：《外商直接投资对中国制造业企业的溢出效应：基于企业所有制结构的视角》，《管理世界》2009年第9期。

[58] 陈建军、胡晨光：《产业集聚的集聚效应》，《管理世界》2008年第6期。

[59] 冯涛、赵会玉、杜苗苗：《外商在华直接投资区域聚集非均衡性的实证研究》，《经济学（季刊）》2008年第2期。

[60] 傅元海、唐未兵、王展祥：《FDI溢出机制、技术进步路径与经济增长绩效》，《经济研究》2010年第6期。

[61] 范剑勇：《市场一体化、地区专业化与产业集聚趋势——兼谈对地区差距的影响》，《中国社会科学》2004年第6期。

[62] 郭莉、苏敬勤：《基于Logistic增长模型的工业共生稳定性分析》，《预测》2005年第1期。

[63] 郭克莎：《外商直接投资对我国产业结构的影响研究》，《管理世界》2000年第2期。

[64] 刘新英：《引进外资与产业结构调节器整》，《经济管理》2002年第1期。

[65] 刘卫东、薛凤旋：《论汽车工业空间组织之变化——生产方式转变的影响》，《地理科学进展》1998年第2期。

[66] 贺胜兵、杨文虎：《FDI对我国进出口贸易的非线性效应研究——基于面板平滑转换模型》《数量经济技术经济研究》2008年第10期。

[67] 何婷婷（a）：《我国汽车产业空间集聚的实证分析》，《汽车工业研究》2008年第3期。

[68] 何婷婷（b）：《我国汽车产业空间集聚状况评述》，《汽车工业研究》2008年第6期。

[69] 何兴强、王利霞：《中国FDI区位分布的空间效应研究》，《经济研究》2008年第11期。

[70] 黄静波、付建：《FDI与广东技术进步关系的实证分析》，《管理世

界》2004 年第 9 期。

[71] 刘巳洋、路江涌、陶志刚：《外商直接投资对内资制造业企业的溢出效应：基于地理距离的研究》，《经济学（季刊）》2009 年第 1 期。

[72] 蒋殿春、张宇：《经济转型与外商直接投资技术溢出效应》，《经济研究》2008 年第 7 期。

[73] 金祥荣、朱希伟：《专业化产业区的起源与演化》，《经济研究》2002 年第 8 期。

[74] 金煜、陈钊、陆铭：《中国的地区工业集聚：经济地理、新经济地理与经济政策》，《经济研究》2006 年第 4 期。

[75] 李国平、陈晓玲：《我国外商直接投资地区分布影响因素研究——基于空间面板数据模型》，《当代经济科学》2007 年第 3 期。

[76] 王子龙：《产业集聚水平测度的实证研究》，《中国软科学》2006 年第 3 期。

[77] 梁琦：《中国工业的区位基尼系数：兼论外商直接投资对制造业集聚的影响》，《统计研究》2003 年第 9 期。

[78] 路江涌、陶志刚：《中国制造业区域聚集及国际比较》，《经济研究》2006 年第 3 期。

[79] 林理升、王晔倩：《运输成本、劳动力流动与制造业区域分布》，《经济研究》2006 年第 3 期。

[80] 罗勇、曹丽莉：《中国制造业集聚程度变动趋势实证研究》，《经济研究》2005 年第 8 期。

[81] 罗雨泽、朱善利、陈玉宇、罗来军：《外商直接投资的空间外溢效应：对中国区域企业生产率影响的经验检验》，《经济学（季刊）》2008 年第 2 期。

[82] 江小涓：《中国外资经济对增长、结构长升级和竞争力的贡献》，《中国社会科学》2002 年第 6 期。

[83] 江小涓等：《我国外商投资梯度转移问题研究》，《中国工业经济》2004 年第 4 期。

[84] 平新乔：《市场换来技术了吗？——外商直接投资（FDI）对中国企业的溢出效应分析》，北京大学中国经济研究中心，2007 年 Working Paper Series. No. 2007004。

[85] 潘文卿：《外商投资对中国工业部门的外溢效应——基于面板数据的分析》，《世界经济》2003年第6期。

[86] 乔彬、李国平、杨妮妮：《产业聚集测度方法的演变和新发展》，《数量经济技术经济研究》2007年第4期。

[87] 茹玉骢：《FDI产业集聚的形成与演进》，《浙江学刊》2005年第3期。

[88] 沈坤荣、耿强：《外国直接投资、技术外溢与内生经济增长》，《中国社会科学》2001年第5期。

[89] 苏樁芳、胡日东：《中国FDI区域分布决定因素的动态演变与地理溢出程度——基于空间面板数据的实证研究》，《经济地理》2008年第1期。

[90] 文玫：《中国工业在区域上的重新定位和聚集》，《经济研究》2004年第2期。

[91] 魏后凯：《外商直接投资对中国区域经济增长的影响》，《经济研究》2002年第4期。

[92] 魏后凯：《加入WTO后中国外商投资区位变化及中国西部地区引进外资前景》，《管理世界》2003年第7期。

[93] 王剑：《外国直接投资区域分布的决定因素：基于空间计量学的实证研究》，《经济科学》2004年第5期。

[94] 王立平、彭继年、任志安：《我国FDI区域分布的区位条件及其地理溢出程度的经验研究》，《经济地理》2006年第2期。

[95] 王玲、涂勤：《中国制造业外资生产率溢出的条件性研究》，《经济学（季刊）》2007年第1期。

[96] 王争、孙柳媚、史晋川：《外资溢出对中国私营企业生产率的异质性影响》，《经济学（季刊）》2007年第1期。

[97] 王欣、陈丽珍：《外商直接投资、前后向关联与技术溢出》，《数量经济技术经济研究》2008年第11期。

[98] 王智新：《跨国公司直接投资的行业集聚效应实证研究》，《西华大学学报》（哲学社会科学版）2008年第2期。

[99] 王子龙、谭清美、许箫迪：《产业集聚水平测度的实证研究》，《中国软科学》2006年第3期。

[100] 谢建国：《外商直接投资对中国的技术溢出——一个基于中国省区

面板数据的研究》,《经济学(季刊)》2006年第4期。

[101] 许罗丹、谭卫红、刘民权:《四组外商投资企业技术溢出效应的比较研究》,《管理世界》2004年第6期。

[102] 许罗丹、谭卫红:《外商直接投产聚集效应在我国的实证分析》,《管理世界》2003年第7期。

[103] 许和连、魏颖绮、赖明勇、王晨刚:《外商直接投资的后向链接溢出效应研究》,《管理世界》2007年第4期。

[104] 徐康宁、冯春虎:《中国制造业地区性集中程度的实证研究》,《东南大学学报》(哲学社会科学版)2003年第1期。

[105] 严兵:《外商在华直接投资的溢出效应——基于产业层面的分析》,《世界经济研究》2005年第3期。

[106] 钟昌标:《外商直接投资地区间溢出效应研究》,《经济研究》2010年第1期。

[107] 郑秀君:《我国外商直接投资(FDI)技术溢出效应实证研究述评:1994—2005》,《数量经济技术经济研究》2006年第9期。

[108] 亓朋、许和连、艾洪山:《外商直接投资企业对内资企业的溢出效应:对中国制造业企业的实证研究》,《管理世界》2008年第4期。

[109] 杨亚平:《FDI技术行业内溢出还是行业间溢出》,《中国工业经济》2007年第11期。

[110] 杨先明、袁帆:《为什么FDI没有西进——从产业层面分析》,《经济学家》2009年第3期。

[111] 颜炳祥、任荣明:《中国汽车产业积聚程度及变动趋势的实证分析》,《工业工程与管理》2007年第6期。

[112] 谢晓霞:《我国电子工业外商直接投资效果分析》,《管理世界》2000年第3期。

[113] 冼国明、文东伟:《FDI、地区专业化与产业集聚》,《管理世界》2006年第12期。

[114] 徐强:《产业集聚形成机制的理论研究》,《产业经济评论》第3卷第2辑,中国财政经济出版2004年版。

[115] 张帆:《跨国公司对中国经济结构和效率的影响》,《经济研究》1999年第1期。

[116] 张俊妮、陈玉宇:《产业集聚、所有制结构与外商投资企业的区位

选择》,《经济学（季刊）》2006 年第 4 期。
[117] 张海洋:《中国工业部门 R&D 吸收能力与外资技术扩散》,《管理世界》2005 年第 6 期。
[118] 张瑞军、吴奎豪:《FDI 产业聚集效应的实证研究》,《辽宁石油化工大学学报》2007 年第 2 期。
[119] 张宇:《制度约束、外资依赖与 FDI 的技术溢出》,《管理世界》2009 年第 9 期。
[120] 赵果庆:《为什么国际直接投资不聚集中国西部?》,《管理世界》2004 年第 11 期。
[121] 赵果庆:《我国民族企业出口与 FDI 企业出口关系——基于非线性动态系统实证分析》,《系统工程理论与实践》2007 年第 1 期。
[122] 赵果庆、罗宏翔:《中国制造业集聚：度量与显著性检验——基于集聚测量新方法》,《统计研究》2009 年第 3 期。
[123] 赵果庆:《跨国公司对我国产业结构竞争力影响研究》,《世界经济研究》2006 年第 7 期。
[124] 赵果庆:《跨国公司对我国工业结构竞争力影响》,《财贸经济》2006 年第 6 期。
[125] 赵果庆:《我国产业部门结构与战略调整研究》,《财经问题研究》2006 年第 1 期。
[126] 赵果庆、罗宏翔:《中国制造业集聚强度与显著性——基于方差假设检验》,《经济管理》2009 年第 7 期。
[127] 赵果庆:《FDI 溢出效应、技术缺口与工业发展——基于我国汽车业的实证分析》,《中国软科学》2010 年第 3 期。
[128] 赵伟、张萃:《FDI 与中国制造业区域集聚：基于 20 个行业的实证分析》,《经济研究》2007 年第 11 期。
[129] 朱少杰:《基于 FDI 产业聚集的西部引资策略分析》,《改革与战略》2006 年第 7 期。
[130] 周浩:《企业集群的共生模型及稳定性分析》,《系统工程》2003 年第 4 期。
[131] 包群、赖明勇、阳小晓:《外商直接投资、吸引能力与经济增长》,上海三联书店 2006 年版。
[132] 郭仁忠:《空间分析》,高等教育出版社 2001 年版。

[133] 波特:《国家竞争优势》,华夏出版社2002年版。

[134] 胡荣涛: 《产业结构与地区利益分析》,经济管理出版社2001年版。

[135] 方甲:《产业结构问题研究》,中国人民大学出版社1997年版。

[136] 范剑勇: 《产业集聚与中国地区差异研究》,格致出版社2008年版。

[137] 梁琦:《产业集聚论》,商务印书馆2003年版。

[138] 林振山:《种群动力学》,科学出版社2006年版。

[139] 龚仰军:《产业结构研究》,上海财经大学出版社2002年版。

[140] 陆国庆:《衰退产业论》,南京大学出版社2002年版。

[141] 江小涓:《中国的外资经济:对增长、结构升级和竞争力的贡献》,中国人民大学出版社2002年版。

[142] 江激宇:《产业集聚与区域经济增长》,经济科学出版社2006年版。

[143] 江世银:《区域产业结构调整与主导产业选择研究》,上海三联书店2004年版。

[144] 罗纳德·肖恩:《动态经济学》,中国人民大学出版社2003年版。

[145] 罗斯托:《经济增长的阶段》,中国社会科学出版社2001年版。

[146] 鲁明泓:《国际直接投资区位决定因素》,南京大学出版社2000年版。

[147] 林振山:《种群动力学》,科学出版社2006年版。

[148] 祝波:《外商直接投资溢出机制:基于创新视角的研究》,经济管理出版社2007年版。

[149] 朱英明:《产业集聚论》,经济科学出版社2003年版。

[150] 王缉慈:《创新的空间:企业集群与区域发展》,北京大学出版社2001年版。

[151] 韦伯:《工业区位论》,商务印书馆1997年版。

[152] 沈体雁、冯等田、孙铁山:《空间计量经济学》,北京大学出版社2010年版。

[153] 史忠良:《产业兴衰与转化规律》,经济管理出版社2004年版。

[154] 苏东水:《产业经济学》,高等教育出版社2000年版。

[155] 王岳平:《中国工业结构调整与升级:理论、实证和政策》,中国

计划出版社2001年版。

[156] 王立平、万伦来：《计量经济学理论与应用》，合肥工业大学出版社2009年版。

[157] 吴海鹰：《外商直接投资与中国西部经济》，中国经济出版社2006年版。

[158] 徐康宁：《产业集聚形成的源泉》，人民出版社2006年版。

[159] 藤田昌久：《集聚经济学》，西南财经大学出版2004年版。

[160] 徐强：《产业集聚因何而生》，浙江大学出版社2004年版。

[161] 魏后凯、贺灿飞、王新：《中国外商投资区位决策与公共政策》，商务印书馆2002年版。

[162] 王顺庆：《数学生态学稳定性理论与方法》，科学出版社2004年版。

[163] 王兴元：《复杂非线性系统中的混沌》，电子工业出版社2003年版。

[164] 杨公朴：《现代产业经济学》，上海财经大学出版社1999年版。

[165] 张培刚：《新发展经济学》，河南人民出版社2001年版。

[166] 张晓峒：《Eviews使用指南与案例》，机械工业出版社2007年版。

[167] 赵彦云：《中国制造产业竞争力评价和分析》，中国标准出版社2005年版。

[168] 周新生：《产业兴衰论》，西北大学出版社2000年版。

[169] 联合国贸发会议：《2002世界投资报告》，中国财政经济出版社2003年版。

[170] UNCTAD：《世界投资报告2010》，中国财政经济出版社2011年版。

[171] 商务部：《2010'中国外商投资报告》，2011年。

[172] 国家统计局：《中国城市统计年鉴》，中国统计出版社1996年版。

[173] 国家统计局：《中国城市统计年鉴》，中国统计出版社2009年版。

[174] 国家统计局：《中国经济普查年鉴2004（第二产业卷）》，中国统计出版社2006年版。

[175] 全国工业普查办公室：《1995年中国第三次全国工业普查数据》，地区卷，中国统计出版社1997年版。

[176] 国家统计局：《2003—2011中国统计年鉴》，中国统计出版社2003—2011年版。

后 记

在过去30年的改革开放进程中，中国取得了举世瞩目的成就，跨国公司在其中发挥了重要的作用。而作为经济全球化主要载体的跨国公司，长久以来FDI在中国集聚，一方面对我国产业集聚与产业结构升级等方面做出了重要贡献，但高端制造业对FDI核心技术形成了严重依赖；另一方面成为我国区域经济增长的推动者和东西区域差距的重要推手，中部塌陷和西部发展严重滞后，对我国地缘经济、地缘民政和生态安全带来挑战。如何检验中国FDI产业集聚？怎样看待FDI双重集聚的两面性效应？这无疑是中国持续增长与和谐发展中的重大问题。

笔者对这个问题的研究始于2009年教育部基金规划项目《FDI双重集聚及其效应研究——基于中国产业与空间视解》（批准号：09YJA790176）立项，经过三年研究，项目通过免检结项（证书号：2013JXZ0579）。项目虽已结束，但问题并未结束，本书仅是项目研究成果的体现，我们依靠理论支持和事实依据，对中国FDI双重集聚及效应进行尽可能全面地分析和评价，希望从中得出有价值的结论，更希望感兴趣的同仁能够从我们的研究分析中有所受益和启示。

本书有两个特点：其一，本书由相对独立的研究主题构成。目前已有多篇论文发表，它们是：《中国FDI工业双重集聚及其效应——基于产业与空间视角》发表在《经济管理》2011年第4期；《中国FDI空间集聚与趋势面》发表在《世界经济研究》2012年第1期；《FDI产业空间自相关与空间集聚》发表在《经济管理》2012年第9期（中国人民大学复印资料，《产业经济》2012年第11期全文转载）；《FDI溢出效应、技术缺口与工业发展》发表于《中国软科学》2010年第3期；《FDI产业集聚与内资产业集聚关系与演进》，《中国软科学》增刊2012（下）；《空间集聚、FDI溢出与中国汽车制造业发展》，《经济与管理研究》2014年第4期；《中国FDI双重集聚的非线性转换效应——基于LPSTR模型》，《中国软科学》2015 年第 5 期。其二，本书是一项集体成果。基于发表成果，第二章由杨怡爽撰写，第三章由王茜偌撰写，第四章由罗宏翔撰写，其余各章由赵果庆撰写。赵果庆负责全书的框设计架、修改和统稿。

经评审，本书获 2013 年度云南哲学社会科学学术著作出版资助。此外，本书出版还受云南财经大学特聘教授工作经费资助。在付梓之际，对云南哲学社会科学规划办公室和云南财经大学人事处的支持表示衷心感谢。南开大学黄玖立博士为课题研究提供了产业数据，在此表示感谢。

赵果庆

2015 年 6 月于云南财大学康园